말씀, 소리내서 읽고 회개하는 법

말씀,
소리내서 읽고
회개하는 법

박예영 지음

예찬사

들어가는 글

　할렐루야! '죄의 결박을 풀어야 산다' 책을 '말씀, 소리내서 읽고 회개하는 법'으로 바꾸어 개정판을 내게 해주신 성삼위 하나님께 찬송과 영광을 올려드립니다. 처음에 속건제를 적용하여 회개한 은혜가 너무 큰 나머지 믿음의 형제들과 함께 공유하고 싶은 마음에 급하게 책을 출판하였습니다. 물론 글은 성령께서 주신 감동으로 썼지만, 사람의 손으로 쓰다 보니 글 쓰는 실력과 지혜가 부족함을 발견한고로 아쉬움이 많았습니다. 또한 속건제라는 단어에 이질감을 갖고 복음과 동떨어진 것으로 오해하는 사람들도 있다는 말을 듣고 깊이 생각해 보았습니다.

　그러던 중 재판을 해야 할 상황이 되서 다시 수정, 부완하여 제목을 바꾸어 내는 것이 좋겠다는 판단 하에 다시 쓰게 되었습니다. 예전 책보다 내용면에서 더 충실하고 깔끔하게 정리를 하였습니다. 또한 2년이 지나면서 믿음의 성장뿐만 아니라 영적인 눈도 더 밝아진 관계로 진리를 폭넓게 깨달은 것을 토대로 보완하게 되었습니다.

그리고 진리만을 드러내고 예수 그리스도만을 자랑하는 것이 합당하다는 생각에 한 개인의 자세한 간증은 빼거나 간단히 정리를 했습니다. 이 책이 회개를 하는데 큰 도움을 줄 것이라고 확신합니다. 예수님의 재림이 가까운 이 시대에 가장 필요한 것은 회개라고 생각합니다. 그래서 필자도 꾸준히 회개를 하고 있고, 성령께서 열어주신 말씀의 비밀과 진리의 실제를 담은 설교 동영상을 매일 유튜브에 올리고 있습니다.

말씀을 소리 내서 읽음으로 회개하여 하나님을 만나고 그분의 성품으로 변화되는 길, 생명 얻는 지름길을 알려드리고자 이 책을 선물로 드립니다. 마지막 시대에 우리 영혼의 살 길은 오직 회개뿐입니다. 예수님께서 모든 죄를 다 짊어지셔서 의인이 되었으니 더 이상 회개를 하지 않아도 된다고 하는 사탄의 거짓말에 속지 마십시오. 누구든지 예외 없이 회개를 하지 않으면 천국에 들어갈 수 없다고 성경은 명확하게 증언하고 있습니다. 회개는 우리의 힘으로 할 수 없습니다. 성령 하나님이 은혜를 베풀어 주셔야만 가능합니다.

성령님은 진리의 영이십니다. 성령님은 진리 안에서 하나님이 정해 놓으신 법대로 역사하십니다. 하나님께서 구약에 이미 회개하는 법을 자세히 알려주었습니다. 모형적 제사의 의미를 정확히 깨닫고 예수님 안에서 그 의미를 적용하여 말씀 읽는 방법으로 회개하면 됩니다. 하나님께서 설계하신 법대로 꾸준히 회개를 하면 그동안 지은 모든 죄를 사함 받고 진리 안에서 자유와 평강과 기쁨을 누리는 삶을 살 수 있습니다.

주님 안에서 자유하면 그 어떤 것도 두려울 것이 없습니다. 주님의 재림이 임박하다는 것을 코로나 전염병을 통해서도 알려주고 있음을 깨달아야 합니다. 갈수록 세상에는 소망이 없고 환난의 두려움만 엄습해 올 때 우리가 의뢰할 분은 예수 그리스도밖에 없습니다. 예수님 안으로 온전히 들어가 진리 안에서 참 평안을 누리기 위한 전제 조건은 회개입니다. 회개가 코로나 전염병으로부터 자유와 평안을 안겨줄 것입니다. 이 세상에 하나님이 허락하지 않은 일들은 아무것도 없기 때문입니다. 그러므로 더 늦기 전에 말씀 읽기로 회개하기 위하여 골방으로 들어가 주님을 찾으십시오. 마지막 이 시대에 살아남을 수 있는 길은 오직 회개입니다. 말씀을 소리 내서 읽어가며 회개하는 것이 회개가 가장 잘 됨을 확신하고 예수님의 이름으로 권해드립니다.

박예영 목사

차 례

들어가는 글 • 8

제 1부 성령의 기름부음

십자가의 도와 네 가지의 마음 밭 • 15

생명을 얻는 좁은 문과 좁은 길 • 24

살아있는 말씀의 능력 • 33

영적 감각이 살아나야 • 37

거짓의 아비 마귀의 활동 및 대적 방법 • 46

영적인 시험과 유혹 • 51

비우고 채운 후의 나눔 • 57

제 2부 회개 방법

회개와 합당한 열매 • 65

5대 제사의 영적 의미 • 78

말씀을 소리 내서 읽고 회개하는 속건제 • 89

회개는 하나님의 뜻에 합당하게 • 96

하나님께서 정해주신 회개하는 때 • 99

말씀을 소리 내서 읽고 회개하여 받은 은혜 • 107

성경에 숨겨진 비밀이 보이기 시작 • 113

죄인이 용서받고 난 이후의 삶 • 116

회개를 어떻게 드려야 하나 • 124

제 3부 결박풀기의 실제적 적용

주권이양 거부와 내 중심적 삶 • 142

율법적인 행위와 나의 '의' • 145

육신의 생각과 악한 감정 • 153

재물 즉 세상 신을 사랑 • 156

눈으로 죄를 짓는 안목의 정욕 • 162

시기 질투한 죄 • 167

코에 하나님과의 소통이 막힘 • 173

악하고 부정적인 말 • 175

진리를 듣기 싫어하는 귀 • 179

목에 힘주고 자존심만 내세운 죄 • 183

내장의 질병 • 186

손으로 지은 죄의 질병 • 190

정욕을 추구하는 탐심 • 194

허리에 자아중심으로 행한 죄 • 200

영적, 육적 음란죄 • 202

세상을 좇아 달려가는 다리 • 208

복음의 신을 벗은 발 • 211

영적 육적 태만 죄 • 214

전염병과 각종 피부병 • 218

정신병을 일으키는 원인 • 224

두려움의 저주 • 232

회개할 때 나타나는 각종 현상 및 간증 • 235

죄와 결박된 종류들 찾아내기 • 244

〈부록〉 말씀을 소리 내서 읽고 회개하는 방법 • 253

제 1부
성령의 기름부음

성령님은 진리의 영이십니다.(요 15:26 참조) 사도 요한은 성령을 기름부음이라고 표현하고 있습니다. 왜 기름부음이라고 표현했을까요? 천국과 예수 그리스도를 모형으로 보여주고 있는 성막을 통해서 깨달을 수 있습니다. 어두운 성소 안을 환하게 밝혀 주는 것은 일곱 등대입니다. 제사장은 매일 등잔 일곱 개에 기름을 채워 불을 밝히고 살펴야 합니다.

등잔의 기름은 성령을 상징합니다. 등잔에 기름을 채워 불을 밝혀 주듯이 성령께서 어두운 마음에 진리의 빛을 비추어 죄들을 깨닫게 하여 회개의 자리로 인도합니다. 사도 요한은 기름 부음이 성령님이시라는 것을 명확하게 증언하고 있습니다.

"너희는 주께 받은바 기름 부음이 너희 안에 거하나니 아무도 너희를 가르칠 필요가 없고 오지 그의 기름 부음이 모든 것을 너희에게 가르치며 또 참되고 거짓이 없으니 너희를 가르치신 그대로 주 안에 거하라."(요일 2:27),(요 15:26, 16:13-14, 요일 2:20 참조)

진리의 성령님이 우리 안에 오시면 예수님의 모든 것을 가르쳐 줄 것이라는 말씀입니다. 그러므로 날마다 성령님의 가르침을 받고 주 안에 거해야 합니다. 성령께서 진리의 빛으로 마음 깊은 곳의 어둠을 밝혀 주어야 죄를 인정하고 회개할 수 있습니다. 성령께서 회개의 은혜를 부으시고 죄의 근원 및 어둠을 성령의 불로 소멸시켜 주어야 정결함을 얻을 수 있습니다.

하나님은 소멸하는 불이라고 말씀합니다.(히 12:29 참조) 사도 바울은 성령을 근심시키거나 소멸시키지 말라고 하였습니다. 성령을 소멸시키지 않으려면 부지런히 성령님의 가르침을 받고 순종해야 합니다. 날마다 성경을 읽고 삶에 적용하는 가운데 성령님께 묻고 또 물어가며 그분의 인도를 받아야 합니다. 그리고 날마다 믿음으로 자신의 모든 것을 주님 손에 맡기고 속죄은총을 힘입어 부활생명으로 살아야 합니다.

주님께서 "진리를 알지니 진리가 너희를 자유롭게 하리라."(요 8:32)고 말씀하셨습니다. 여기서 진리를 안다는 것은 머리로 아는 것이 아니라 성령을 통해 레마로 받아먹고 삶에서 경험적으로 아는 믿음의 말씀입니다. 다시 말해서 진리와 연합하여 하나가 되어야만 진리를 아는 것입니다.

예수님의 말씀과 연합하여 부활 생명의 열매를 맺는 것이 바로 바울이 증언한 생명의 성령의 법이 죄와 사망의 법에서 해방되는 자유를 누리는 것입니다. 이것이 빛의 갑옷 즉 전신갑주를 입는 경험이요, 그리스도의 옷 즉 흰옷을 입고 신랑되신 그리스도와 하나가 되는 연합의 경험입니다. 이것을 얻기 위해 교회는 죄 사함의 은혜를 간절히 사모하며 회개의 자리로 나아가야 합니다.

십자가의 도와 네 가지의 마음 밭

마태복음 13장에서는 네 가지 땅에 씨를 뿌리는 비유와 천국 비유에 대해서 말씀해 주고 있습니다. 예수님께서 모든 것을 비유로 말씀하신 이유는 "…창세부터 감추인 것들을 드러내리라 함을 이루려 하심이라."(마 13:35)고 하셨습니다. 창세부터 감추어진 것은 바로 예수 그리스도의 구속사역을 말씀하고 있습니다.

그런데 왜 감추어진 비밀을 모든 사람들이 깨닫도록 밝히 열어주지 않고 비유로 말씀하셨을까요. 이는 마음이 완악하고 교만하여 저주아래 있는 율법주의자 즉 종교인들은 예수님을 마음으로 믿지 않기 때문입니다. 그런 영혼들에게는 은혜를 베풀지 않고 오직 예수님을 믿는 제자들과 같은 영혼들에게만 따로 비유를 풀어 깨닫게 해주셨습니다.

이 말씀을 모든 그리스도인들에게 적용하면 예수님을 믿고 제자와 같은 삶을 사는 사람들에게는 기록한 성경말씀을 성령께서 마음을 열어 레마로 깨닫게 해주십니다. 그러나 교회 안에 들어와서도 믿음의 말씀을 경험하지 못하고 복음의 본질을 벗어나 종교생활을 하는 사람들에게는 비밀을 알려주지 않는다는 것입니다.(마 13:13-15 참조) 누구에게나 예수 그리스도 안에 있는 지혜와 지식의 모든 보화를 열어주지 않는다는 사실입니다. 예수님께서도 진주 즉 예수님의 생명의 말씀을 땅의 것만 추구하는 탐욕스런 개나 돼지에게 던지지 말라고 말씀하셨습니다. 이것을 볼 때 복음의 비밀은 모든 사람들에게 열려있지 않다는 것을 알 수 있습니다.

성령을 날마다 구하고 찾고 두드리며 앙모하는 자들에게 주의 음성을 들을 수 있는 귀를 열어 감추어진 보화를 선물로 안겨주시는 것입니다. 창세부터 감추어진 많은 비밀 중에 가장 중요한 십자가의 도와 네 가지의 마음 밭에 대한 예수님의 말씀을 간략히 알아보겠습니다.

하나님께서 창조하신 물질계를 통해 영혼 안에서 이루어지는 하나님 나라의 재창조 역사를 이해할 필요가 있습니다. 물질계의 타락과 회복은 영혼의 타락과 회복의 그림자라고 할 수 있습니다. 진짜는 영혼이기 때문입니다. 그러므로 외적인 사건을 통해 영혼의 창조와 타락과 회복을 이해할 수 있어야 합니다.

하나님께서 창조하신 모든 피조물을 첫 사람 아담 안에 담아놓으셨습니다. 아담이란 이름은 모든 피조물을 포함한 대표적인 이름입니다. 아담이 죄를 범하고 저주를 받는 동시에 모든 피조물도 죽을 수밖에 없는 존재가 되었습니다. (롬 5:12 참조)

그로 말미암아 예수님께서 모든 인류의 죄를 짊어지시고 십자가에 못 박혀 죽으셨습니다. 그때 옛사람 즉 죄성과 애정과 욕망이 예수님과 함께 죽었다는 사실을 성경은 가르쳐 주고 있습니다. (롬 6:6 참조) 이것은 예수님을 믿고 성령을 선물로 받고 성령의 인도를 받는 영혼들에게 일어나는 실제적인 사건입니다.

그러므로 우리는 마지막 아담이신 예수 그리스도 안에서 거듭난 나를 발견해야 합니다. (고전 1:30 참조) 옛사람의 교만과 분노와 거짓과 음란과 탐욕과 온갖 죄 덩어리인 자아가 아담 안에 감추어졌다는 것을 믿어야 합니다. 예수님을 믿는 것은 바로 나의 죄를 위해 예수님이 죽었고, 삼일 만에 다시 새 생명을 입고 부활했다는 사실을 마음으로 믿고 받아들이는 것입니다. 이것은 성령의 감동으로 믿어지는 역사입니다.

옛 자아가 죽었다는 것이 마음에서부터 믿어질 때 부활 생명의 열매인 예수님의 성품이 우리의 마음과 행실로 나타나게 됩니다. 하나님께서 예수님을 신령한 몸으로 부활시킨 것은 타락한 영혼을 재창조 하시는 하나님의 깊고 넓은 신비가 담겨진 축복입니다.

부활하신 예수님의 신령한 몸은 막힌 벽과 닫힌 문을 자유롭게 통과하고 나타나셨습니다. 그런 예수님의 몸은 질병에 걸리거나 음식을 먹고 배설하지 않아도 되는 신령한 몸으로 재창조 되었습니다. 그리스도인들은 예수님처럼 신령한 몸이 될 것을 일단 믿고 신앙생활을 해야 합니다. 부활하신 예수님 안에 믿는 영혼들이 땅에서 살아가는데 필요한 모든 것과 천국에서 필요한 모든 복이 준비되어 있습니다.

그러므로 예수님께서 무엇을 먹을까 입을까 마실까 염려하지 말고 먼저 그의 나라와 의를 구하라고 하셨습니다. 우리는 예수님의 죽음이 내 죽음이고 예수님의 부활이 내 부활인 사실을 성령의 감동으로 믿고 적용해야 합니다. 예수님께서 십자가상에서 예비해 놓으신 사죄 은총과 성결의 은총은 모든 영혼들을 위해 예비하신 객관적인 은총입니다. 그것을 나에게 믿음으로 적용할 때 비로소 죄 사함의 은혜와 부활생명이 나타나는 것입니다.

예수님의 죽음을 내 죽음으로 믿고 적용할 때마다 보혈의 은총으로 말미암아 마귀가 죄로 넘어뜨리지 못합니다. 또한 예수님의 부활을 내 부활로 믿고 적용할 때마다 성령께서 예수님의 아름다운 성품의 열매를 맺게 해주십니다. 이것이 복음입니다.

그러므로 사도 바울은 "위의 것을 생각하고 땅의 것을 생각하지 말라. 이는 너희가 죽었고 너희 생명이 그리스도와 함께 하나님 안에 감추어졌음이라."(골 3:2-3)고 말씀하고 있는 것입니다. 여기에서 '너희가 죽었다'는 것은 육신에 속한 옛사람이 마지막 아담(예수)안에서 죽었다는 것을 의미합니다. 그리고 '너희 생명이 그리스도와 함께 하나님 안에 감추었다'는 것은 부활하신 예수님 안에 재창조된 새 생명이 확보되었다는 것을 의미합니다.

그러므로 위의 것을 생각하고 성령을 구하고 찾고 두드리면 필요한 은혜와 진리와 땅에서 살아가는데 필요한 것들을 공급받을 수 있다는 뜻입니다. 예수님이 십자가상에서 이루어 놓으신 속죄 은총은 땅의 것을 내려놓고 오직 주님만 믿고 천국의 것을 찾는 영혼들에게만 주어지는 복입니다.

또한 감추었다는 말씀은 하나님의 생명이 눈에 보이거나 손에 잡히지 않는 것이므로 마치 감추어져 있는 것처럼 표현하신 것입니다. 우리가 믿음으로 속죄은총을 적용하는 만큼 하나님이 예비하신 은혜와 복이 주어질 것입니다.

천국 보좌에서 천상천하를 주관하시는 예수님을 바라보며 그분이 공급해 주시는 은혜와 진리로 살면 이 세상의 필요와 공급은 알아서 책임져 주시겠다고 하셨습니다. 그러니 아무것도 염려하지 말고 모든 것을 주님 손에 맡기는 믿음생활을 해야 합니다. 이것이 하나님께서 예수님을 통하여 창세전부터 예비해 놓으신 축복이며 선물입니다.

그 다음은 예수님께서 인간을 네 가지의 마음으로 창조하셨다는 것을 마태복음 13장의 씨 뿌리는 비유를 통해서 깨달을 수 있습니다.

　첫 번째 길가와 같은 마음이 있습니다. 마음이 길가와 같이 완악하게 굳어져 있는 마음에는 말씀의 씨를 뿌려도 마귀가 다 빼앗아가기 때문에 전혀 깨닫지 못합니다.
　길가와 같이 완악한 마음을 가진 사람들은 불신자와 종교인들입니다. 교회를 다녀도 회개를 하지 않고 자아를 실현하고 복 받기 위한 목적으로 하나님과 거래하거나 미신적 행위를 하는 사람들의 마음입니다. 이런 영혼들은 말씀을 듣는 즉시 마귀에게 빼앗겨 버리고 전혀 말씀을 기억할 수 없습니다. 설령 머리로 깨닫고 기억해도 마음에서는 생명의 말씀을 믿지 않습니다.

　두 번째 돌밭과 같은 마음이 있습니다. 흙이 얇은 돌밭에 씨앗을 뿌리면 싹은 나오지만 뿌리가 없어 햇볕이 강하게 쪼이면 말라 버립니다. 이것은 성도들이 말씀을 듣는 순간은 은혜를 받고 기뻐합니다. 그러나 예수님 안에서 말씀의 뿌리를 내리지 못하면 예상치 못한 환난과 박해가 일어날 때 죄로 넘어져 믿음을 잃어버립니다.
　돌밭 같은 심령은 그 순간에 반짝 은혜는 잘 받지만 믿음의 말씀 안에 지속적인 은혜를 유지하며 살지는 못합니다. 특징이 좋은 일이 있을 때는 좋은 믿음의 반응을 보이다가 고난을 당하면 믿음을 잃고 죄에 넘어집니다. 이런 돌밭 심령은 고난의 십자가를 피하지 말고 용기 있게 받아들여야만 양의 문 즉 예수 그리스도 안으로 들어갈 수 있습니다.

사도 바울은 하나님의 나라에 들어가려면 많은 환난을 겪어야 한다고 하였습니다.(행 14:22 참조) 은혜를 주신 것은 예수님을 믿을 뿐 아니라 그를 위하여 고난도 받게 하심이라고 하였고,(빌 1:29 참조) 예수 안에서 경건하게 살고자 하는 자는 많은 박해를 받는다고 증언하고 있습니다.(딤후 3:12 참조)

세 번째는 가시떨기의 밭이 있습니다. 이런 마음은 열심히 말씀을 먹고 실천하며 믿음이 잘 자라다가 세상의 염려와 재물과 자기의 유익을 추구함으로 말미암아 더 이상 영적 성장이 멈춰버린 상태를 말씀합니다.(마 13:22 참조) 이런 영혼들은 겉으로는 하나님의 영광을 위한 명분을 가지고 열심히 주의 일을 하는 것 같습니다. 하지만 동기는 자기의 유익과 축복을 받기 위한 목적으로 헌신 봉사하는 불순한 것들이 아주 많습니다.

그렇게 세상의 염려와 탐욕과 자기 유익만을 위해 세상과 주님 사이에서 양다리를 걸치고 사는 가시떨기의 마음을 가진 사람들은 알곡이 될 수 없습니다. 뿐만 아니라 회개하지 않고 죄와 악한 정욕의 가시와 엉겅퀴를 내면 버림당하고 마지막에 불사름이 된다고 말씀하고 있습니다.(히 6:9 참조)

저희 소규모 공동체는 작은 텃밭을 일구며 자급자족을 합니다. 올해는 작은 밭을 잘 활용하기 위해서 전도사님과 집사님이 고구마 사이에 들깨를 심고, 땅콩을 조금 심은 곳에도 들깨를 심었습니다. 열매를 거두게 될 즈음 들깨가 땅콩과 고구마를 덮고 햇볕을 가려 땅콩과 고구마가 아주 작거나 열매가 달리지 않았습니다. 그것을 보면서 주님이 말씀하신 가시밭의 교훈이 떠올랐습니다.

하나님과 재물을 겸하여 섬길 수 없다는 말씀처럼, 세상과 양다리를 걸치고 신앙생활을 하면 결국 두 가지 다 잃어버릴 수 있다는 것입니다. 또한 주님께서 알곡 성도를 추수하러 재림하실 때 쭉정이로 버림당할 수 있다는 사실입니다. 그러므로 마음에서부터 세상 것들을 내려놓고 오직 주님만 바라보고 거룩한 신앙생활을 해야 합니다.

네 번째는 주님께서 원하시는 심령은 좋은 땅입니다. 좋은 땅에 씨앗을 뿌렸다는 것은 착하고 좋은 마음으로 말씀을 듣고 깨닫고 인내로 결실하여 백배, 육십 배, 삼십 배가 된다고 말씀하셨습니다. 좋은 땅은 옛사람의 모든 것을 버리고 생활의 필요와 공급을 주님 손에 의탁하고 믿음으로 사는 마음입니다.

하나님께서 선택한 영혼을 구원하여 돌밭과 가시밭 같은 마음을 말씀으로 회개시켜 좋은 땅으로 기경합니다. 그리스도의 마음과 같은 좋은 땅에 생명의 말씀을 심어 풍성한 열매를 맺게 합니다.

그런데 대부분의 성도들이 환난과 어려움을 당할 때는 열심히 믿음생활을 잘 하다가 등 따뜻하고 배부르게 되면 마음이 둔해짐으로 회개생활에 게으름을 피웁니다. 그때 주님을 갈망하고 바라보았던 눈은 세상 것을 바라보고 쓰레기를 갈망하게 됩니다.(신 32:15-18 참조)

시간이 지남에 따라 점점 주님께 받은 은혜와 죄에 대한 애통이 사라지고 점점 양심이 흐려짐으로 말미암아 영적 잠에 빠질 때 사탄이 그의 마음 안에 가라지를 뿌려놓습니다. 하나님께 바친 영혼이 영적인 깊은 잠에 빠져 회개를 하지 않고 가라지가 되어 죄의 열매만 맺으면 결국 영원히 버림을 당하게 된다고 성경은 증언합니다.(히 6:4-6, 10:29, 레 27:29, 삼상 3:13-14 참조) 누구든지 항상 깨어 주님을 바라보고 죄와 정욕을 십자가에 못 박는 자기부인의 삶을 살지 않으면 영적인 잠에 빠질 수 있다는 것을 명심해야 합니다.

돌밭과 가시밭은 하나님을 믿으면서도 죄성과 정욕을 매순간 십자가에 못 박지 않고 자기의 힘으로 필요를 공급받으며 사는 옛사람의 마음입니다. 끝까지 회개하지 않고 그런 마음으로 계속 살게 되면 쭉정이가 되어 버림당할 가능성이 아주 많습니다.

우리가 죄성으로 인하여 사탄의 시험을 받지 않을 수 있는 단 한 가지 방법은 믿음을 가지고 소유욕을 버리고 자기를 부인하고 주님을 좇아가는 길밖에 없습니다. 좋은 땅과 같은 마음이 될 수 있는 열쇠가 바로 나라는 자아의 모든 것을 주님께 맡기고 말씀에 순종하는 것입니다.

예수님께서 말씀하신 네 종류의 마음 밭에서 옥토와 같은 마음을 가진 성도들이 하나님의 쓰시기에 합당한 그릇입니다.(딤후 2:20-21 참조) 주님은 한 영혼을 그리스도의 형상으로 온전히 빚으시는 것을 겨자씨 비유, 누룩 비유, 진주 보화 비유로 말씀하고 있습니다.

겨자씨, 누룩, 진주 보화 비유는 서로가 보완해 주는 진리입니다.(마 13:31-33, 44-46 참조) 값진 진주를 상징하는 예수님의 생명과 연합한 사람들을 겨자씨 비유에서는 가장 겸손한 심령 즉 믿음이 장성한 자라고 말씀합니다.(히 5:13-14 참조)

겨자씨가 뿌려질 수 있는 곳은 좋은 땅입니다. 좋은 땅에 가장 작은 씨 즉 가장 겸손한 심령 밭에 말씀이 뿌려질 때 자라서 가장 큰 나무가 되어 공중의 새(영혼)가 깃든다고 하였습니다. 그러한 좋은 땅에 뿌려지는 겨자씨와 같은 믿음만 있어도 능히 못할 것이 없다고 말씀하셨습니다.(마 17:20 참조) 겨자씨만한 믿음은 곧 장성한 자로 성장할 수 있는 영혼을 말씀하고 있습니다.

그 다음 누룩 비유는 성령께서 마음에 들려주시는 레마의 말씀을 통해 그리스도의 마음으로 변화되어가는 내면의 거룩에 초점을 두고 말씀하고 있습니다. 누룩이 빵 재료를 부풀어 오르게 하는 것은 그리스도의 인격으로 마음이 변화되는 것에 중점을 두고 말씀한 것입니다. 하나님의 말씀이 온 마음을 지배하여 그리스도의 인격이 언어 행실로 투영되어 나타나는 내적 성화를 말씀합니다.

그리고 진주 보화 비유에서 진주, 보화를 상징하는 예수님의 생명은 사람의 눈에 쉽게 띄고 발견되는 것이 아님을 깨닫게 해줍니다. 마음 안에서 예수님을 발견한 영혼들은 자아의 모든 소유를 다 팔아서 보화가 감추어진 밭을 사듯이 예수님의 생명과 연합을 이룹니다. 자아의 소유를 마음 안에서 다 꺼내어 하나님께 반납하지 않으면 예수님의 생명을 온전히 소유할 수 없습니다.

좋은 땅에 백퍼센트 말씀으로 채워지고 그리스도의 형상이 나타날 때 하나님의 생명을 상징하는 진주 보화를 소유할 수 있습니다. 그것이 신랑 되신 예수님과 신부가 온전한 연합을 이루는 경험입니다. 겨자씨 비유, 누룩 비유, 진수 보화 비유는 의미가 다른 것 같지만 한 영혼이 예수 그리스도의 형상으로 빚어지는 과정에서 내적 외적으로 경험되어지는 말씀입니다.

마지막으로 하나님께서 예수 그리스도를 통하여 성취하실 천국건

설 사업에 대해서 그물 비유로 결론을 내려주고 있습니다. (마 13:47-50 참조)

모든 인간은 유전 죄를 가지고 태어나기 때문에 처음부터 좋은 땅이 아닙니다. 예수님을 영접하고 믿음으로 좋은 땅이 되어가는 것입니다. 선악과의 유전 죄로 인하여 길가와 돌밭과 가시떨기 같은 마음일지라도 속죄 은혜를 힘입어 참회의 눈물로 돌과 잡초와 같은 죄를 회개한다면 누구나 좋은 밭이 될 수 있습니다. 그러므로 풍성한 은혜와 천국의 복을 받아 누릴 수 있는 심령의 좋은 밭을 사모하고 꾸준히 회개하며 은혜의 보좌 앞으로 담대히 나아갑시다.

생명을 얻는 좁은 문과 좁은 길

> "좁은 문으로 들어가라 멸망으로 인도하는 문은 크고 그 길이 넓어 그리로 들어가는 자가 많고 생명으로 인도하는 문은 좁고 길이 협착하여 찾는 자가 적음이라." (마 7:13-14)

예수님께서 말씀하신 생명을 얻는 좁은 문과 좁은 길은 구체적으로 어떤 의미일까요? 좁은 문은 예수 그리스도이십니다. 여호와의 문을 의의 문이라고 증언합니다. (시118:19-20 참조) 요한복음 10장 1-15절에 보면, 예수님께서 자신을 양의 문이라고 비유로 말씀하셨습니다. 양의 문을 알기 위해서는 예수님을 상징하는 성막 문이 무엇으로 만들어졌는지를 보면 이해할 수 있습니다.

하나님께서 성막의 휘장을 청색, 자색, 홍색, 베실로 만들라고 하셨습니다.(출 26:1 참조) 이것을 통해 예수님을 믿음으로 그리스도의 옷이 어떻게 만들어지는지 그 과정을 깨달을 수 있습니다. 먼저 청색은 길과 진리와 생명이 되시는 예수님의 말씀을 상징합니다. 그리스도의 마음과 행실로 살기 위해서는 성령께서 주시는 생명의 말씀을 받아먹고 믿음으로 순종해야 합니다.

 첫 번째 청색은 성막의 휘장뿐만 아니라 제사장의 옷, 관, 패에 들어가지 않은 곳이 없습니다. 이것을 통해 성령께서 교회 즉 영혼의 성전을 생명의 말씀으로 견고하게 세워주심을 깨닫게 됩니다. 제사장의 옷 즉 그리스도의 인격으로 거룩하고 의롭게 변화시켜 주시는 흰옷도 말씀으로 만들어 줍니다. 믿음으로 인내의 말씀을 온전히 지켜 생명의 면류관을 쓰는 것도 성령이 먹여주시는 말씀으로 이루어집니다. 물질계의 창조뿐만 아니라 영혼의 창조 즉 구원의 시작과 과정과 끝을 주님께서 다 이루시고 주님만이 홀로 영광 받으시기에 합당하신 분이십니다.(요 1:1-4 참조)

 두 번째 자색은 예수님만이 만왕의 왕이라는 것을 상징합니다. 예수님을 왕으로 모시기 위해서는 마음에 오신 성령님께 주권을 내어드려야 합니다. 나의 모든 소유권을 왕 되신 주께 반납해야 합니다. 예수님만이 왕으로 대접받으실 수 있도록 자신을 내어 드릴 때 성령께서 말씀으로 아름답게 그리스도의 성품으로 빚어주십니다. 그러므로 매 순간 성령님께 묻고 인도를 받는 가운데 내 뜻을 포기하고 말씀에 순종해야 합니다.(갈 2:20 참조)

세 번째 홍색은 십자가에서 인류의 죄를 짊어지시고 고난 받으신 예수님을 상징합니다. 예수 그리스도 안에 거하는 영혼들은 말씀으로 성막 즉 영혼의 성전을 세울 때 십자가에 자아가 죽어지는 고난을 당해야 함을 교훈합니다. 옛사람의 생각, 감정, 의지의 모든 것을 내려놓고 주님만 의뢰하기 위해서 받는 고난은 필수입니다. 죄에서 자유를 얻기 위해서 날마다 자아를 부인하는 십자가를 지고 살아야만 그리스도의 형상으로 내면의 성전을 세울 수 있다는 것을 깨닫게 해줍니다.(마 16:24 참조)

네 번째 베실은 부활하신 예수님을 상징합니다. 예수님의 부활이 실제 나의 부활이 되려면 옛사람의 마음과 행실을 버려야 합니다. 악한 정욕과 모든 죄를 회개하고 믿음의 말씀에 순종해야 합니다. 사도 바울은 성령을 좇아 행하면 육체의 욕심대로 살지 않게 된다고 증언합니다. 매순간 내 중심의 마음과 행실을 내려놓고 하나님이 기뻐하시는 뜻에 순종해야 합니다. 그럴 때 죄에서 해방되어 새로운 피조물 즉 부활의 영광에 참예하는 복을 받게 될 것입니다.(롬 8:1-2, 고후 5:17 참조)

좁은 문 좁은 길의 의미는 마태복음 19장 16-26절의 말씀을 통해서도 깨달을 수 있습니다. 부자 청년이 예수님께 나아와 "내가 무슨 선한 일을 하여야 영생을 얻으리이까."라고 물었습니다. 그때 예수님께서 "네가 생명에 들어가려면 계명들을 지키라."고 대답합니다. 부자 청년은 자신 있게 이웃을 향한 십계명을 다 지켰는데 아직도 무엇이 부족하냐고 묻습니다.

"예수께서 이르시되 네가 온전하고자 할진대 가서 네 소유를 팔아 가난한 자들에게 주라. 그리하면 하늘에서 보화가 네게 있으리라. 그리고 와서 나를 따르라 하시니."(마 19:21) 부자 청년은 보화 즉 예수님의 생명을 얻는 길을 듣고도 많은 재물을 포기할 수 없어 근심하며 돌아갔습니다. 여기서 왜 예수님께서 십계명 중 이웃을 향한 계명만 말씀하시고 하나님을 향한 1-4계명을 말씀하지 않으셨을까요. 그것이 21절 안에 있습니다. 하나님을 향한 1-4계명을 지키려면 사탄의 성품인 자아의 소유를 다 팔아야만 가능하다는 것입니다.(마 13:44-46 참조) 이웃을 향한 십계명 5-10까지는 인간의 힘으로 노력하면 표면적으로는 지킬 수 있는 것들입니다.

그러나 1-4계명은 인간의 힘으로 지킬 수 없습니다. 오직 자아의 소유를 내려놓을 때 하나님이 지키게 해주셔야만 가능한 계명입니다. 하나님이 주신 십계명은 전부 성령께서 마음에 새겨주시고 지킬 수 있는 은혜를 주셔야 합니다.

부자 청년이 소유를 버리지 못함으로 말미암아 생명을 포기하고 자기 길로 돌아가는 것을 보고 예수님께서 말씀하셨습니다. 낙타가 바늘귀로 들어가는 것이 부자가 하나님의 나라에 들어가는 것보다 쉽다고 하였습니다.(눅 18:22-25 참조) 그때 제자들이 깜짝 놀라서 "누가 구원을 얻을 수 있으리이까."라고 여쭈었습니다. 예수님께서는 "사람으로는 할 수 없으나 하나님으로서는 다 하실 수 있느니라."고 말씀하셨습니다.(마 19:26, 눅 18:27 참조)

낙타가 바늘귀로 들어가듯이 부자가 좁은 문 즉 양의 문 또는 그리스도의 '의'의 문으로 들어가려면 옛사람이란 소유를 다 내려놓아야 한다는 것을 교훈합니다. 이는 자아 즉 타락한 애정과 욕망이 전부 십자가에 죽어지고 그리스도의 성품으로 거듭나야 천국에 들어갈 수 있다는 것을 말씀합니다.

인간의 힘으로는 옛사람의 소유를 팔 수 없습니다. 오직 성령 하나님이 우리 안에서 믿음으로 옛사람의 소유를 다 버리게 해주시고 구원을 이루어 주셔야 합니다. (빌 2:13, 시 23:3 참조) 세상 탐욕으로 가득 찬 자기의 모든 소유를 마음에서 내려놓고 주님을 따라가야 합니다. 예수님께서 십자가의 복음으로 옛사람을 죽이고 (롬 6:6 참조) 예수 그리스도의 아름다운 성품으로 온전히 변화시켜 주님의 백성, 자녀, 아들, 신부로 만드시고자 우리 안에 오신 것입니다. (롬 8:29-30 참조)

부자 청년은 하나님과 재물을 동시에 섬기는 즉 세상과 하나님을 섬기는 신앙생활 하는 성도들을 대표로 보여주는 예라고 할 수 있습니다. 그러나 예수님께서는 하나님과 재물을 겸하여 섬기지 못한다고 분명히 말씀하였습니다. (마 6:24 참조) 그러므로 하나님과 재물을 같이 섬기는 신앙생활 하는 것은 하나님 앞에 용납될 수 없는 것입니다. 이런 믿음은 넓은 문 넓은 길로 가는 것입니다. 그 길의 종착역은 멸망입니다. 구원받은 자로서 멸망 받지 않기 위해서는 날마다 나를 포기하고 주님 말씀에 순종하는 십자가를 지고 주님만을 위해서 살아야 될 줄 믿습니다.

예수님께서 친히 하나님만을 섬기는 삶을 사시면서 모범을 보여주셨습니다. "여우도 굴이 있고 공중의 새도 집이 있으되 인자는 머리 둘 곳이 없도다."(눅 9:58) 이 말씀이 주는 의미는 예수님은 세상 신이 주는 어떤 것도 마음에서 소유하지 않으셨다는 것입니다. 영혼이 세상의 어떤 것도 탐하지 않고 순전한 삶을 사셨다는 것을 말씀합니다. 예수님은 마굿간에서 탄생하셨고, 나사렛 30년의 삶과 3년간의 공생애 동안 세상을 사랑하거나 세상 일로 마음의 염려나 걱정을 하지 않고 사셨다는 것을 깨닫게 해줍니다. 세상에 몸담고 살면서 세상의 것을 먹고 입고 마셨지만, 마음으로는 세상 것을 소유하지 않고 오직 하나님 아버지가 공급해 주시는 것으로 사셨다는 말씀입니다. 이것이 믿음으로 사는 마음과 행위입니다.

우리도 예수 그리스도 말씀 안에서 믿음으로 살 때 세상 것을 마음으로부터 소유하지 않을 수 있습니다. 믿음 안에 살면 청지기와 같은 마음과 자세로 살게 됩니다. 그러면 내가 가진 모든 것들이 내 소유라고 권리 행사를 하며 탐욕에 지배받지 않습니다. 내가 가진 모든 것들과 내 생명까지도 하나님이 기뻐하시는 곳에 합당하게 사용할 수 있습니다. 그렇게 할 때 예수님과 같이 세상과 구별되고 깨끗한 삶을 살 수 있습니다.

우리는 소유의 개념을 바로 알아야 합니다. 소유는 내적인 것과 외적인 것이 있습니다. 옛사람이 보고 듣고 냄새 맡고 말하고 느끼고 생각하는 감정이나 행동들은 전부 아담에게서 물려받은 자아의 소유입니다.

가나안 7족이 섬기던 우상의 제단은 현재 예수님을 믿는 영혼들에게 적용할 때 정욕적인 삶을 의미합니다.(골 3:5 참조) 성도들이 귀신에게 지배받지 않으려면 정욕 즉 애정(혈육, 남녀, 친구, 사물)과 욕망(식욕, 성욕, 물욕, 수면욕, 명예욕)의 우상을 버려야 합니다. 마귀의 밥이 바로 정욕이기 때문입니다. 정욕이란 소유를 다 버리지 않으면 일곱 족속을 상징하는 지옥의 영들은 결코 떠나가지 않습니다. 그러므로 회개하는 가운데 집착하고 관심과 신경 쓰는 육신의 소유욕을 버려야 합니다.

사도 바울은 "오직 주 예수 그리스도로 옷 입고 정욕을 위하여 육신의 일을 도모하지 말라."(롬 13:14)고 증언합니다. 사도 베드로도 "사랑하는 자들아 거류민과 나그네 같은 너희를 권하노니 영혼을 거스려 싸우는 육체의 정욕을 제어하라."(벧전 2:11)고 말씀하였습니다. 사도 요한 역시 세상인 육신의 정욕과 안목의 정욕과 이생의 자랑을 좇아 살지 말고 오직 하나님의 뜻을 행하라고 증언합니다.(요일 2:15-17 참조)

왜 소유욕을 버려야 합니까. 아담으로부터 물려받은 타락한 정욕 속에서 사탄이 왕 노릇하고 있기 때문입니다. 사탄은 믿음의 말씀 안에서 자아를 부인하고 주님을 의뢰할 때는 꼼짝 못합니다. 성령의 인도를 받으며 말씀에 순종할 때는 주의 천사가 지켜줍니다. 그러나 믿음으로 행치 않고 자아중심으로 살면 사탄이 왕 노릇하며 노예로 삼는다는 사실입니다.

그러므로 마귀의 종 즉 죄의 종노릇하지 않기 위해서는 날마다 자기를 부인하고 성령의 통치를 받아야 합니다. 우리가 성령이 주시는 말씀을 믿고 아담의 생명을 끊어야 외적, 내적인 정결함을 얻을 수 있습니다. 그런데 믿음 없는 자가 되어 하나님의 것을 내 것이라고 고집하고 우상을 마음에 품고 살면 진리의 자유를 누리지 못합니다.

예수님을 믿는 사람들은 세상과 구별되게 살면서 내면에 가득 찬 옛사람의 소유를 하나씩 전부 회개하고 내버려야 합니다. 그리고 버린 그 자리에 생명의 말씀을 마음과 생각에 가득 채워야 합니다. 그렇게 할 때 하나님께서 부르신 목적에 따라 아들의 형상으로 아름답게 빚어주시는 것입니다.(롬 8:29, 갈 4:19 참조) 그런 이유로 주님을 믿는 백성들에게 예수 그리스도의 생명을 얻기 위해서는 소유를 버리라고 하신 것입니다.

마음에 품은 세상의 소유들은 하나님께 나아가는데 큰 장애가 됩니다. 왜냐하면 주님보다 사랑하고 애착하는 모든 것들이 우상이기 때문입니다. 그 우상을 품고 사는 이상 하나님의 진노로 인하여 끝없는 재앙이 뒤따라온다고 성경은 가르칩니다. 우리 마음 안에 주님 보다 더 사랑하는 모든 탐심을 속히 내버려야 합니다. 주님께서도 모든 탐심을 물리치라고 말씀하셨습니다. 탐심으로 인하여 군대귀신을 끌어들인다는 사실을 깨달아야 합니다.(막 5:1-15 참조)

소유욕을 버린다는 것은 하나님께 나의 모든 것을 맡기고 주님의 통치권 아래로 들어간다는 의미입니다. 우리가 하나님을 온전히 믿으면 내 중심적이고 집착하는 소유들을 주님 앞에 내려놓고 맡길 수 있습니다. 주님을 믿고 의뢰하는 만큼 내 중심적인 소유를 주님 손에 맡기고 포기할 수 있는 것입니다. 하나님께서 가장 좋은 것으로 필요를 공급해 주신다는 것을 믿으면 모든 것을 주님 손에 맡기고 아무것도 염려하지 않게 됩니다. 그렇게 될 때 내 중심적인 삶에서 하나님 중심적인 삶으로 방향전환을 할 수 있는 것입니다.

다윗은 자신의 소유가 주의 법도를 지킨 것이라고 고백하였습니다.(시 119:56 참조) 옛사람의 생각과 감정과 의지를 버린 자리에 주님의 말씀으로 채워나갈 때 옛사람이 그리스도의 생명에 삼킨바 되어 하나가 되는 것입니다. 그때 비로소 이제는 내가 사는 것이 아니고 내 안에 그리스도가 사는 것입니다. (고후 5:4-5, 갈 2:20 참조)

그리스도가 내 안에서 주인이 되게 하려면 내가 말씀 안에 잠겨 살아야 합니다. 하나님의 말씀은 선택한 백성들에게만 허락되었기에 마귀의 자녀들이 도둑질 하지 못하도록 잠가두었습니다. 도둑 같은 옛사람의 근성인 마귀적이고 세상적이고 정욕적인 죄들을 회개하기 전에는 말씀의 문을 열 수 없습니다. 감추어진 보화를 소유하기 위해서는 천국 열쇠가 필요합니다.

밭에 감추어진 보화 즉 예수님의 생명은 회개하는 영혼들의 눈에만 발견됩니다. 예수님을 이 세상에서 가장 값진 보화로 여기는 영혼들이 옛사람의 소유를 과감하게 버리는 회개를 합니다. 주님께서 정욕을 십자가에 못 박고 주님만 좇아가는 영혼들의 눈을 열어 감추어진 보화를 발견하게 하십니다. 꾸준히 진리의 성령을 구하고 찾고 두드리는 영혼들에게 허락하시는 복입니다.

날마다 자아를 죽이고 예수님의 생명과 완전한 연합을 이루어 부활 생명으로 살기 위해서는 반드시 옛사람의 소유를 다 버려야 합니다. 소유를 다 버려야 보화 되신 예수님의 생명과 한마음 한 뜻이 되어 말씀과 온전한 연합 즉 예수님과 영성결혼을 할 수 있습니다. 그때부터는 마음으로부터 죄를 짓지 않는 상태가 되어 하나님께 온전히 찬송과 영광 돌리는 삶을 살 수 있는 것입니다. (요일 3:9 참조)

살아있는 말씀의 능력

예수님은 말씀이시고 하나님이십니다. 예수님은 태초부터 말씀으로 하나님과 함께 일하였습니다.(요 1:1 참조) 성령께서 마음을 열고 말씀을 깨닫게 해주실 때 생명의 말씀되신 예수 그리스도께서 살아 역동을 합니다. 말씀의 검이 영과 혼과 몸을 쪼개어 자아 속에 숨어 있는 마귀를 쫓아내고 새롭게 만들어 줍니다.(히 4:12-13 참조)

예수님께서 "사람이 떡으로만 살 것이 아니오. 하나님의 입으로 나오는 모든 말씀으로 살 것이라."(마 4:3-4)고 말씀하셨습니다. 하나님의 입에서 나오는 모든 말씀이 영혼을 살려주는 양식이라는 것입니다. 기록한 로고스의 말씀을 성령께서 마음을 열어 깨닫게 해주실 때 살아있는 능력의 말씀이 되어 하나님을 만나는 경험을 하게 됩니다.

예수님께서 하나님의 나라는 우리 마음 안에 있다고 말씀하셨습니다. 천국뿐만 아니라 성령이 오셔서 왕으로 다스리는 마음이 곧 하나님의 나라인 것입니다. 예수님께서 예비하신 속죄은총을 적용하여 하나님의 나라를 재건축하기 위해 성령께서 우리 마음 안으로 들어 오셨습니다. 속죄은총을 믿고 적용만 하면 성령께서 말씀의 보화로 마음 안에 하나님의 나라를 세워주실 것입니다. 결국 마음 안에 세워진 하나님의 나라가 사후 천국에 들어가서 영원히 살 처소로 준비되는 것입니다.

하나님의 나라가 세워진다는 것은 아들의 형상을 본받아 사는 것을 말씀합니다.(롬 8:29-30 참조) 성령이 하나님의 나라를 세우게 하려면 우리가 전적으로 하나님을 신뢰하고 말씀을 믿고 순종해야 합니다. 날마다 성령이 주시는 말씀을 거역하는 나를 십자가에 못 박아야 합니다. 십자가에 못 박는다는 것은 곧 죄를 짓게 하는 죄성들을 죽이는 것입니다. 속죄은총은 오직 믿음으로 주를 바라보고 적용하는 자에게만 부어지는 은혜입니다. 예수님은 단 한 번에 이루셨지만, 우리는 믿음의 말씀에 순종하기 위해 '나는 날마다 죽노라.'는 마음 자세로 살아야 합니다. 날마다 말씀을 거역하는 나를 부인하고 성령의 통치아래 부활의 새 생명으로 살 때 내면에 하나님의 나라를 세울 수 있습니다.

하나님의 나라를 세우기 위해서는 말씀이 예수님이시라는 사실을 확실히 믿어야 합니다. 말씀되신 주님은 멀리 계신 분이 아니라 항상 우리 마음 안에 계십니다. 진리의 성령님은 문자로 기록한 성경으로 말씀하십니다. 말씀 안에 담겨진 의미를 마음을 열고 깨닫게 해주십니다.

"오직 그 말씀이 네게 심히 가까워서 네 입에 있으며 네 마음에 있은즉 네가 이를 행할 수 있느니라."(신 30:14)

예수님께서 믿는 영혼 안으로 들어오셔서 영의 귀에 말씀을 들려주시고 영의 입에 말씀을 넣어주심으로써 우리가 그 말씀을 행할 수 있게 해주신다는 것입니다. 사도 바울도 전파하는 믿음의 말씀이 우리 입과 마음에 있다고 증언하였습니다. (롬 10:8 참조)

여기서 입은 육신의 입뿐만 아니라 영혼의 입도 있습니다. 그런데 대부분의 사람들은 믿음의 눈으로 주님을 보지 못할 뿐만 아니라 내면에 계신 하나님의 임재를 잘 느끼고 경험하지 못합니다. 이유는 말씀 안에서 예수님을 발견하지 못하기 때문입니다. 성령은 진리의 영이십니다. 성령을 통해 진리를 받아먹을 때 살아계신 예수 그리스도를 만날 수 있습니다.

예수님을 육의 눈으로 보고 손으로 만지고 몸으로 느끼려고 하는 것은 영적 아이입니다. 그런 영혼들에게 믿음을 주기 위해서 환상, 계시, 꿈, 각종 은사를 조금씩 경험시켜 주시는 것입니다. 말씀 안에서 성령의 은사를 경험해야지, 말씀이 없는 상태에서 선물을 좇아 가다보면 사탄의 미혹을 당하여 잘못된 길로 빠질 수 있으니 조심해야 합니다.

반드시 알 것은 영이신 하나님을 만나기 위한 통로는 말씀입니다. 꾸준히 말씀을 소리 내서 먹을 때 회개하게 되고 죄로 인하여 영적 소경, 귀머거리, 벙어리, 지체 장애와 모든 결박을 풀어 자유롭게 해주십니다. 그러므로 하나님을 만나기 위해서는 성령을 의지하여 기록한 말씀을 소리 내서 부지런히 읽어야 합니다. 영혼의 양식 즉 하나님의 말씀은 먹어야 삽니다. 깨닫지 못하는 말씀을 임마누엘 하시는 성령님께 묻고 하나씩 가르침을 받고 순종해야 합니다. 그렇게 하나님의 말씀을 경험하는 가운데 믿음이 점진적으로 자라는 것입니다.

하나님께서 예레미야 선지자에게도 이스라엘 집에 세울 언약을 말씀해 주셨습니다. 그날 후에 예수님을 믿는 사람 속에 법을 두고 말씀을 마음에 기록하여 하나님의 자녀로 삼겠다고 하셨습니다. (렘 31:33 참조) 우리 마음에 말씀을 간직하려면 먼저 평생 심어진 육신의 생각을 제거하고 모든 이론을 그리스도께 복종시켜야 합니다. 사람에게 배운 성경지식도 다시 성령께 마음으로 받아먹어야 합니다.

다윗은 "나의 반석이시요 나의 구속자이신 여호와여 내 입의 말과 마음의 묵상이 주의 앞에 열납 되기를 원하나이다."(시 19:14)라고 기도하였습니다. 성령님을 의지하여 믿음으로 소리 내서 읽는 말씀을 마음으로 되새김질 하며 주님과 대화하는 것이 하나님께 상달되는 것입니다. 말씀을 소리 내서 많은 분량을 읽을 때마다 성령께서 양심을 밝혀주시고 죄 속에 숨어있는 어둠을 쫓아주심으로 영육의 평안을 주십니다.

주안에서 안식을 누리려면 성령을 의지하고 회개하여 말씀을 마음과 생각에 심고 말씀이 전인격에서 흘러나오게 해야 합니다. 그렇게 꾸준히 행할 때 하나님의 창조 목적인 아들의 형상이 회복되며 구약에서 예언한 생명과 평강의 언약이 성취되는 것입니다. 우리는 날마다 말씀으로 하나님께 나아가야 합니다. 성령을 통해 예수 그리스도의 말씀을 마음에 품고 순종할 때 하나님께서 모든 죄를 사하시고 선한 행실을 받으십니다.(호 14:2 참조)

예수 그리스도를 증거 하는 입술의 열매가 찬미의 제사라고 말씀하고 있습니다. 이것은 성령의 역사로 하나님의 말씀이 영혼에 새겨짐으로써 예수님의 형상인 말씀이 언행으로 나타나는 삶의 제사라고 할 수 있습니다. 우리 마음 안에서 생명의 말씀이 예수님의 형상으로 온전히 회복되어야만 하나님께 찬송과 영광 돌리는 삶을 살 수 있습니다.

사도 베드로는 "너희가 거듭난 것이 썩어질 씨로 된 것이 아니요 썩지 아니할 씨로 된 것이니 하나님의 살아 있고 항상 있는 말씀으로 되었느니라."(벧전 1:23)고 증언하였습니다. 하나님의 말씀을 성령께서 마음을 열고 깨닫게 해주실 때 믿음으로 받아먹으면 썩지 아니할 살아있는 능력의 말씀이 됩니다. 예수님도 제자들에게 마음을 열어 성경을 깨닫게 해주셨습니다.(눅 24:45 참조)

하나님의 말씀을 듣고 깨닫고 머리에 채웠어도 성령으로 행하지 않는 믿음은 생명이 없는 죽은 지식입니다. 하나님의 말씀은 반드시 성령께서 마음에 먹여주심으로 확실하게 믿어지는 생명의 말씀이어야 합니다. 그런 말씀이 살아 역사하여 회개의 자리로 인도하고 변화시키는 능력이 됩니다. 영혼을 거듭나게 하는 것은 영원히 썩지 아니할 하나님의 살아있는 생명의 말씀입니다. 생명의 말씀이 성령의 역사로 말미암아 옛사람의 죄와 악한 정욕에서 해방시켜 줍니다. 살아있는 말씀이 영혼을 소생시켜 주고, 세상과 구별된 거룩한 삶으로 인도해 줍니다.(요 17:17, 벧전 1:22 참조)

우리는 날마다 말씀을 읽고 살며 회개한 후 생명의 말씀을 마음 판에 새겨야 하나님의 통치를 받을 수 있습니다.(합 2:2 참조) 육신의 음식을 열심히 먹듯이, 영혼의 양식인 말씀을 먹고 하나님의 뜻에 합당한 기도를 꾸준히 드리는 가운데 회개의 삶을 살 때 하나님께서 그리스도의 형상으로 빚어주시고 찬송과 영광을 받으실 줄 믿습니다.

영적 감각이 살아나야

"그러므로 이르시기를 잠자는 자여 깨어서 죽은 자들 가운데서 일어나

라. 그리스도께서 너에게 비추이시리라 하셨느니라."(엡 5:14)

속사람은 세상 정욕에 빠져 회개생활을 게을리 하면 서서히 잠에 빠져듭니다. 그런 상태가 지속되면 더 깊은 잠에 빠져 결국 깨어나지 못하고 성령이 소멸되고 영은 죽어버립니다. 그러면 하나님과의 관계도 깨져 버립니다. 그러므로 주님과의 관계를 회복하기 위해서는 잠자고 있는 속사람을 깨워야 하고, 죽은 영은 살려야 합니다. 하나님께서도 마음을 소생케 하라고 말씀하셨습니다. (시 69:32)

우리의 영을 무엇으로 살릴 수 있을까요. 시편 19편 7절에 "여호와의 율법은 완전하여 영혼을 소성케 하고…"라고 말씀합니다. 우리의 영혼을 살리는 것은 오직 성령께서 먹여주시는 생명의 말씀입니다. 하나님의 말씀을 믿음으로 소리 내서 읽으면 성령님께서 생명을 공급해 줍니다. 말씀에 예수님의 생명이 들어가면 살아 역사하는 능력의 채찍이 되어 잠자는 영을 깨워줍니다. 말씀의 많은 분량을 소리 내어 읽어가며 회개하면 죽은 영도 소성됩니다. 계속 말씀으로 성령의 기름을 채워 양심의 불을 밝히면 어둠의 영이 쫓겨나고 영적인 감각도 서서히 살아나기 시작합니다.

그런데 하나님의 생명으로 영이 잠에서 깨어나지 못하면 불신자와 마찬가지로 육과 혼으로만 살아가게 됩니다. 그러면 성령의 음성을 들을 수 없고, 마귀의 역사도 느끼거나 분별할 수 없습니다. 성령의 감동으로 말씀의 은혜를 받을 수 없지 못하면 사람에게 배운 지식으로 형식적인 신앙생활을 하게 됩니다.

저는 꿈에 예배당 바닥에 무릎 꿇고 졸음을 극복하려고 애쓰는 장면을 여러 번 보았습니다. 그런 꿈을 꾸었을 때의 마음은 며칠 동안 육신의 일에 관심가지고 마음과 시간을 빼앗겨 살 때였습니다. 잠깐만 주님을 마음에서 놓치고 육적인 일에 관심을 쏟아도 속사람은 졸려서 정신을 못 차립니다. 하물며 지속적으로 세상 정욕에 마음을 빼앗기고 푹 빠져 산다면 영이 깊은 잠에 빠지는 것은 당연한 일입니다.

그러므로 우리는 어느 때보다 잠자는 영을 깨워 주님의 오실 날을 회개로 준비해야 합니다. 잠자는 영을 깨워 영의 감각을 살리기 위해서는 우선 소리 내서 성경을 읽어야 합니다. 구약에서 말씀하시는 묵상은 읊조림을 의미합니다. 작은 소리로 중얼거리듯이 읽어서 영이 배부르게 충분히 말씀을 먹어야 합니다.

생명의 말씀을 소리 내서 먹어야 하는 이유는 혀의 힘(권세)을 주셨기 때문입니다.(잠 18:21 참조) 권세는 다스리고 정복하고 이긴다는 뜻입니다. 주님의 권세가 내 권세가 되려면 주님의 통치를 받아야 합니다. 주님께 온전히 주권을 드릴 때 죄와 정욕을 다스리고 이길 수 있습니다. 하나님의 통치를 받고 그분께 굴복하여 순종한 만큼 권세가 주어진다는 사실입니다.

이사야 57장 19절에서 "입술의 열매를 창조하는 자 여호와가 말하노라. 먼 데 있는 자에게든지 가까운 데 있는 자에게든지 평강이 있을지어다. 평강이 있을지어다. 내가 그를 고치리라 하셨느니라."고 증언합니다. 입술의 열매를 창조하신 하나님이 주시고자 하는 복은 영혼의 평강입니다. 죄에서 해방되었을 때 주어지는 평강의 복을 받기 위해서는 먼저 말씀으로 영혼의 치유를 받고 그리스도의 인격으로 변화되어야 합니다.

우리의 입에서 나오는 말은 대단히 중요합니다. 말은 우리 마음속에 있는 것을 드러내 주는 역할을 합니다. 주님을 믿는 사람들은 성령이 기름 부어주시는 혀의 권세로 말씀을 선포할 때 그대로 이루어지는 것을 경험합니다. 이는 믿음으로 모든 세계가 하나님의 말씀으로 이루어졌기 때문입니다.(히 11:3 참조)

우리가 믿음으로 말씀을 선포하고 그대로 이루어질 줄 믿고 주님만 의뢰하면 반드시 주님의 정한 때에 실상이 나타나게 되어 있습니다. 그와 반대로 말씀을 믿지 않고 부정적인 말을 하면 그 말대로 이루어지는 것입니다. 왜냐하면 주님께서 '네 믿음대로 될지어다.'라고 말씀하셨기 때문입니다.

우리가 소리를 내야하는 또 다른 이유는 하나님께서 말씀으로 천지를 창조하셨다는 사실입니다. 성령께서 주시는 믿음의 말씀을 선포할 때마다 회개의 영이 부어짐으로 하나님의 나라를 정복해 갈 수 있는 것입니다. 성령께서 우리 안에 오신 이유도 말씀으로 재창조하기 위해서입니다.

로마서 10장 10절에 보면 "사람이 마음으로 믿어 의에 이르고 입으로 시인하여 구원에 이르느니라."고 증언합니다. 성령께서 마음을 열고 말씀을 먹여 주셔야 그리스도의 의를 행할 수 있습니다. 그런데 선행되어야 할 것은 먼저 우리가 기록한 말씀을 소리 내서 먹어야 한다는 것입니다. 믿음은 그리스도의 말씀을 들을 때 생기기 때문입니다.(롬 10:17 참조) 그러므로 말씀을 마음으로 믿고 그리스도의 의로 구원에 이르려면 먼저 성경 말씀을 소리 내서 읽고 시인하는 믿음의 반응이 있어야 합니다.

사도 바울은 감각이 없는 자는 자신을 방탕에 내맡겨서 모든 더러운 것을 욕심으로 행한다고 증언합니다. (엡 4:19 참조) 영적 감각이 없는 자는 피부의 감각을 느낄 수 없는 한센병 환자와 같습니다. 그런 영혼은 부정하여 다른 모든 것에 접촉하는 것마다 어둠을 전이시킵니다.

죄 속에는 마귀가 역사하여 어둠을 전이시켜 믿음을 빼앗아가고 여러 모양으로 고통을 주며 괴롭힙니다. 죄와 마귀가 역사하는 이 세상에 살면서 어둠의 전이로 범죄 하지 않기 위해서는 예수 그리스도의 보혈 안에서 전신갑주를 입고 살아야 합니다.

영의 감각을 느끼지 못하면 성령의 임재도 마귀가 역사하는 것도 잘 모릅니다. 육의 몸이 아플 때 고통으로 인하여 치유를 받듯이, 영도 마귀가 괴롭히고 고통을 주는 것을 느껴야 하나님을 찾고 바라보게 됩니다. 죽은 자가 아무 느낌이 없듯이, 영이 죽거나 깊은 잠에 빠지면 죄의 수치와 영의 감각을 느끼지 못합니다. 그렇게 영의 감각이 마비되면 반대로 육적인 감각은 더 발달하여 정욕의 맛을 추구하게 됩니다. 영적 감각을 느끼지 못함으로 말미암아 주님이 생명의 말씀을 통하여 부어주시는 천국의 기쁨과 평강을 누리지 못합니다. 하나님의 말씀을 먹지 못함으로 생긴 영의 굶주림을 육신의 것으로 채우려고 여기저기 찾아다니며 방황하는 것입니다.

아무리 말씀을 잘 배워 알고 자신의 힘으로 지키려고 노력하며 각종 재능이 탁월해도 영적인 감각이 살아나지 않으면 세상과 구별되어 살기 어렵습니다. 또한 죄와 마귀를 이길 수도 없습니다. 영적인 감각이 죽었거나 깊은 잠에 빠졌다는 것은 마귀가 주는 육신의 정욕, 안목의 정욕, 이생의 자랑의 맛에 중독되어 하나님의 뜻대로 살 수 없는 마비 상태가 되었다는 것입니다. 다시 영이 새롭게 소성될 수 있는 길은 오직 말씀을 소리 내서 먹으며 회개하고 하나님 아버지의 품으로 들어가는 길밖에 없습니다.

주님을 경험하고 동행하는 삶을 사는데 있어 영적 감각이 살아있다는 것은 대단히 중요합니다. 영의 감각을 통해 자아 속에 있는 마귀의 정체를 드러내 폭로하고 쫓아내야 세상 정욕들을 자연스럽게 내려놓을 수 있습니다.

많은 성도들이 열심히 회개하여 영의 감각이 살아나는 경험을 합니다. 문제는 꾸준히 믿음의 경주를 하지 않고 도중에 영적 게으름에 빠져 세상 정욕에 눈을 돌리다가 영이 잠들어 버립니다. 그때부터는 영적으로 무감각해지고 성령의 음성과 말씀의 감동을 받지 못함으로 미지근한 신앙생활로 돌아갑니다.

영의 감각이 살아난 사람이 안 좋은 영상을 볼 때나 어둠이 많은 사람이나 어두운 환경을 접할 때 눈과 머리가 아프고 여러 가지의 고통스런 전이현상이 나타납니다. 그럴 때 몸으로 영을 분별하여 절제하게 됩니다. 그러나 영의 감각이 죽어 마귀의 역사를 느끼지 못하게 되면 안목의 정욕에 빠져 살기 쉽고 자신의 의지로 벗어나기도 어렵다는 것입니다.

하나님의 영과 마귀는 반대이기 때문에 물과 기름처럼 섞이지 않고 서로에게 큰 고통을 안겨줍니다. 영의 세계는 이물질처럼 서로의 영이 다를 때 고통을 느낍니다. 그런데 죄 아래 마귀와 한 통속으로 사는 사람들끼리는 똑같은 영으로써 서로에게 고통이 느껴지지 않습니다. 아니 오히려 더 잘 통하고 정욕적인 즐거운 맛을 느끼기도 합니다.

그와 반대로 회개와 순종생활을 통하여 영을 맑고 깨끗하게 하는 가운데 나타나는 짐(어둠) 전이현상이 있습니다. 첫째 내 죄를 회개하여 마음이 깨끗한 경우는 순간 강한 느낌을 받을지라도 조금 후에 주님께서 가볍게 처리해 주십니다. 내 죄와 상관없이 영혼을 살려주기 위한 짐은 상급이 됩니다. 둘째로 내 죄 문제가 해결되지 않은 상태에서 짐 전이를 받을 경우는 마귀가 주는 고통이 내게서 오래 머물다가 처리됩니다. 그런 경우는 상급과 징계가 같이 주어집니다. 상대에게서 오는 짐이 나의 어떤 부위에서 나타나는지에 따라서 영분별을 할 수 있습니다. 또한 성령의 조명을 받아 그 짐으로 인해 올라오는 나의 죄를 회개하고, 이웃을 내 몸과 같이 사랑하려는 마음과 의지를 드릴 때 어둠이 처리됩니다. 그렇게 반복되는 가운데 죄 사함의 은혜를 받고 믿음의 성장을 이룹니다.

어떤 이유에서건 어둠의 짐 전이를 받을 때 죄가 드러나면 그 원인을 찾아 회개하고 주님을 바라봐야 합니다. 그리고 성경을 소리 내서 읽거나 방언 및 발성 기도를 할 때 어둠의 영이 쫓겨나고 평안해집니다. 날마다 우리 짐을 지시는 하나님께 믿음으로 무거운 짐을 올려드리고 주님께 더 가까이 나아가야 합니다.(시 68:19 참조) 그러면 어둠의 짐 전이는 영혼의 성장을 이루는 도구가 되며 평안한 은혜가 주어질 것입니다.

사도 바울은 "육신의 소욕은 성령을 거스르고 성령은 육체를 거스르나니 이 둘이 서로 대적함으로 너희가 원하는 것을 하지 못하게 하려 함이니라."(갈 5:17)고 증언합니다. 또한 "향락을 좋아하는 자는 살았으나 죽었느니라."(딤전 5:6)고 말씀합니다. 육신의 소욕을 좇아 살면 영의 감각이 마비가 되어 주님의 은혜를 받지 못합니다.

예수님을 믿는다고 하면서 세상에 푹 빠져 사는 것은 육과 혼은 살았으나 영은 죽은 것입니다. 영적인 불감증에 걸리면 주님보다 세상 것들이 더 달콤하게 느껴지고 그 맛을 추구하게 되어있습니다. 죽은 영혼 안에는 성령이 내주하지 않습니다. 그런고로 사도 바울은 성령을 소멸시키지 말라고 하였습니다. 성령이 우리 안에 내주하지 않으시면 하나님의 말씀대로 살 수 없기 때문에 주님께서도 '깨어있으라'고 강조하여 말씀하신 것입니다.

대부분의 사람들은 주님으로부터 좋은 것만 받아 누리고 경험하기를 원합니다. 그러나 주님의 좋은 것을 취하기 위해서는 반드시 자아라는 사탄의 성품을 십자가에 죽이는 과정을 통과해야 합니다. 감사하게도 예수님께서 십자가상에서 우리의 모든 죄와 허물과 연약함을 대신 담당해 주셨습니다.(사 53:5-6 참조) 그러므로 모든 죄와 악한 정욕을 믿음으로 주님께 아뢰고 내어드리십시오.

저는 사람들과 접촉하거나 상담하거나 또는 새로운 장소에 가거나 그 외에도 어둠의 전이 현상으로 고통스럽게 느껴질 때가 많습니다. 매일 느낀다고 해도 과언이 아닙니다. 어둠의 전이 현상이 심할 때는 아무것도 할 수 없을 정도로 힘이 빠지거나 심한 두통 등 각종 안 좋은 현상들이 영혼 몸으로 나타납니다.

그때마다 '나의 연약함을 대신 짊어지신 주님께 이 짐을 올려드립니다.'라고 기도합니다. 그리고 성령님의 임재를 청하고 주님 손에 그 문제를 완전히 맡긴 후 두려워하거나 벗어나려고 애쓰지 않습니다. 그러면 몇 분 내지 몇 십 분이 지나면 안개처럼 고통스런 현상이 사라지는 경험을 합니다.

얼마 전 꿈속에서 동생 목사와 짐 전이에 관한 대화를 나누었습니다. "내가 그동안 짐 전이로 지옥 같은 삶을 살았다. 그런데 하나님께서 정한 때에 은혜를 베푸셔서 마음의 소유를 버리는 회개를 하고 주권을 주님께 드리고 났더니 짐 전이로 인한 고통을 가볍게 해주셨다..."꿈에서 그런 대화를 하고 깨어났습니다. 제가 현재 경험하고 있는 내용을 꿈으로 다시 확증시켜 주신 주님께 감사를 드렸습니다.

그리고 주님께서 깨닫게 해주신 것은 우상을 마음에 품고 살면서 짐을 받을 때는 마귀의 공격에 넘어진다는 것입니다. 짐을 받고 지옥의 고통을 당한 것은 바로 우상과 같은 정욕과 죄를 끌어안고 살았기 때문이라는 것을 깨달았습니다. 예를 들면 과거에는 사람과 대화를 하다가 머리로 짐 전이를 받으면 하루 종일 두통으로 고통을 받았습니다. 그런데 회개를 하고 마음의 소유욕을 내려놓고 나서부터는 짐 전이로 두통이 심하게 느껴질 때 주님께 짐을 올려드리거나 머리에 안수하면 곧바로 해결해 주십니다. 주님께서 속건제를 하는 중에 꿈에서 백신을 놔주시고 흰옷을 두 번이나 입혀주시고 나서부터는 짐 전이 현상이 나타나는 즉시 빠르게 처리됨을 경험합니다.

저는 성령의 나타남과 능력이 십자가를 통해서 강하게 나타남을 경험하면서 십자가를 달게 지고 삽니다.(고후 12:9-10 참조) 우리는 십자가 복음을 사랑해야 합니다. 이것은 이론이 아니고 믿음의 말씀을 취할 때 실제가 됩니다. 십자가를 통과해야 부활생명을 얻을 수 있다는 것을 잊지 마십시오. 십자가를 질 때 주님과 친밀한 교제를 할 수 있습니다. 주님께서 기쁨으로 감당할 수 있는 은혜와 능력까지 공급해 주십니다. 그러므로 영적 감각이 살아남으로써 영 전이현상이 나타날 때 두려워하지 마십시오. 십자가도 주님이 대신 져주신다는 것을 믿고 모든 짐을 주님께 맡기고 안식의 삶을 사십시오. (시 68:19, 마 11:28-30 참조)

거짓의 아비 마귀의 활동 및 대적 방법

> "우리의 씨름은 혈과 육을 상대하는 것이 아니요. 통치자들과 권세들과 이 어둠의 세상 주관자들과 하늘에 있는 악의 영들을 상대함이라."(엡 6:12)

천국과 지옥뿐만 아니라 이 세상은 하나님이 창조하셨고, 다스리는 곳입니다. 그러므로 물질계는 보이지 않는 영들이 활동하고 사람들은 영들의 영향을 받고 살아갑니다. 영계에서 활동하는 영은 주님과 천사들이 믿는 성도들을 도와주고, 범죄 하도록 미혹하며 하나님을 대적하는 악한 영들이 있습니다. 마귀는 쉬지 않고 예수님을 믿는 사람들을 넘어뜨리려고 우는 사자와 같이 틈을 엿보고 있다는 사실입니다. (벧전 5:8 참조) 물론 하나님이 허락하시는 범위 안에서만 공격할 수 있습니다. 그러나 하나님은 백성들을 시험하여 정결케 할 목적으로 마귀를 연단의 도구로 사용하시기도 합니다. 우리의 싸움 대상은 혈과 육이 아니고 악한 영들입니다. 그러므로 싸움의 대상인 마귀에 대해서 잘 알아야 합니다.

원수 마귀가 언제 역사를 할까요. 마귀는 세상 신이 원하는 대로 정욕의 탐심에 푹 빠져 우상숭배를 하면 더 잘 살도록 도와줍니다. 그러나 예수님을 믿고 그분 뜻대로 살려고 하면 여러 가지로 유혹하며 공격합니다. 악한 영들은 우리의 생각을 통해서 많이 역사합니다. 생각의 통치권을 하나님께 드리고 자아부인의 삶을 살지 않으면 마귀의 미혹에서 벗어날 수 없습니다. 또한 온갖 질병과 다양한 환경 배후에서 육신의 정욕, 안목의 정욕, 이생의 자랑을 통해 역사합니다. 정욕과 죄성을 통해 역사하는 마귀를 분별하여 쫓아내려면 오직 믿음으로만 가능합니다. 마귀는 우리가 상대할 대상이 아니기 때문입니다.

하나님이 대신 마귀들과 싸워 주셔야만 합니다. 그런데 문제는 하나님께서 우리가 원하는 대로 싸워주시는 것이 아닙니다. 내가 필요할 때만 '주여! 믿습니다.'라고 해서 믿음의 효력이 나타나는 것도 아닙니다. 평소에 꾸준한 믿음으로 회개하며 하나님만을 의뢰하고 살 때 마귀로부터 보호해 주십니다. 이사야 26장 3절에 "주께서 심지가 견고한 자를 평강하고 평강하도록 지키시리니 이는 그가 주를 신뢰함이니이다."라고 말씀합니다. 꾸준한 마음으로 자아를 부인하고 오직 주님만 의뢰할 때 평강의 은혜가 부어진다는 사실입니다.

우리가 마귀의 정체와 활동을 깨닫게 되면 주님의 권세를 사용하여 물리칠 수 있습니다. 그러나 마귀를 인정하지 않으면 평생 마귀의 노예로 살 수밖에 없습니다. 그러므로 혼과 육신가운데 역사하는 마귀를 인정하십시오. 우리는 날마다 회개하는 가운데 괴롭히는 거짓의 영 마귀의 정체를 폭로시켜야 합니다. 예수님은 마귀의 일을 멸하러 오셨다고 사도 요한은 증언합니다. (요일 3:8 참조) 예수님께서 우리 안에 오신 것은 마귀의 일을 멸해주기 위함이라는 것입니다. 언제 마귀를 멸해

주실까요. 그것은 죄를 회개하고 죄 사함의 은혜를 받았을 때입니다.

> "또 우리 형제들이 어린 양의 피와 자기들이 증언하는 말씀으로써 그 (마귀)를 이겼으니 그들은 죽기까지 자기들의 생명을 아끼지 아니하였도다."(계 12:11)

여기서의 생명은 아담으로부터 물려받은 정욕과 죄성 즉 자아입니다. 주님의 보혈과 말씀을 믿음으로 자아의 생명을 아끼지 않고 십자가의 죽음에 넘김으로 마귀를 이겼다는 것입니다. 자아를 포기하지 않고는 성령께서 마귀를 멸해주지 않습니다. 실제 마귀와 싸우고 마귀를 물리쳐 주는 것은 우리가 하는 것이 아니고 내주하신 성령 하나님이 대신 싸워주시는 것입니다.(출 14:14, 신 1:30, 3:22, 20:4, 삼상 17:47 참조)

옛사람 속에 기생하는 마귀들은 세균과 같이 많습니다. 신명기 32장 30절에 "...어찌 하나가 천을 쫓으며 둘이 만을 도망하게 하였으리요."라는 말씀은 영의 세계에서 일어나는 일입니다. 하나님이 허락하시면 예수님의 이름을 힘입어 수십, 수백, 수천의 군사와 같은 어둠의 영들을 쫓아낼 수 있다는 것을 깨닫게 해주는 말씀입니다.

이천 마리 군대귀신 들린 자를 통해서도 교훈을 얻을 수 있는 것은 한 사람에게 수많은 어둠의 영들이 들어와 지배할 수 있다는 사실입니다.(막 5:1-15 참조) 귀신은 자신의 정체를 드러내는 것을 아주 싫어합니다. 그럴수록 정직하게 귀신의 존재를 인정하고 정체를 폭로시켜야 합니다. 그때부터 전쟁을 치러야 하지만, 하나님께서 대신 싸워주실 것을 믿고 맡겨야 합니다.

만약 현미경으로나 볼 수 있는 세균이 육신의 눈으로 다 보여 진다면 마음 편히 잘 먹고 살 수 있을까요. 육신의 눈에 세균이 보인다면 그것을 없애기 위해 수단방법을 가리지 않을 것입니다. 마찬가지로 악한 영들도 육의 눈뿐만 아니라 영의 눈이 가려져 깨닫지 못하기 때문에 맘껏 정욕으로 속이고 기생충처럼 붙어사는 것입니다. 하나님께서는 창조하신 자연만물을 통하여 자신을 계시하시고 깨닫도록 교훈해 주십니다. 세균 역시 몸 안팎으로 기생하고 있다는 것은 어둠의 존재가 그렇게 영의 세계에 많이 활동하며 악영향을 주고 있다는 것을 깨닫게 해주는 것입니다.

우리는 육신의 모든 것을 통하여 하나님께서 영혼의 상태를 보여주시고 깨닫고 회개하도록 교훈하시는 것을 알아야 합니다. 영의 눈이 열리고 영 감각이 살아나면 사탄의 활동을 보고 느끼며 알게 됩니다. 그런고로 회개를 하여 영을 깨끗하게 씻지 않고는 단 하루도 괴로워서 살 수가 없습니다.

성경은 예수님을 믿지 않는 세상 사람들의 임금을 사탄이라고 증언합니다. 세상 임금의 부하 졸개 귀신들은 세상을 사랑하고 세상 복을 추구하는 사람들과 항상 함께 한다는 사실입니다. 영의 눈을 크게 뜨시고 여러분의 안팎에서 역사하는 마귀의 일들을 바라보고 느껴보십시오. 얼마나 어둠의 영에게 속고 살아왔는지를 깨달아야만 마귀를 몰아내기 위해 주님을 간절히 찾게 될 것입니다.

참고로 영계에서도 물실계와 마찬가지로 전사나 악녕들에게 계급이 있고 상하질서가 있습니다. 그러나 사탄, 마귀, 귀신, 악의 영(악령)의 호칭에 대해서는 굳이 구분하여 사용하지 않아도 됩니다. 왜냐하면 예수님께서도 귀신과 마귀와 사탄을 구분하여 사용하지 않았기 때문입니다.(막 3:20-26, 눅 10:17-20, 13:10-16, 계 12:9, 눅 8:2, 엡 6:12 참조) 물질계인 이 세상은 예수님께서 지상재림하실 때까지 영계에서 활동하는 사탄이 왕으로 다스리고 있습니다.(눅 4:6 참조)

창세기 3장 14절에 보면, 하나님께서 선악과로 아담과 하와를 타락시킨 뱀에게 저주를 내려 배로 다니고 종신토록 흙을 먹으라는 말씀을 하셨습니다.(욥 40:16 참조) 그것은 세상 임금 마귀의 지배아래 세상의 가치관을 가지고 사는 인간을 사탄의 밥으로 내어주었다는 것입니다. 인간의 생각과 방법으로 살면 예수님을 믿는 사람들도 사탄의 밥이 될 수 있다는 사실입니다.

그러므로 우리 몸 안에서 마귀가 정체를 숨기고 옛사람을 조종하며 왕 노릇하고 있는 것이 무엇인지를 깨닫는 것이 중요합니다. 그래야만 예수님께서 예비하신 속죄은총을 믿음으로 적용하여 옛사람을 십자가 죽음에 넘기고 마귀를 쫓아낼 수 있기 때문입니다.

마귀는 죄를 미끼로 해서 합법적으로 일을 합니다. 죄를 짓지 않을 때는 마귀도 공격하지 않고 잠잠히 숨어 있습니다. 그러다가 주기적으로 죄의 밥을 먹기 위해 먼저 기회를 만들고 연약한 부분을 공격합니다. 마귀의 밥이 되지 않는 방법은 주님을 간절히 찾는 가운데 그 문제를 십자가 앞에 내려놓아야 합니다. 한마디로 집착하는 자아 즉 씨름하는 문제들을 포기하는 것입니다. 이것이 마귀를 꼼짝 못하게 하는 비결입니다. 마귀가 언제 공격할지 모르니 늘 깨어 전신갑주를 입고 주님을 바라보고 살아야 천사들이 안전하게 지켜주십니다.(히 1:14 참조)

예수님께서 우리의 죄를 대신하여 이미 속죄 제사를 완성하여 주셨습니다. 그러므로 속죄은총을 믿고 적용하는 사람들은 이미 의인이 되었다는 사실입니다. 그러나 아직 초보적인 믿음 상태에서는 천국과 연결되어 있는 사닥다리를 하나씩 밟고 완전한 믿음의 경지를 향하여 올라가고 있는 중이라는 것도 이해해야 합니다. (벧전 1:9 참조)

하나님께서는 우리가 복음의 터 위에 굳건히 세워지면 정욕과 죄성을 다스릴 수 있는 권세를 주십니다. 생명의 성령의 법이 죄와 사망의 법에서 해방시켜 주십니다. 그런 은혜를 받기 위해서는 영을 배부르게 먹이고 살찌우고 강건하게 성장시켜야 합니다. (롬 13:14, 벧전 2:11, 고전 15:31 참조) 그리고 타락한 정욕과 죄를 통로로 마귀가 들어오지 못하게 하는 방법은 오직 십자가에서 예수님과 함께 옛사람이 죽고 새 생명으로 다시 부활했음을 믿고 예수 그리스도 안에 온전히 거하는 것입니다.

그러므로 불행한 환경과 어려운 문제를 만난다 할지라도 염려하거나 두려워 말고 믿음의 반응을 하십시오. 생명의 말씀을 마음으로 꼭 붙잡고 끝까지 인내하며 자아부인의 십자가를 지고 믿음의 경주를 할 때 승리의 면류관을 얻게 될 것입니다. 할렐루야!

영적인 시험과 유혹

하나님께서 성도들을 시험하시는 목적은 마음을 다하고 성품을 다해 하나님을 사랑하는 여부를 알기 위함이라고 말씀합니다. (신 13:3 참조) 또한 이스라엘 백성들을 40년 동안 광야의 길을 걷게 하신 것은 그들을 낮추시고 시험하여 그 마음이 어떠한지 그 명령을 지키는지 아니 지키는지 알려 하심이라고 증언하고 있습니다. (신 8:2 참조)

하나님은 영혼을 성장시키는 과정에서 반드시 믿음의 시험을 하십니다. 왜 예수님을 믿으면서 말씀으로 시험을 받아야 할까요. 그것은 만물보다 거짓되고 심히 부패한 마음을 정결케 하기 위함입니다. 하나님은 겉 행위보다 심장을 살피며 폐부를 시험하고 각각 그의 행위와 그의 행실대로 보응하신다고 증언합니다. (렘 17:9-10, 20:12 참조)

그런데 야고보서 1장 13절에서는 "사람이 시험을 받을 때에 내가 하나님께 시험을 받는다 하지 말지니 하나님은 악에게 시험을 받지도 아니하시고 친히 아무도 시험하지 아니하시느니라."고 말씀하고 있습니다. 여기서의 시험은 유혹을 가리켜 말합니다. 하나님은 악하게 시험(유혹)을 받지도 않으시고 또 아무도 시험(유혹)을 하지 않으신다는 말씀입니다.

하나님의 백성을 정결케 하기 위한 목적으로 연단하는 시험도 있지만, 사탄이 유혹하는 시험도 있습니다. 마귀를 통해 사람이 시험(유혹)을 당하는 이유가 14절에 나옵니다. 자기 욕심에 끌려 마귀의 미혹으로 시험을 받는다고 말씀합니다. (약 1:14-15 참조) 탐욕이 어둠을 끌어들이고 결국 시험에 걸려 넘어진다는 것입니다. 그런 죄에 빠져 멸망당하는 시험을 하나님은 허락하지 않습니다.

하나님은 마귀를 통해 탐욕스런 자아를 드러내서 전부 말씀으로 회개시키기 위한 목적으로 시험을 허락하십니다. 하나님께서 선한 목적을 가지고 사탄을 도구로 욥을 연단하여 자아의 소유를 전부 팔게 하신 후에 두 배로 축복하셨습니다. 예수님도 하나님의 뜻을 이루기 위한 목적으로 세상 즉 육신의 정욕, 안목의 정욕, 이생의 자랑이라는 선악과의 시험(유혹)을 받았습니다. 그러나 사탄의 유혹을 과감하게 말씀으로 물리치시고 승리하셨습니다. (욥 1:12, 2:6, 마 4:1 참조)

우리도 예수님처럼 마귀의 유혹을 받을 때 말씀으로 대적을 하면 그 시험에 걸려 넘어지지 않을 수 있습니다. 그러나 연약한 믿음은 마귀가 유혹하면 그 시험에 걸려 넘어집니다. 그럴지라도 보혈의 능력을 의지하여 즉시 죄를 회개하고 아버지의 품안으로 들어가야 합니다.

사탄의 성품인 자아는 곧 마귀의 밥입니다. 하나님께서는 믿는 자들에게 하나님 중심으로 사느냐, 내 중심으로 사느냐를 날마다 시험하십니다. 꾸준히 회개하는 영혼들에게는 잘못할 때 즉시 징계를 하시기도 합니다만 대부분은 죄를 쌓아놓았다가 하나님의 정한 시간에 따라 한꺼번에 징계하십니다.

예수님처럼 시험받는 환경에 처할 때 마귀가 주는 선악과를 거부하면 승리할 수 있습니다. 그러나 욕심을 포기하지 않고 마귀가 유혹하는 선악과를 받아먹으면 시험에 걸려 넘어지고 믿음에서 탈락합니다. 시험을 걸리지 않는 비결은 날마다 자기를 부인하고 주님을 따라가면 됩니다.

하나님은 죄를 정화시키기 위해서 시험하시지만, 사랑의 여부를 알기 위해 선한 의도로 시험하시는 뜻도 있습니다. 아브라함을 시험하신 것도 하나님과 아들 중 누구를 더 사랑하는지의 여부를 알기 위해 시험하신 사건입니다. 그런데 죄가 없으신 예수님은 왜 침례를 받으시고 성령에 이끌려 광야로 나아가 사탄의 시험을 당하셨을까요. 그것은 첫 사람 아담이 마귀의 미혹을 받아 선악과를 먹고 타락한 죄를 마지막 아담이신 예수님이 똑같은 방법으로 유혹을 받으시고 말씀으로 승리하신 것을 보여주신 사건입니다. 또한 예수님 안에 있는 모든 영혼들에게 구원받는 길을 친히 모범을 보여주시기 위함입니다.(히 5:8-9 참조)

그러므로 크리스천은 성령님의 가르침과 인도아래 영적인 광야의 삶에서 사탄의 시험을 당하는 가운데 연단을 받아야 합니다. 하나님이 허락하신 믿음의 시험에 합격을 하고 마음과 행실이 정결케 되었을 때 예복 즉 흰옷을 입고 천국에 들어갈 수 있는 것입니다.

우리가 시험을 받을 때 어떠한 자세를 취해야 할까요. 야고보는 여러 가지의 시험을 만날 때 온전히 기쁘게 여기라고 증언합니다. 시험 받는 환경과 문제를 통해서 내 속에 숨겨진 죄와 정욕적인 마음과 행실이 드러나 깨닫게 됩니다. 그러한 죄를 회개하는 가운데 인내하다 보면 주님의 은혜로 옛사람이 처리되고 그리스도의 성품으로 온전히 세워져 나가는 복을 받습니다.

시편 기자는 하나님께서 우리를 그물에 들게 하시고 어려운 짐을 허리에 두시고 사람들로 머리 위로 타고 가게 하는 시험을 하실 때 은을 단련함 같이 하신다고 증언합니다.(시 66:10-12, 욥 23:10 참조) 하나님께서 인간의 물질, 건강, 정신 등 탐욕과 교만에 지배받은 모든 죄를 믿음의 수준에 맞게 골고루 연단하십니다. 믿음이 성장한 사람은 불과 같이 강한 연단을 하시고, 어린 영혼들은 물과 같이 약한 연단을 허락하십니다. 개개인의 수준에 맞는 만큼 정결케 하시면서 영적인 은혜와 복을 주시며 천국으로 인도해 가시는 것을 알 수 있습니다.

우리 안에 뿌리박힌 원죄를 제거하는 방법은 오직 옛사람의 자아를 죽음에 넘기는 것밖에 없습니다. 그런 이유로 날마다 자기를 부인하고 자기 십자가를 지고 주님을 좇으라고 하신 것입니다. 그리고 정욕으로 묶여진 부모, 형제, 자식, 전토 등 모든 소유를 버리지 않으면 주님의 제자가 될 수 없다고 단호히 말씀하셨습니다. 하나님께서는 믿음의 말씀 밖에서는 세상의 그 어떤 것도 용납을 할 수 없다는 것입니다.

하나님은 옛사람의 더럽고 악한 행실의 옷을 벗기고 예수 그리스도의 피로 만들어진 흰옷을 입혀주시고자 날마다 우리를 시험하십니다. 세상 학교에서도 시험을 봐야 그 다음 단계로 올라갈 수 있듯이, 영적으로도 골고루 세밀하게 믿음의 시험을 받고 합격해야만 그 다음 믿음의 단계로 올라갈 수 있습니다. 주님으로부터 받는 시험은 공의의 말씀으로 정확하게 각자가 행한 대로 받게 됩니다.

우리가 어떻게 해야 믿음의 시험에서 통과할 수 있을까요? 그것은 집착하는 소유욕을 내려놓는 회개를 하는 가운데 인내하며 주님만 의뢰해야 합니다.(약 1:2-4, 롬 8:18, 벧전 1:7 참조) 주님께서는 우리가 믿음으로 생각하고 말하고 행동하며 오직 말씀만 붙잡고 하나님만 의지하고 신뢰하는지 매순간마다 시험하십니다.

예수님은 시험하는 돌, 견고한 반석, 산돌이십니다.(사 28:16 참조) 예수님을 믿고 자기를 부인하며 성령을 좇아 살면 어떤 시험이 와도 순식간에 멸망당하지 않는다고 말씀합니다. 인간은 한 치의 앞을 알 수 없는 안개와 같은 인생을 살고 있습니다. 시험하는 돌 되신 예수 그리스도의 말씀을 믿음으로 영혼의 성전 기초를 견고하게 세워야 합니다. 반석위에 믿음의 집을 세워야 환난 풍파가 몰려올 때 순식간에 멸망당하지 않고 안전하게 주님의 보호를 받을 수 있습니다.

우리의 모든 삶은 하나님께서 천국백성을 만들기 위해 사용하는 시험 재료입니다. 하나님께서 모든 것을 축복하기 전에 먼저 시험대 위에 올려놓고 믿음의 시험을 하신다는 것을 기억하십시오. 믿음의 시험에서 합격한 것을 어떻게 알 수 있을까요. 그것은 그리스도의 인격이 성령의 열매로 마음과 행실에서 맺어지는 가운데 평강이 주장하는 것입니다. 죄에서 해방되었다는 증거가 죄와 마귀에게서 자유와 평안을 얻은 것입니다.

그러므로 어떤 당면한 문제가 해결되었어도 죄가 끊어진 곳에 성령의 열매와 평강이 없다면 영적인 시험을 통과하여 믿음이 성장했다고 볼 수 없습니다. 예수님께서도 진짜와 가짜를 열매로 분별하라고 말씀하셨습니다.(마 7:16-20 참조) 그와 마찬가지로 영적인 시험에서 통과하는 것도 변화된 아름다운 열매로 알 수 있습니다.

주님께서는 모든 것에서 절제하지 못하는 것들을 골고루 시험하시며 자아를 깨뜨리십니다. 그러므로 우리 인생이 하나님의 시험대 위에서 산다는 것을 깨닫고 주님만을 의식하고 믿음으로 사는 훈련을 해야 합니다. 하나님께서 시험하실 때 처음에는 외적인 것부터 시작하여 골고루 육신의 것들을 내려놓게 한 후에 내면을 향한 빛을 밝히고 숨겨진 자아를 드러내어 회개시킵니다.

싸움의 대상인 마귀를 이기는 방법은 예수 그리스도의 속죄은총을 믿음으로 자기를 부인하고 주님을 부를 때 주님이 대신 싸워주심으로 이기는 것입니다. 우리가 직접 나서서 싸워 이기는 것이 아닙니다. 날마다 믿음으로 육신의 생각을 거부하고 성령님의 음성에 복종하며 자신을 맡길 때 주님이 대신 싸워 주심으로 이기는 자가 되는 것입니다. 그러므로 세상임금 마귀를 이기기 위해서는 주님을 향한 순전한 믿음을 가져야 합니다. 그리고 하나님을 향한 제한된 생각을 내려놓고, 말씀을 부지런히 풍성하게 먹어야 합니다.

> "무릇 하나님께로부터 난 자마다 세상을 이기느니라. 세상을 이기는 승리는 이것이니 우리의 믿음이니라."(요일 5:4)

각자 부르심 받은 곳에서 주님이 원하시는 믿음의 반응을 하는 가운데 항상 주님을 의뢰하고 맡겨야 합니다. 하나님께서 시험하시는 목적은 영혼의 성전을 세우고 예수 그리스도와 온전한 연합을 이루어 하나님만을 사랑하고 그 사랑으로 이웃을 내 몸과 같이 사랑하기 위함입니다. 결국 그리스도 안에서 진리로 하나가 되어 하나님의 나라 즉 천국을 건설하기 위함입니다. (엡 2:20-22 참조)

비우고 채운 후의 나눔

우리 영혼 안에는 빈 공간이 없습니다. 세상 것이든 주님의 것이든지 가득 채워져 있습니다. 세상 것이 많이 채워진 사람들은 마귀의 종노릇을 하며 육신의 정욕에 빠져 삽니다. 반대로 믿음의 말씀을 배부르게 먹고 채우는 사람들은 세상 것을 멀리하고 주님의 뜻을 좇아 살아갑니다. 둘 중 밥을 많이 먹고 힘이 센 쪽이 이기는 것입니다. 진 자는 이긴 자의 종이 되듯이, 영의 양식을 많이 먹고 힘이 강하면 죄와 마귀를 이길 수 있습니다.(롬 6:16 참조) 그러면 이긴 자가 되어 죄와 마귀를 종 부리듯이 그것들로 인하여 악영향을 받지 않을 수 있습니다.

우리의 마음 안에서는 두 왕국이 존재할 수 없습니다. 오직 만왕의 왕이신 하나님의 다스림을 받고 살아야 평안합니다. 그런데 예수님만을 왕으로 섬기지 못하고 두 왕 즉 하나님과 세상 임금을 상징하는 재물 신을 섬기고 있다는 사실입니다.(마 6:24 참조) 그러므로 마음 안에서는 두 나라가 날마다 전쟁을 합니다. 내가 하나님을 선택하고 주님의 방법으로 순종하면 성령께서 마음의 땅을 점령해 가십니다. 결국 사탄을 몰아내고 왕으로 좌정하시고 통치하실 것입니다.

그런데 자기중심적인 삶을 버리지 않고 계속 세상 것을 사랑하고 정욕과 죄 속에 빠져 살면 성령께서는 그리스도의 형상으로 빚어가는 일을 중단하십니다. 과거 이스라엘 백성들도 우상숭배 죄를 짓고 회개하지 않음으로 인하여 멸망을 당하였습니다. 그러므로 두 마음을 품고 형식적인 신앙생활을 하고 있다면 속히 성령이 소멸되기 전에 회개하고 아버지의 품안으로 들어가야 합니다.

"더러운 귀신이 사람에게서 나갔을 때에 물 없는 곳으로 다니며 쉬기를 구하되 얻지 못하고 이에 가로되 내가 나온 내 집으로 돌아가리라 하고 와 보니 그 집이 비고 소제되고 수리되었거늘 이에 가서 저보다 더 악한 귀신 일곱을 데리고 들어가서 거하니 그 사람의 나중 형편이 전보다 더욱 심하게 되느니라. 이 악한 세대가 또한 이렇게 되리라."(마 12:43-45 참조)

예수님께서 말씀하신 비유를 우리에게 적용해 보겠습니다. 물은 진리의 성령 즉 말씀을 상징합니다. 귀신은 생수(말씀)가 흐르는 마음 안에서는 안식처로 삼고 평안히 살 수 없습니다. 그러므로 귀신은 마음 안에 천국의 생명수가 흐르지 않는 곳을 찾아 여기저기 떠돌아다닙니다. 그러다가 결국 쉴 곳을 얻지 못한 귀신은 전에 나왔던 곳에 와보니 깨끗하게 비워져 살기 좋게 마련된 것을 보고 더 악한 귀신 일곱을 데리고 들어가 전보다 더 심하게 되었다는 말씀입니다.

이 말씀은 영의 세계에서 실제로 일어나고 있는 사건입니다. 그러므로 귀신을 쫓아내고 나면 그 자리에는 반드시 하나님의 말씀으로 채워야 합니다. 영혼은 그릇과 같아서 무엇인가 채워지지 않으면 외롭고 공허하며 견디기 힘들어 합니다. 하나님의 말씀으로 채우지 않으면 더 많은 귀신들이 그 자리에 들어와 전보다 더 악하게 된다는 것입니다.

사도 베드로도 예수님을 믿고 세상의 더러움을 피한 후에 다시 그 중에 얽매이고 지면 그 나중 형편이 처음보다 더 심하게 된다고 증언합니다.(벧후 2:20 참조) 그리고 의의 도를 알고 난 후에 받은 거룩한 명령을 저버리는 것보다 차라리 알지 못하는 것이 도리어 낫다고 하였습니다.

예를 들어 혹자가 예수님의 은혜와 사랑을 경험하였고 말씀을 배워서 깨닫고 압니다. 그런데 옛사람의 것은 내려놓지 못하고 불신자와 똑같은 마음으로 삽니다. 자아의 만족을 추구하며 탐욕에 지배받아 살면서 기도할 때는 잘못을 입술로만 고백합니다. 그리고 변함없이 똑같은 정욕과 죄를 지으면서 살아갑니다. 회개의 합당한 열매를 맺지 못하는 그 영혼의 모습이 개가 토하였던 것을 다시 먹고 돼지가 씻었다가 더러운 구덩이에 도로 누워 뒹구는 것과 같다는 것입니다. 그런 영혼은 차라리 십자가의 도를 깨닫고 경험하지 못했을 때가 도리어 낫다는 것을 말씀합니다.

귀신은 정욕과 죄를 회개하지 않는 사람에게 붙어 죄의 밥을 먹고 사는 존재입니다. 예수님을 믿으면서도 죄를 짓고 사는 것은 귀신에게 죄의 밥을 먹이는 것입니다. 옛사람의 모든 죄와 타락한 정욕이 마귀의 밥이라는 사실입니다. 귀신이 쫓겨난 자리에 매일 말씀과 기도로 채워야 합니다. 만약 죄와 정욕의 소유욕을 품고 살며 회개의 합당한 열매를 맺지 않으면 언제든지 다시 들어와 전보다 더 심하게 될 수 있습니다.

그러므로 성도들은 매일매일 생명의 말씀과 보혈의 은총을 적용하여 회개의 합당한 삶을 살아야 합니다. 날마다 영혼의 양식을 먹고 그 말씀을 붙잡고 믿음으로 기도해야만 귀신이 들어왔다가도 견디지 못하고 쫓겨나는 것입니다. 오직 하나님의 말씀과 기도로 거룩하여 진다고 성경은 증언합니다. (딤전 4:5 참조)

하나님께서 죄를 드러내 주실 때 자존심을 십자가에 못 박고 즉시 그 죄를 인정해야 합니다. 그렇지 않으면 마귀의 참소를 당하게 됩니다. 드러난 죄를 외식의 옷으로 가리지 말고 겸손하게 주님 앞에 발가벗듯이 자백하고 회개하여 주님 품안으로 들어가야 합니다. 넘어지게 하는 우상의 소유들을 과감하게 버리는 사람이 아들의 권세를 받아 누릴 수 있습니다. (롬 8:13-14 참조)

성령님께 생수를 받아먹고 말씀으로 가득 채운 영혼에게는 입술과 마음을 지키고 죄와 사탄을 다스릴 수 있는 권세가 주어집니다. 그런 영혼들이 하나님을 뜨겁게 사랑하고 그 사랑을 이웃에게 복음의 생수를 흘려보낼 수 있습니다.

주님으로부터 받은 말씀의 생수를 흘려보내지 않으면 고인 물이 썩게 되고 결국 말라버릴 수 있습니다. 그러므로 죄를 회개하여 더러운 쓰레기를 다 비우고 생수의 말씀으로 채웠으면 이웃에게 흘려보내는 나눔이 있어야 합니다. 그렇게 할 때 하나님의 보좌로부터 흘러나온 생명수 강물에 깊이 잠겨 천국의 평강 즉 안식을 누리게 될 것입니다.

이웃에게 나누어야 할 것은 육신의 필요보다 더 중요한 영혼의 죄 문제를 해결해 주는 통로가 되어야 합니다. 예수님은 선택한 제자들에게 귀신을 쫓아내고 모든 질병과 모든 연약함을 고치는 권능을 주시고 복음을 전파하는 사명을 주셨습니다.(마 10:1-13 참조) 우리도 선택받은 제자들처럼 쓰임받기 전에 먼저 자신을 온전히 드려야 합니다. 그리고 말씀과 기도로 회개하여 진리로 무장되었을 때 성령께서 복음을 전파하도록 성령의 각종 은사와 권능을 부어주십니다. 성령의 능력으로 복음을 전파하여 생명을 살리는 일을 감당해야 합니다.

예수님께서 하신 사역은 예수님을 믿는 모든 사람들도 할 수 있다는 것입니다. 예수님의 모든 것을 가지고 성령님이 우리 안에 내주하고 계시기 때문에 이미 받은 것이나 마찬가지입니다. 다만 성령의 가르침에 순종하며 믿음으로 취할 때 성령의 은사와 능력이 밖으로 눈에 보이게 나타나는 것입니다.

그러므로 기록한 말씀을 단순하게 믿고 선포하며 축복의 말씀이 자신에게 이루어질 수 있도록 하나님의 뜻에 순종해야 합니다. 자아의 쓰레기를 열심히 회개로 청소하고 진리로 충만하게 채워나가며 성령의 은사와 권능을 받아 영혼들에게 흘려보내야 합니다. 하나님으로부터 죄 사함의 은혜와 치유를 받은 복을 이웃에게도 흘려보냄으로 연합하여 그리스도의 몸 된 교회를 세워나가야 합니다. 개인적으로는 하나님의 나라 즉 성전이 마음 안에서 세워져야 하고, 전체 교회를 향해서는 이 땅에 그리스도가 다스리는 천년왕국이 이루어지는 것이 하나님의 뜻입니다. (마 6:10, 단 9:24, 계 20:4 참조)

제2부
회개 방법

회개와 합당한 열매

"이 때부터 예수께서 비로소 전파하여 이르시되 회개하라. 천국이 가까이 왔느니라 하시더라."(마 4:17),(마 3:2, 막 1:15, 6:12 참조)

예수님께서 공생애 시작하시면서 처음 외치신 말씀이 '회개하라'입니다. 예수님의 오실 길을 예비한 세례요한도 '회개하라'고 외쳤습니다. 이는 예수님을 마음으로 온전히 믿고 순종하기 위해서는 회개가 선행되어야 한다는 것입니다. 처음에는 자녀로 선택해서 불러주신 하나님의 무조건적인 은혜로 구세주를 믿고 성령을 선물로 받습니다. 그 다음부터는 꾸준히 회개를 해야만 믿음도 강해지고 주님의 좋은 것을 받아 누릴 수 있습니다.

회개는 하나님의 은혜가 부어질 때 성령의 역사로만 가능합니다. 성령께서 레마의 말씀을 먹여줄 때 믿음을 가지고 지은 죄를 회개합니다. 회개할수록 양심이 밝아져 진리를 사모합니다. 성령께 진리를 받고 믿고 경험하면 회개하게 됩니다. 우리 영혼에 피부 껍질처럼 덮여진 죄를 벗겨내야만 새 성품으로 변화될 수 있습니다.

저희 교회 집사님이 회개를 하는 중에 꿈에서 머리까지 덮여진 가죽을 간신히 눈까지만 보이도록 벗겨냈다는 말을 해주었습니다. 그 후로 성경을 읽을 때 말씀이 보여지고 더 깨달아진다는 말을 하였습니다. 그런 식으로 꾸준히 회개해서 전체의 가죽을 다 벗겨내야만 그리스도의 형상으로 빚어지고 흰옷을 입게 되는 것입니다.

우리 힘으로 죄의 가죽을 벗겨낼 수 없기 때문에 예수님의 속죄은총을 가지고 성령님이 믿는 자의 마음 안으로 들어오신 것입니다. 그러므로 성령님을 모신 영혼들은 꾸준히 회개를 해야 합니다. 회개를 하지 않는 영혼은 주님을 믿지 않는 것입니다. 예수님을 믿는 것은 말씀의 빛을 받아 지은 죄를 전부 회개하여 버리고 말씀에 순종하는 것입니다.

한번 회개하고 끝나는 것이 아니라 모든 말씀을 전부 믿고 마음에 채워 진리의 성령으로 충만하기까지는 꾸준히 회개해야 합니다. 왜냐하면 죄가 있는 곳에 믿음이 생길 수 없기 때문입니다. 그러므로 예수님께서 회개하고 복음을 믿으라고 하였습니다. 성령님은 죄를 회개하는 영혼에게 복음을 가르치고 순전한 믿음과 순종하는 능력까지 부어주십니다. 목적은 우리 안에 하나님의 나라 즉 그리스도의 형상으로 회복시켜 주기 위함입니다.

"요한이 요단 강 부근 각처에 와서 죄 사함을 받게 하는 회개의 침례를 전파하니."(눅 3:3)

세례(침례) 요한의 사역은 실제 우리에게 어떻게 적용될까요. 요한은 예수님의 오실 길을 예비하는 사명을 받았습니다. 요한처럼 우리 안에 오신 성령님이 말씀이신 예수 그리스도와 연합시켜 한 마음과 한뜻으로 하나님을 섬길 수 있도록 돕는 사역을 감당하십니다. 레마의 말씀을 믿음으로 받고 회개하여 죄를 끊어내는 침례(세례)를 받게 해서 예수님과 연합할 수 있는 길을 예비해 준다는 것을 깨닫게 해줍니다.

영적인 광야에서 연단을 받으며 회개하여 생명의 말씀 하나하나와 연합을 이루어 순종하는 영혼으로 변화됩니다. 그때서야 요단강을 건너 성령의 불세례로 죄성의 뿌리가 태워지고 '나'라는 자아는 완전히 죽고 그리스도로 사는 성화의 경지에 도달합니다. 광야에서 율법을 통해 십자가의 복음이 완성될 때 세례(침례) 요한의 사역 즉 율법의 사명이 끝나는 것으로 이해할 수 있습니다.

세례(침례) 요한은 회개의 합당한 열매를 맺으라고 전하고 있습니다. (마 3:8 참조)

세례(침례) 요한은 회개케 하기 위하여 물로 침례를 준다고 하였습니다. 물은 곧 생수의 말씀을 의미합니다. 물 즉 말씀은 죄를 회개하여 씻듯이 죄 사함을 받는 역할만 합니다. 근본적인 죄의 근원을 태우는 것은 불로만 가능합니다. 꾸준히 죄를 말씀을 읽음으로 회개할 때 결국 성령께서 불로 태워주시는 은혜를 베푸십니다.

세례(침례) 요한이 광야에서 물로 회개하는 침례를 받게 하였습니다. 우리에게 적용하면 성령께서 말씀으로 죄를 깨닫게 하고 죄 사함의 회개를 받게 하는 것을 보여줍니다. 이스라엘 백성들은 광야 40년 연단을 마치고 요단강을 건너 길갈 할례산에서 할례를 받았습니다. 할례는 '애굽의 수치'가 굴러 떨어지는 경험 즉 죄성이 뽑아지는 것을 모형으로 보여주는 것입니다.(수 5:9 참조)

이스라엘 백성들처럼 성도들은 성령님을 통해 하나님의 말씀을 배우고 생수를 먹으며 죄를 자백하여 내려놓는 회개의 합당한 열매를 맺어야 합니다. 그렇게 모든 죄를 회개했을 때 한꺼번에 죄성이 태워지는 불세례를 받게 됩니다. 이것은 설계도와 같은 성경 말씀을 통해서 깨달은 진리입니다.

세례(침례) 요한은 예수님이 오시면 성령과 불로 침례를 주실 것이라고 증언하고 있습니다. 여기서 마음 안에 오신 성령 사역에 있어 초기 구원과 완전한 구원에 대해서 이해할 필요가 있습니다. 초기구원부터 광야 여정은 성령이 베푸시는 지속적인 물세례(침례)와 같고, 완전한 구원은 죄성을 태우고 그리스도와 연합을 이루는 성령의 불세례(침례)로 이해하는 것이 성경적입니다. 침례를 통해 죄 문제가 해결되었다 할지라도 영혼에 박힌 원죄의 뿌리는 광야연단을 마친 후에 성령의 불로 태워진다는 것을 알 수 있습니다.

왜냐하면 이스라엘 백성들이 애굽에서 출애굽하여 가나안 땅으로 들어가는 과정이 예수님을 믿는 백성들이 천국가는 여정을 모형으로 보여주고 있기 때문입니다. 이는 하나님께서 이스라엘 백성들을 표본으로 구원받는 길을 만들어 놓은 설계도입니다.

참고로 개인적인 경험을 볼 때 성령님께서 불로 역사를 하십니다. 하나님의 뜻대로 살지 못하도록 방해하는 어둠의 영들을 소멸시켜 평안을 주십니다. 회개한 죄 문제도 실업자와 같이 더 이상 죄를 짓지 않는 진리의 자유를 허락해 주십니다. 그러나 근본적인 원죄는 불순종하는 자아가 십자가에 완전히 죽어지는 회개를 하였을 때 한꺼번에 죄와 정욕의 뿌리를 제거해 준다는 것을 이해해야 합니다.

성경은 폭넓고 깊은 하나님의 뜻을 담고 있어 성령께서 계시로 비밀을 깨닫게 해주셔야만 정확한 뜻을 이해할 수 있습니다. 예수님께서 마태복음 3장 12절에 "손에 키를 들고 자기의 타작마당을 정하게 하사 알곡은 모아 곳간에 들이고 쭉정이는 꺼지지 않는 불에 태우시리라."고 말씀하고 있습니다.

예수님께서 십자가상에서 속죄은총을 예비해 놓으시고 성령을 보내주셨습니다. 성령께서 회개의 은혜와 불로 침례를 베푸셔서 죄와 어둠을 태워주십니다. 성령님은 죄와 어둠의 영을 소멸하는 불이십니다. 사도 요한은 증언하기를 예수님이 오신 것은 마귀의 일을 멸하려 하심이라고 하였습니다.(요일 3:8 참조) 우리가 죄를 짓지 않으려면 마귀를 성령의 불로 소멸시켜야 합니다. 그렇게 해야 회개를 하고 회개의 합당한 열매를 맺을 수 있습니다.

그리스도인이 회개의 합당한 열매를 맺지 않으면 하나님의 자녀가 될 수 없습니다.(눅 3:8 참조) 불신자와 믿는 자의 차이가 무엇입니까. 예수님을 믿음으로 회개의 열매를 맺어 하나님의 형상을 닮은 자녀로 합당한 삶을 사는 것이 아닐까요. 예수님을 믿는다면 반드시 성령의 도우심으로 회개의 합당한 열매를 맺어야 합니다.

그런데 예수님께서 권능을 가장 많이 행하신 고을들이 회개하지 않아 책망하셨다는 말씀이 나옵니다.(마 11:20, 11:21 참조) 그때와 이 시대의 교회와 조금도 다를 것이 없습니다. 신앙생활을 오래한 사람들 중에 대부분 심령이 미지근하거나 무감각하여 성령의 감동과 은혜를 받지 못하는 것을 봅니다. 특히 목사님들 가운데 복음의 본질을 벗어났거나 영적 잠에 빠진 분들은 강단에서 말로는 회개를 외치지만 정작 자신은 회개하지 않습니다.

주님의 말씀과 부정적 현상들을 보면서 다양한 은사들을 통한 기적과 표적이 회개와 합당한 열매를 맺게 해주는 것이 아님을 깨달았습니다. 회개와 합당한 열매는 십자가를 짊어지고 사는 사람들에게서 맺어지는 신령한 복입니다.

진짜 회개와 열매는 개와 돼지 같이 탐욕스럽고 이기적이고 세상의 것을 끌어안고 악습에 젖어 자아중심으로 사는 것들을 전부 내려놓는 것입니다. 대부분의 성도들이 영적으로 눈이 멀다보니 육신의 눈으로 보여 지는 것만 가지고 가치를 평가합니다. 내적 은사보다 외적은사를 더 중요시 여깁니다. 귀신을 쫓고 병을 고치고 많은 능력을 행하는 사역자들을 믿음이 대단히 좋은 사람으로 여기고 존경이 넘친 나머지 우상을 섬기듯 합니다.

회개를 잘하는 사람을 믿음이 좋은 사람으로 여기는 것은 희귀합니다. 마지막 시대를 살아가면서 예수님께서 믿음을 보겠느냐고 하신 말씀이 피부로 느껴집니다. 악한 마귀가 정욕으로 영혼 몸과 환경에 장악하여 믿음생활을 하지 못하도록 방해하는 마지막 시대에 살고 있습니다. 이럴수록 믿음의 길에서 탈선하지 않고 끝까지 구원의 자리로 나아갈 수 있는 길은 오직 자아의 소유욕을 내려놓는 것입니다. 오늘 당장 회개하지 않으면 내일은 구원을 보장할 수 없다는 마음과 의지로 살아야 합니다.

누가복음 16장 19-31절에 부자와 거지 나사로의 이야기가 나옵니다. 지옥에서 고통당하는 부자가 천국에 있는 나사로를 자기 형제 다섯에게 보내어 자신처럼 고통당하는 지옥에 오지 않게 해달라고 부탁합니다. 죽은 나사로가 전도를 하면 회개할 것이라고 말합니다. 그때 아브라함이 모세와 선지자에게 듣지 아니하면 죽은 자가 살아나서 복음을 전하여도 권함을 받지 않는다고 말씀하였습니다.

이와 같이 어떤 이적과 기적을 보거나 죽은 자가 살아나서 복음을 전한다고 해서 믿고 회개하는 것이 아님을 알 수 있습니다. 오직 선택한 백성들에게 일방적인 회개의 은혜를 부어주셔야 가능합니다. 오직 성령님이 믿음을 주시고 회개할 수 있는 은혜를 주실 때 복음을 믿고 회개할 수 있는 것입니다. 믿음은 들음에서 난다고 하였기 때문에 하나님의 말씀을 많이 읽고 영의 귀로 듣고 마음에 새겨야만 성령님이 그 말씀을 믿을 수 있는 은혜를 주십니다.

> "베드로가 이르되 너희가 회개하여 각각 예수 그리스도의 이름으로 침례를 받고 죄 사함을 받으라. 그리하면 성령의 선물을 받으리니."(행 2:38)

사도 베드로는 회개하여 죄 사함을 받아야 성령을 선물로 받는다고 증언합니다. 성령을 선물로 받는 전제조건이 회개입니다. 그런데 저는 처음 예수님을 영접할 때 죄가 구체적으로 무엇인지 모를 뿐만 아니라 말씀자체도 거의 모르는 상태에서 성령을 선물로 받았습니다. 저와 같이 많은 사람들도 처음에는 죄를 잘 깨닫지 못하는 상태에서 무조건적인 은혜로 성령을 선물로 받습니다.

이런 점을 볼 때 사도 베드로가 성령을 선물로 받는다는 말씀은 초기 구원에서 성령을 선물로 받는 것이 아님을 알 수 있습니다. 왜냐하면 성령을 선물로 받고서도 타락하여 믿음에서 떠나는 사람들이 많기 때문입니다. 이런 사람들은 성령을 선물로 받은 후에 꾸준히 말씀을 읽어가며 회개하여 죄 사함을 받지 못한 것입니다.

사도 베드로가 전한 말씀을 이해하기 위해서는 초기구원과 성장과정 그리고 마지막 완전한 구원의 완성이 있다는 것을 알아야 합니다. 우리 영혼 안에 말씀을 읽음으로 회개하여 죄 용서를 받는 때마다 성령을 선물로 받습니다. 성령님은 진리의 영이십니다. 성령께서 마음을 열고 깨닫게 해주는 말씀을 믿고 회개하여 순종하면 공의가 회복되고 새롭게 변화되는 것입니다. 구체적으로 죄 하나하나를 회개하여 침례를 받고 그 자리에 생명의 말씀을 심어서 마음 전체에 가득 채우는 것이 성령의 충만함이고 성령의 선물입니다.

성령을 받을 때 죽은 영이 살아나고 그때부터 부패하고 타락한 혼의 구원을 성령님과 함께 이루어가야 합니다. 그리고 온전한 회개를 하고 나면 모든 죄가 사함 받고 구원이 이루어지는 것입니다. 모형적인 진리를 통해 깨달을 수 있는 것은 이스라엘 백성들이 출애굽 하여 홍해바다를 건너는 침례를 받습니다. 그리고 성령의 인도로 광야 40년 자아 내려놓고 말씀 순종하는 훈련을 마치고 요단강을 건너는 불침례를 또 받게 됩니다.

이것은 홍해바다를 건너는 침례 즉 성령의 맑은 물(말씀)로 씻고 회개할 때마다 보혈로 죄 사함 받는 것을 깨닫게 해줍니다. 또한 수를 헤아릴 수 없이 많은 자아를 내려놓고 말씀에 순종하는 훈련을 받는 광야연단의 과정이 필요합니다. 하나님께서 개개인에게 정한 훈련이 마친 후 성령의 불로 죄의 근원이 제거되어 회개의 합당한 열매를 맺는 요단강을 건너는 체험을 합니다. 그 이후부터는 그리스도의 온전한 형상이 회복되어 생명의 풍성한 열매를 맺으며 하나님만을 기쁘시게 해드리는 찬송과 영광 돌리는 삶을 살게 됩니다.

"그러므로 너희가 회개하고 돌이켜 너희 죄 없이 함을 받으라. 이같이 하면 새롭게 되는 날이 주 앞으로부터 이를 것이요."(행 3:19)

위의 말씀은 하나님을 믿는 유대인들을 향하여 하신 말씀입니다. 사도 베드로는 하나님을 믿는 백성에게 회개하고 돌이켜 죄 없이 함을 받아야 주님으로부터 새롭게 되는 날이 올 것이라고 말씀합니다. 영혼이 새롭게 되는 날은 죄와 정욕에서 해방되고 그리스도와 연합되는 날이 이를 것이라는 말씀입니다. 그것이 하나님의 뜻이기 때문입니다.

그런데 회개하지 않고 고집을 부리다가는 결국 하나님의 심판을 피할 수 없다고 성경은 증언합니다. 그러므로 악함을 회개해서 죄 용서를 받아야만 하나님의 심판을 피할 수 있습니다.(롬 2:5, 행 8:22 참조)

우리는 그리스도 도의 초보를 버리고 죽은 행실을 회개해야 합니다.(히 6:1 참조) 신앙생활을 오래 한 사람들 가운데 초보적인 믿음에서 더 이상 자라지 않고 정체된 영혼들이 많습니다. 각종 은사와 능력을 경험하고 믿음이 좋다고 하는 사람들 중에 회개를 하지 않음으로 인하여 믿음에서 벗어나 타락한 자들도 많습니다.

죄가 무엇인지 아무것도 모르고 넘어지는 어린 영혼들에게는 회개할 수 있는 은혜와 기회가 주어집니다. 그러나 한때 신앙생활을 열심히 하다가 하늘의 은사와 능력을 맛보고 성령에 참예한 후 복음의 본질을 벗어나 정욕을 좇아 살다가 타락한 자들에게는 회개할 기회가 없습니다. 회개하라는 성령의 음성을 끝까지 외면하고 자아중심으로 살다가 성령이 떠나버린 영혼들은 회개하고 싶어도 할 수 없다는 말씀입니다.(히 6:6, 10:29, 12:17, 계 2:21-22 참조)

하나님께 자신을 바친 사람은 거룩하기 때문에 다시 속함을 받지 못한다고 하였습니다.(레 27:28-29, 32-33 참조) 하나님께 선택받은 영혼들은 예수님을 믿고 성령을 선물로 받은 때부터 하나님의 관점으로 볼 때 거룩한 성물입니다. 그런 영혼이 다시 마귀와 연합하여 정욕에 빠져 살면서 회개할 기회를 수없이 주었는데도 거부한다면 더 이상 죄 사함의 은혜를 받을 수 없다는 것입니다.

회개하지 않는 영혼들은 큰 환난을 만나면 귀신을 찾거나 우상숭배하며 그 문제에서 벗어나려고 애를 씁니다. 자아가 원하는 본성대로 살인과 복술과 음행과 도둑질을 하면서도 회개를 하지 않는다고 증언합니다.(계 9:20-21 참조) 또한 심판의 불로 태워지는 아픔과 종기의 고통으로 말미암아 하나님을 비방하고 그들의 행위를 회개하지 않는다는 것입니다.(계 16:9, 16:11 참조)

왜 그렇게 고통을 당하면서도 회개의 자리로 나아가지 못하는 것일까요. 그들은 이미 믿음에서 탈선하여 마귀와 연합했기 때문입니다. 성령의 불이 소멸된 영혼들은 머리로 죄를 깨닫고 알아도 심령은 죽어서 회개를 할 수 없다는 것입니다. 회개는 인간의 힘으로 할 수 있는 것이 아닙니다. 회개는 오직 믿음 안에서만 성령이 회개할 수 있는 은혜를 부어주실 때 가능한 일입니다.

예수님께서 "회개하라 그리하지 아니하면 내가 네게 속히 가서 내 입의 검으로 그들과 싸우리라."고 말씀하셨습니다.(계 2:16 참조) 믿음의 말씀 안에서 회개하지 않고 사는 모든 죄와 악한 정욕에 지배받는 마음과 행실을 심판하신다는 말씀입니다.

그러므로 계시록 2장 5절에 보면, 예수님께서 에베소 교회 목회자에게 회개를 촉구하고 있습니다. 어디서 떨어졌는지 즉 무엇 때문에 죄를 짓게 되었는지 그 원인을 찾아 회개하여 좋은 밭 심령에서 처음 순전하게 사랑했던 그 사랑을 회복하라고 말씀하십니다.(계 3:3 참조) 만일 회개하지 않으면 촛대를 옮기는 즉 성령의 은혜를 거두시겠다는 무서운 말씀을 하셨습니다.

이 말씀이 주는 교훈은 그리스도인이 악습에 젖어 살면서 계속 회개하지 않고 종교생활을 하면 촛대를 옮기듯이 성령이 소멸된다는 것입니다. 그렇게 되면 성령이 부어주시는 은혜와 능력과 생명의 열매가 나타나지 않는 죽은 믿음생활을 하게 된다는 것을 말씀합니다.

성령님은 회개하는 자에게 나타나시고 역사하십니다. 계속 회개를 거부하고 죄에 빠져 살면 더 이상 역사하지 않습니다. 성령님이 말씀하지 않으시고 역사하지 않는 것이 가장 무서운 것입니다. 성령의 나타남이 전혀 없고 죄를 지어도 양심이 무감각하고 기도와 찬양과 말씀에도 전혀 은혜가 없다면 성령이 소멸되고 있다는 것을 깨닫고 속히 회개의 자리로 나아가야 합니다. 이 시대 교회 안에는 살았다하는 이름은 가졌으나 세상 향락을 내려놓지 못함으로 인하여 죽은 영혼들이 많습니다.

예수님께서는 선택받은 영혼들이 아버지 품으로 회개하고 돌아오도록 사랑하는 자를 책망하고 징계하신다고 하였습니다. "그러므로 네가 열심을 내어 회개하라."고 말씀하십니다. (계 3:19, 욥 42:6 참조)

만약 회개하지 않는다면 어떻게 될까요. 시편 7편 12절에 하나님께서 "사람이 회개하지 아니하면 그가 그의 칼을 가심이여 그의 활을 이미 당기어 예비하셨도다."라고 말씀합니다. 하나님께서 회개하지 않는 영혼들에게 칼과 활을 예비하고 있다가 징계를 하신다는 것입니다. 그러므로 죄와 악한 정욕을 회개하고 모든 죄에서 떠나야 합니다. (겔 18:30 참조)

그런데 교회 안에는 복음의 본질에서 벗어나 자신이 의인이라고 착각하며 외식하는 바리새인과 같은 부류의 사람들이 많습니다. 회개도 하지 않고 다 된 줄로 착각하며 종교생활을 하는 것은 거짓의 영에게 속고 사는 것입니다. 예수님께서 "내가 의인을 부르러 온 것이 아니요. 죄인을 불러 회개시키러 왔노라."(눅 5:32)고 하신 말씀을 깊이 묵상해 보십시오.

예수님의 모든 것을 가지고 우리 안에 오신 성령님은 회개시키러 오셨습니다. 우리의 힘으로 회개를 할 수 없기 때문에 성령님이 친히 마음 안으로 들어오신 것입니다. 그런데 내가 의인이라고 여긴다면 주님의 보혈이 더 이상 필요 없는 것입니다. 십자가와 부활 사건이 현재 나에게 주관적으로 적용되지 않는다면 주님을 지식으로 아는 믿음 즉 개념으로만 알고 있는 것에 불과합니다.

속죄의 피는 죄인에게 적용되는 것입니다. 태산 같은 자아를 속죄은총으로 회개하고 내려놓아야 합니다. 지속적인 회개를 통해서 정결함을 얻어야 부활의 영광에 들어갈 수 있습니다. 자기의 의가 강하면 회개의 은혜를 받기 어렵습니다. 내가 죄인 중에 괴수임을 인정하고 낮은 마음과 자세로 하나님 앞에 무릎 꿇고 회개해야 속죄은총이 부어지는 것입니다. 그러므로 날마다 말씀의 빛을 받아 죄를 자백하고 내려놓아야 합니다. 예수님께서 회개하지 않는 영혼들은 망할 것이라고 말씀하셨습니다. (눅 13:3, 5 참조)

하나님도 믿음으로 선한 행위를 한 어떤 것보다 죄인이 회개하는 것을 가장 기뻐하신다고 말씀하셨습니다. (눅 15:7, 10 참조) 그러므로 우리는 그 무엇보다 회개생활에 힘써야 할 것입니다. 말씀을 읽으면서 회개하고 말씀으로 분별하여 하나님의 선한 뜻에만 순종하며 살아야 합니다.

> "너희는 스스로 조심하라. 만일 네 형제가 죄를 범하거든 경고하고 회개하거든 용서하라." (눅 17:3)

우리는 가장 가까운 혈육이나 믿음의 형제 사이에도 죄를 범하지 않도록 항상 조심해야 합니다. 만약 형제가 죄를 범하고 회개하지 않을 때 마음을 활짝 열고 사랑하며 친밀한 관계를 가져서는 안 됩니다. 형제가 회개하도록 죄를 경고하고 회개하면 용서하고 사랑해야 합니다. 무슨 죄든지 진심으로 회개하고 돌이키면 무조건 용서를 해야 합니다. (눅 17:4 참조) 하나님 아버지께서 회개하면 모든 죄를 사하여 주시는 것과 같이 우리도 형제가 죄를 짓고 회개하면 용서해 주어야 합니다.

야고보서 2장 13절에 보면 "긍휼을 행하지 아니하는 자에게는 긍휼 없는 심판이 있으리라. 긍휼은 심판을 이기고 자랑하느니라."고 말씀합니다. 하나님께 긍휼을 받기 위해서는 우리도 이웃을 향해 긍휼의 마음을 가져야 합니다. 서있는 것이나 넘어지는 것이 주인이신 하나님의 손에 있다는 것을 알고 정죄와 판단을 멈추어야 합니다.(롬 14:4, 시 37:24 참조) 모든 것이 하나님의 뜻 안에 있음을 깨닫고 죄에 넘어지는 영혼을 불쌍히 여기고 주님 손에 맡길 수 있어야 합니다.

구약에 구원받는 회개 방법을 모형으로 자세하게 기록해 놓았습니다. 모형 속에 담아놓으신 하나님의 뜻을 성령의 조명으로 깨닫고 회개할 때 큰 유익을 얻을 수 있습니다. 하나님께서 성경 속에 모든 답을 숨겨놓으셨습니다. 그러므로 성경 전체를 믿음으로 소리내서 읽고 회개하는 가운데 숨겨진 보화를 찾아내야 합니다.

회개에 대한 구체적인 방법을 구약의 제사를 통해서 하나님의 뜻을 이해하고 적용할 수 있습니다. 제사법 안에 담겨진 의미를 예수님 안에서 깨닫고 적용해야 합니다. 예수님께서 율법을 폐하러 온 것이 아니라 완전케 하러 오셨습니다.

5대 제사의 영적 의미

하나님과 이웃을 향한 죄를 지었을 때 깨닫고 말씀으로 회개하는 속건제를 알아보기 전에 간략하게 5대 제사의 영적 의미부터 살펴보겠습니다.

먼저 속죄제입니다. 레위기 16장에 보면, 7월 10일에 이스라엘 백성들의 원죄와 자범죄를 용서받는 대 속죄제사를 드리는 내용이 나옵니다. 대제사장이 흠 없는 숫염소 두 마리 중 여호와를 위한 숫염소를 죽인 피를 지성소 안 속죄소 앞부분에 원죄를 위하여 일곱 번 피 뿌리고, 자범죄를 위하여 법궤 뚜껑 위 동편에 한번 피를 뿌립니다. 이것은 하나님께서 백성들의 죄용서 받는 방법을 설계하신 것입니다.

그 방법대로 선택한 백성의 죄를 용서해 주시기 위해서 예수님께서 인간의 몸을 입고 이 땅에 오신 것입니다. 모형적 속죄제물은 흠 없는 숫염소 두 마리입니다. 아담의 피를 받고 원죄를 가지고 태어난 인간은 전부 흠이 있어 속죄제물이 될 수 없습니다. 그러므로 예수님께서 처녀 마리아의 몸에서 성령으로 잉태하신 것입니다. 그런데 어떻게 예수님께서 흠 없는 숫염소 두 마리의 역할을 감당하셨을까요. 그것은 예수님께서 십자가에 못 박히셨을 때 "나의 하나님 나의 하나님 어찌하여 나를 버리셨나이까."(마27:46)라고 하시며 아버지께 버림당하셨습니다. 그것이 바로 아사셀을 위한 속죄 제물로 인간의 죄 값을 대신 치루는 지옥 형벌을 당하신 것입니다.

모형적 속죄제에서 대제사장이 아사셀을 위한 숫염소의 머리 위에 이스라엘 백성들의 모든 죄를 전가하는 안수를 한 뒤에 성막이 보이지 않는 광야에 버립니다. 이것은 선악과를 먹고 타락하여 사탄의 자녀가 된 영혼들을 마귀의 손아귀에서 빼내기 위해서 그에 따른 값을 예수님께서 대신 지불하였다는 것을 깨닫게 해줍니다. 쉽게 말해서 죄의 값을 치러야 하나님의 공의가 세워짐으로 마귀의 손아귀에서 벗어날 수 있다는 뜻입니다. 그런데 아담의 후손인 인간은 원죄로 말미암아 누구도 속죄제물이 될 수 없습니다. 그런 이유로 예수님께서 인류의 죄를 대신 짊어지시고 지옥형벌을 당하는 대가지불을 해주신 것입니다.

그리고 여호와를 위한 속죄 제물의 역할을 감당하기 위해서 실제 예수님께서 옆구리에 창으로 찔려 피를 흘리고 죽으셨습니다. 이는 피 흘림이 없으면 사함도 없다고 말씀하셨기 때문입니다. 선악과를 먹고 타락하여 죽음의 사형선고를 받은 인간을 대신하여 예수님이 죽으시고 화목제물이 되셨습니다. 그러므로 누구든지 예수님을 믿으면 하나님 앞으로 담대히 나아갈 수 있는 은혜를 입게 된 것입니다.

레위기 4장에서는 개인의 죄 즉 각층별로 죄용서 받는 내용이 나옵니다. 직분과 삶의 수준에 따라 속죄제물과 속죄제를 드리는 것과 성소와 번제단에 피를 뿌리는 방법의 차이가 있습니다. 여기서는 모형적 속죄제를 드리는 방법은 생략하겠습니다. 다만 사람마다 속죄제 드리는 방법이 다른 이유는 영적인 직분과 수준 즉 각자 믿음의 성장과 분량 그리고 죄의 무게와 그에 따른 회개가 다르기 때문입니다. 제사장, 회중, 족장, 평민이 각자 하나님께서 정한 제물로 속죄제를 드리는 것은 남녀노소 빈부귀천 상관없이 인류의 모든 죄를 대신 짊어지신 예수님의 피가 회개하는 모든 영혼들에게 적용된다는 것을 깨닫게 해주는 것입니다.

하나님께서는 각자가 지은 죄를 말씀의 빛을 받아 공의롭게 회개하는 영혼에게 죄 사함의 은혜를 베풀어 주신다는 사실입니다. 속죄제를 통해서 이 세상의 모든 영혼들을 불쌍히 여기시고 예수님의 속죄은총을 적용하여 구원하시고자 하는 하나님의 깊은 사랑을 깨달을 수 있습니다.

다음은 번제입니다. 하나님께 올려드리는 제물은 흠이 없어야 합니다. 죄인이 흠이 없는 제물로 하나님께 올려드리기 위해서는 예수님께서 이루어 놓으신 속죄은총을 믿음으로 드려야 합니다. 보혈의 은총을 적용하여 지은 죄를 회개하고 자아를 부인해야 합니다.

그리고 수컷을 제물로 드리는 것은 예수님이 우리의 죄를 위하여 속죄제와 번제를 드려주셨기 때문에 우리도 수컷과 같이 영적인 아들이 되어야 합니다. 아들은 성령의 인도를 받는 자들이라고 사도 바울이 증언하고 있습니다.(롬 8:14 참조) 성령으로 믿음의 말씀에 순종하는 영적 아들이 날마다 자기를 부인하는 번제물이 되어 회개의 합당한 삶을 살 수 있습니다.

번제물에 안수하여 자신의 죄를 전가시킨 후에 자기 손으로 직접 가죽을 벗기고 각을 뜨고 각 뜬 머리와 모든 기름과 물로 씻은 내장과 정강이를 불로 태워야 합니다.(레 1:3-17 참조) 먼저 번제물에 안수하여 자신의 죄를 전가시키는 것은 우리에게 어떻게 적용되는 말씀일까요. 자신의 죄를 진솔하게 자백하고 믿음으로 예수님의 속죄은총을 적용하여 마음에서 내려놓는 것입니다. 십자가에 못 박아 죽인 죄에 대해서는 더 이상 같은 죄를 범하지 않습니다.

회개는 번제물을 잡는 과정을 통해서 이해할 수 있습니다. 번제물을 단 서서 위에 아침까지 두고 단의 불이 항상 피워 꺼지지 않게 하라고 했습니다.(레 6:9-13 참조) 이것은 성령님께 생명의 말씀을 받아먹고 양심의 불을 밝혀 자아가 올라올 때마다 물두멍에서 말씀의 빛을 받아 죄를 씻고 번제 단에 자아를 태워죽어야 합니다. 이것이 날마다 십자가를 지고 사는 삶이요, 자아가 죽은 자의 성령 충만한 삶입니다. 꾸준히 성령으로 자아를 부인하는 회개의 삶이 번제 단에 불을 피워 성령을 소멸시키지 않는 것입니다.

그리고 번제물 위에 화목제의 기름을 그 위에 사르는 것은 번제를 드릴 때 하나님과 화목할 수 있다는 것을 의미합니다. '나'라는 자아가 죽어야 하나님과 이웃과의 화평이 이루어짐을 교훈합니다. 성령님이 자아부인의 번제를 드릴 때 속죄은총을 베풀어 죄를 사하여 주시고 부활 생명으로 살게 해주십니다.

예수님의 속죄은총을 실제로 적용하여 정결하게 해주시기 위하여 성령님이 우리 안에 오셨습니다. 날마다 흠 없는 숫양 즉 예수 그리스도의 속죄은총으로 회개의 삶 즉 상번제의 삶을 살게 해주십니다. 이것이 죄에 대해서는 죽은 자로, 의에 대해서는 산자로 사는 삶입니다. 사도 바울의 고백처럼 '나는 날마다 죽노라'는 자아죽음의 십자가를 지고 살 때 성령께서 부활의 새 생명 가운데 살도록 은혜를 베풀어 주십니다.

민수기 28장 3-8절에 보면 일 년 되고 흠 없는 숫양을 매일 아침과 저녁에 상번제를 드릴 때 기름 섞은 소제와 전제를 함께 여호와께 화제로 드리라고 하였습니다. 이는 성령의 은혜로 온 마음과 몸을 다해 믿음의 말씀을 좇아 살라는 의미입니다. 그런데 전제를 함께 드리라고 한 것은 무슨 의미일까요. 사도 바울은 빌립보 교인들의 믿음의 제물과 섬김 위에 자신을 전제로 드릴지라도 기뻐한다고 증언하고 있습니다. (빌 2:17 참조)

사도 바울은 영혼들의 구원을 위해 몸과 마음을 다 바치는 피 흘림의 희생제물이 될지라도 구원받은 무리들과 함께 기뻐할 것이라고 말씀합니다. 바울은 복음을 위해 피 흘림의 전제를 드림과 같이 날마다 자아죽음의 삶을 살았습니다. (딤후 4:6 참조) 이와 같이 예수님을 믿는 모든 영혼들에게도 기름 섞은 소제 즉 성령을 통해 온 마음으로 주님을 섬기고 자아를 죽음에 넘기는 전제를 요구하십니다.

번제와 소제와 전제는 믿음으로 자아를 부인하고 말씀 안에서 온 마음과 몸을 다해 주께 헌신하는 것입니다. 번제는 하나님이 택하신 곳 즉 예루살렘에서 드리라고 하였습니다. (신 12:13-14 참조) 이것은 예수님을 믿는 믿음과 말씀 안에서만 번제를 드릴 수 있다는 뜻입니다.

예수님께서 십자가상에서 이루어 놓으신 속죄 은총으로 드러내준 모든 죄를 십자가 죽음에 넘겨야 합니다. 그리고 순전한 믿음으로 주를 위해 몸을 바쳐 헌신하는 번제의 삶을 살아야 합니다. 그렇게 할 때 성령의 생명의 법이 죄와 사망의 법에서 해방시켜 주는 은혜와 부활의 생명을 경험하게 될 것입니다.

번제는 몸을 희생하는 제사라면, 소제는 마음을 드리는 제사입니다. 소제물은 고운가루 에바 십분 일을 항상 소제물로 삼아 그 절반은 아침에 절반은 저녁에 드려 여호와께 향기로운 냄새가 되게 하라고 했습니다. 여기서 속죄제처럼 제사장의 소제물은 온전히 불사르고 먹지 말라고 말씀합니다. (레 6:14-23 참조) 이 말씀도 평민은 제사장과 마음 부분은 온전히 하나로 연합할 수 없다는 것을 깨닫게 해줍니다. 구약에서는 평민과 거룩한 제사장을 구분해 놓고 있습니다. 그러나 신약에서는 예수님을 믿음으로 성령님을 모신 모든 영혼들을 제사장이라고 증언합니다. (벧전 2:5, 9 참조)

그러므로 예수 그리스도의 믿음 안에서 모든 영혼들은 말씀의 떡을 떼며 예수님 안에서 연합할 수 있습니다. 그러나 거룩하게 살지 않는 영혼들과는 연합할 수 없습니다. 그리고 고운가루에 누룩이나 꿀을 넣지 말고 소금을 쳐서 그 위에 기름과 그 위에 유향을 불사르라고 말씀합니다. (레 2:1-16 참조) 상징적인 말씀 속에 담겨진 하나님의 뜻은 마음 안에 누룩과 같은 비 진리 그리고 꿀 즉 세상의 달콤한 쾌락과 즐거움을 누리면서 마음을 하나님께 드릴 수 없다는 것을 깨닫게 해줍니다.

반드시 예수님의 변치 않는 말씀을 상징하는 소금을 쳐서 그 위에 기름과 유향을 불살라야 합니다. 문자 속에 담겨진 하나님의 뜻은 성령께서 고운 가루에 소금을 치듯이 그리스도의 마음을 준비하여 생명의 말씀으로 가득 채우는 것을 의미합니다. 성령께서 말씀으로 고운 가루와 같이 자아를 파쇄하여 그리스도의 형상으로 빚으시는 것을 깨닫게 해줍니다. 옛사람의 마음이 죽고 그리스도의 마음으로 새롭게 재창조될 때 유향과 같이 그리스도의 향기를 올려드릴 수 있는 것입니다. 그것이 하나님께 영광이요 기쁨이요 찬송의 삶입니다.

"하나님은 영이시니 예배하는 자가 영과 진리로 예배할지니라."(요 4:24)

하나님을 섬길 때는 자아로 행하는 육과 혼을 부인해야 합니다. 믿음으로 거듭난 영 즉 속사람이 진리의 성령님과 연합하여 마음과 뜻과 정성과 힘을 다하여 하나님을 사랑하는 마음으로 예배를 드려야 기쁘게 받으신다는 것입니다.

화목제는 하나님과 이웃을 사랑하고 화목하기 위해 드리는 제사입니다. 화목제의 세 가지 목적은 감사와 서원제와 낙헌제가 있습니다. 감사제는 앞 가슴살과 오른쪽 뒷다릿살은 제사장에게 주고 나머지는 이웃과 함께 그날 다 먹어야 합니다. 이것은 하나님께 드리고 난 것을 이웃과 함께 나눔으로 원수까지도 사랑해야 함을 보여줍니다. 다시 말해서 하나님과 먼저 관계를 회복하고 그분의 사랑을 가지고 이웃을 내 몸과 같이 사랑하라는 말씀을 깨닫게 해주는 것입니다.

그런데 모든 사람들을 겉으로는 친절하게 대하되 마음을 열고 사랑하는 것은 주님 안에서만 해야 합니다. 그 이유는 화목제물의 고기는 부정한 자들은 먹지 못하고 깨끗한 자만 먹을 수 있기 때문입니다. (레 7:19-21 참조) 그리스도 안에서 마귀의 성품인 자아를 부인하고 말씀을 믿음으로 살 때 하나님과 이웃을 사랑하고 연합할 수 있다는 것을 보여줍니다.

화목제는 흠 없는 수컷, 암컷으로 소, 양, 염소 중에서 선택하여 희생 제물에 안수하고 피를 제단 사면에 뿌려야 합니다. 이는 영적으로 어린 자나 성장한 자나 상관이 없이 하나님께 회개하면 화목해질 수 있다는 것을 깨닫게 해줍니다.

히브리서 12장 14절에 보면, "모든 사람과 더불어 화평함과 거룩함을 따르라 이것이 없이는 아무도 주를 보지 못하리라."고 증언합니다. 부활하신 예수님께서도 제자들에게 나타나셔서 첫 인사가 "너희에게 평강이 있을지어다."라고 말씀하셨습니다.

우리가 하나님과 이웃과 화목함으로써 영혼이 평강하려면 속죄은 총을 마음으로 믿고 적용해야 합니다. 예수님의 죽음이 나의 죽음이요, 예수님의 부활이 나의 부활이 될 때 화목제를 드림같이 하나님과 이웃과의 관계가 화목하고 서로 사랑하며 즐겁게 살아갈 수 있습니다.

속건제는 하나님과 이웃에게 지은 죄와 허물을 사함받기 위한 제사입니다. 속건 제물인 숫양은 예수님을 상징합니다. 예수님이 우리를 대신하여 속건제물이 되어 주셨습니다.(사 53:10 참조) 예수님의 속죄은 총을 가지고 오신 성령님께서 말씀으로 죄를 깨닫게 하시고 회개시켜 죄 사함의 은혜를 베풀어 주십니다.

속건 제물로 흠 없는 숫양을 드리라고 한 것은 죄용서는 오직 예수님 즉 성령이 먹여주시는 생명의 말씀으로만 해주신다는 것을 깨닫게 해줍니다. 우리도 흠 없는 숫양과 같이 되려면, 자기중심적인 생각과 언행을 부인하고 성령을 좇아 믿음으로 사는 영적인 아들이 되어야 합니다.

레위기 5장 15-16절에 보면, 여호와의 성물에 대하여 부지중에 범죄하였으면 속건제를 드리라고 말씀합니다. 여호와의 성물은 예수님을 믿음으로 거룩하게 사는 영혼들을 말씀합니다. 또한 하나님의 모든 말씀 안에서 거룩하게 구별하여 드리는 모든 것이 성물이라고 할 수 있습니다.

또한 속건제를 드릴 때 "네가 지정한 가치를 따라 성소의 세겔로 몇 세겔 은에 상당한 흠 없는 숫양을 양 떼 중에서 끌어다가 드리라."고 말씀합니다. 이 말씀 속에서 깨닫게 해주는 것은 죄 사함을 받는 속건제를 드릴 때 하나님의 법에 따라 합당하게 드려야 함을 깨닫게 해줍니다.

성물에 대한 잘못을 보상할 때 그것에 오분의 일을 더하여 제사장에게 주고, 이웃에게도 물질적 피해를 주었을 경우 그에 따른 값에 오분지 일을 더해서 갚으라고 말씀합니다. 이것을 볼 때 하나님은 심은 죄를 두배, 일곱배, 넷과 다섯(출22:1 참조)배로 저울에 달아 행한 대로 갚게 하시는 하나님의 공의를 깨달을 수 있습니다.

그런데 속건제는 언제 드려야 할까요. 지은 죄가 드러나는 날 또는 죄를 깨달았을 때 드리라고 말씀합니다. (레5:15, 6:2-5 참조) 하나님의 말씀에 불순종하고 이웃에게 피해를 주고 살면서도 깨닫지 못하다가 성령께서 죄를 드러내 깨닫게 해줄 때는 속건제를 드려서 용서를 받으라는 말씀입니다.

말씀을 잘 모르고 죄를 깨닫지 못할 때는 회개를 할 수 없습니다. 회개는 말씀의 빛을 받고 하나님께서 은혜를 베풀어 주셔야만 할 수 있다는 것을 깨닫게 해줍니다. 또한 속건제는 세상 죄를 끊어내는 영적 금식과 같습니다. 예수님께서 금식은 신랑을 빼앗겼을 때 해야 함을 말씀하셨습니다. (눅 5:34-35 참조) 이것은 예수님의 말씀 안에 거할 때 즉 성령의 임재 안에 있을 때는 죄를 짓지 않기 때문에 금식할 필요가 없다는 것을 교훈합니다. 그러나 말씀 밖으로 벗어나서 즉 죄를 짓고 회개하지 않을 때는 주님의 임재가 사라져 버립니다. 그때는 속건제로 금식하듯이 말씀을 읽어가며 회개를 해서 다시 임재를 회복해야 한다는 것입니다.

속건제의 규례는 거룩하다고 하였습니다. (레 7:1-2 참조) 속건제를 드릴 때마다 죄와 분리가 되어 거룩하게 살아야 합니다. 흠 없는 숫양은 바로 예수님이 요한복음 1장 1절에 말씀이라고 증언합니다. 그러므로 회개할 때는 예수님의 말씀을 근거해서 회개해야 합니다. 혀에 권세를 주신 입술로 소리를 내서 말씀을 읽어야 합니다.

죄로 흠이 있는 우리가 흠 없는 숫양이 되어 속건제를 드리려면 사탄의 성품인 자아가 올라올 때 십자가에 못 박아야 합니다. 그것은 매순간 하나님의 말씀을 취하고 내 뜻을 포기하는 자기부인의 삶입니다. 살든지 죽든지 그의 나라와 의를 구하며 육신의 모든 문제를 하나님의 뜻에 맡겨야 합니다.

레위기 7장 1-5절에 보면, 속건 제물은 번제물을 잡는 곳에서 잡아 속건제 희생의 피를 단 사면에 뿌리고, 모든 기름과 콩팥을 함께 취하여 단 위에 불살라 여호와께 화제로 드리라고 말씀합니다. 왜 속건 제물은 피와 모든 기름과 콩팥만 드리는 것일까요? 그 의미를 알기 위해서는 콩팥(신장)의 역할을 알아야 합니다. 콩팥은 혈액 속에 있는 각종 노폐물들을 걸러내어 소변으로 배출시키는 역할을 합니다.

속건제를 드릴 때 콩팥을 제거하는 것의 상징적 의미는 예수님을 믿는 영혼 안에는 예수님의 피가 흐릅니다. 그런데 죄를 짓고 회개하지 않음으로 말미암아 온갖 죄로 인한 노폐물이 피를 더럽혀 노폐물을 거르지 못한 콩팥같이 예수님의 속죄 피의 효력이 없어졌다는 것을 깨닫게 해줍니다. 그러므로 죄로 망가진 콩팥을 주님께 태워 올리듯이 옛것을 버리고 다시 새롭게 재창조 받아야 합니다.

또한 모든 기름과 피와 콩팥만 불살라 하나님께 향기를 올려드리고, 나머지 제육과 가죽은 제사를 드려 주는 제사장에게 돌립니다. 여기서 제사장의 남자마다 거룩한 곳에서 희생 고기를 먹으라고 한 것은 무슨 의미가 있을까요? 우리의 대제사장이신 예수님께 몸과 마음을 온전히 드린 영적인 아들들이 주안에서 서로 연합하여 하나님의 뜻을 이루는 것을 상징합니다.

우리는 하나님과 이웃과의 관계에서 어떠한 죄를 지었든 간에 깨달았을 때는 말씀을 가지고 회개를 해야 합니다. 사람에게 상처를 주었으면 용서를 구하고, 물질의 피해를 주었으면 갚고 관계를 회복해야 합니다.

속건제 즉 회개를 할 경우에는 하나님께 날을 정하고 구체적인 기도제목을 가지고 말씀을 소리 내서 읽음으로 드려야 합니다. 속건제를 하다가 원치 않게 넘어질 수 있습니다. 그래도 믿음으로 포기하지 않고 꾸준하게 드려야 생명의 열매를 거둘 수 있습니다.

속건제를 중심으로 하여 5대 제사를 간략히 알아보았습니다. 모형적인 제사를 통해 성령께서 깨닫게 해주는 의미를 믿음으로 적용할 때 하나님께서 원하시는 합당한 예배의 삶을 살 수 있습니다. 신약과 구약에서 다루고 있는 회개의 말씀을 종합적으로 이해하는 것이 중요합니다. 그리고 성령께서 마음을 열고 깨닫게 해주는 회개의 말씀을 믿음으로 먹고 꾸준히 적용할 때 진리의 자유와 평강의 복을 받을 것입니다.

말씀을 소리 내서 읽고 회개하는 속건제

"너는 말씀을 가지고 여호와께로 돌아와서 아뢰기를 모든 불의를 제거하시고 선한 바를 받으소서. 우리가 수송아지를 대신하여 입술의 열매를 주께 드리리이다."(호 14:2)

신약에서 회개의 관한 말씀이 산발적으로 기록되어 있습니다. 그런데 구약의 제사법에서는 회개하는 방법을 구체적으로 일목요연하게 알려주고 있습니다. 속건제의 의미를 정확하게 깨닫고 적용하면 회개하는데 큰 도움이 됩니다.

우리가 성령을 모시고 살면서 마음과 행실로 범죄하고 사는 것은 온전한 믿음의 삶이 아니므로 반드시 회개해야 합니다. 예수님을 믿고 옛사람이 죽어졌을 때는 주님 안에 온전히 거하기 때문에 죄가 주장하지 못합니다.(롬 6:6-7 참조) 그러나 과거의 모든 죄를 사함 받고난 이후에 믿음으로 살지 않으면 그 죄를 회개하기 전까지는 속죄은총이 적용되지 않는다는 사실입니다.(요 8:34, 요일 3:8, 롬 6:16 참조)

예수님의 죽음이 내 죽음이고 예수님의 부활이 내 부활이 되기 위해서는 옛사람은 죽은 자로 살고 새 생명 가운데 말씀대로 순종하며 살아야 합니다.(롬 6:4 참조) 그렇게 믿음으로 살 때만 예수님께서 나의 죄를 위해 단번에 죽어주신 속죄은총이 적용되어 성령의 능력으로 죄를 짓지 않는 삶을 살 수 있습니다.

그런데 예수님을 믿고 나서도 여전히 옛사람의 마음과 행실로 죄를 짓고 회개하지 않고 살아간다면 그 부분에 대해서는 예수님을 믿는 것이 아닙니다. 예수님을 믿다가도 죄를 짓는 순간은 믿음 밖으로 벗어나 죄 아래 있는 것이므로 다시 회개하여 죄 사함을 받아야 한다는 것입니다.

예수님을 믿는다는 것은 곧 옛사람이 예수님과 함께 십자가에 죽었고 예수님이 부활하셨을 때 다시 새 생명으로 거듭 태어났다는 것을 의미합니다. 이후에는 십자가의 죽음과 부활이 지속적인 믿음으로 자신에게 적용될 수 있도록 성령의 인도를 받아야 합니다. 예수님을 믿는 것 자체가 이미 옛사람이 죽은 것입니다.

그런데 예수님을 믿는다고 하면서 온갖 죄와 정욕에 빠져 불신자와 똑같은 삶을 살고 있다면 임마누엘 하시는 성령님을 모시고 믿음으로 사는 것이 아닙니다. 예수님을 믿는 것은 곧 말씀에 순종하는 것입니다.(마 7:21, 눅 6:46, 롬 1:5, 요일 2:6, 히 3:18-19 참조) 야고보는 행함이 없는 믿음은 죽은 믿음이라고 증언하였습니다. 그러므로 우리가 예수님을 온전히 믿는다면 하나님 앞에 감히 화를 낼 수조차 없어야 합니다.

그런데 하나님을 모시고 산다고 하면서 분노 시기 질투 교만 음란 탐심 거짓 등. 세상을 사랑하는 마음을 품고 성전을 쓰레기장으로 만드는 것은 말씀으로 세워지지 않았다는 증거입니다. 하나님을 두려워하지 않고 죄와 정욕에 빠져 사는 행위가 곧 하나님의 말씀을 멸시하고 속죄은총을 무시하는 행위입니다. 죄를 짓는 그 부분에 대해서는 믿음이 없다는 것을 깨닫고 회개해야 합니다.

예수님은 입술로만 믿는 것이 아닙니다. 말씀이 마음으로 믿어지면 행위로 믿음의 반응을 보여야 합니다. 성령을 힘입어 행위로 믿음을 증명해 보일 때 속죄은총이 적용되어 죄를 짓지 않게 되는 것입니다. 사도 바울의 증언처럼 믿음 안에 거하고 있는지 수시로 믿음을 확증할 수 있어야 합니다. 내가 말씀 안에 거하고 있으면 성령의 열매가 나타날 것이고, 믿음 밖으로 벗어나면 죄의 열매가 나타날 것입니다. 그러므로 예수님을 온전히 믿지 못하고 옛사람의 마음과 행실로 죄를 지었으면 회개를 하고 다시 주님 품안으로 들어가야 합니다.

구약과 신약은 전부 하나님의 말씀입니다. 예수님께서 "… 율법의 일점일획이라도 반드시 없어지지 아니하고 다 이루리라."(마 5:17-18)고 말씀하셨습니다. 구약과 신약에 기록된 하나님의 말씀은 모두 성령께서 우리 안에서 이루시겠다는 말씀입니다. 문제는 문자 자체로는 하나님의 뜻을 이해할 수 없습니다. 하나님께서 성경 말씀 안에 하나님의 뜻을 숨겨 놓았습니다. 감추어진 보화를 성령을 통해 열어야 하나님의 뜻을 명확하게 깨닫고 적용하여 예수 그리스도를 경험할 수 있습니다. 성령을 통해 믿음으로 먹은 말씀만이 살아 역사하여 그리스도의 인격으로 변화시켜주는 능력이 되는 것입니다.

구약처럼 죄를 지었을 경우 짐승을 잡아 제사를 드리지 않고 예수님의 속죄은총을 믿음으로 말씀을 가지고 회개기도로 죄 사함을 받을 수 있다는 것은 큰 은혜입니다. 각자 원하는 좋은 방법을 따라 성경 읽고 기도와 찬양을 드리며 때로는 금식과 절식을 하는 가운데 회개하는 사람들도 많이 있을 것입니다. 저도 과거에 그런 식으로 회개를 했습니다.

그런데 속건제의 의미를 깨닫고 말씀을 소리 내서 읽는 방법을 적용하여 회개를 하였을 때 나타나는 현상과 열매는 확실히 달랐습니다. 과거에 내 방법대로 회개했을 때는 회개의 합당한 열매가 거의 없었습니다. 그러나 속건제를 적용하여 말씀을 소리내서 읽으며 회개했을 때는 살아 역사하는 말씀의 능력을 경험했습니다. 또한 회개가 잘 되었고 속건제를 마치고 나면 점점 회개의 합당한 열매가 자연스럽게 마음과 행실에서 나타났습니다. 그런 경험적 진리를 통해 2017년부터 2021년 현재까지 꾸준하게 속건제를 드리는 가운데 생명의 열매와 믿음의 진보를 이루고 있습니다.

성령님이 오신 이유도 회개시켜 그리스도의 형상으로 본받게 하기 위함입니다. 그러므로 모든 삶이 연단의 도구가 되어 말씀을 깨닫고 회개하여야 합니다. 회개는 자기 마음대로 하는 것이 아니라 하나님의 방법대로 해야 합니다. 분향 단에 향을 피우는 것을 통해서도 합당한 기도에 대한 교훈을 해주고 있습니다. 향 기름은 하나님께서 말씀하신 법대로 만들어서 아침저녁으로 향을 살라 끊어지지 않게 하라고 하였습니다. 그리고 분향 단 위에 다른 향을 사르지 말라고 말씀하였습니다. (출 30:7-9 참조)

그런데 아론의 아들 제사장인 나답과 아비후가 여호와의 명하시지 않은 다른 불을 담아 분향하다가 불이 나와 그 자리에서 죽임을 당하였습니다. (레 10:1-2, 민 26:61 참조) 이 말씀은 하나님의 뜻에 합당하지 않은 정욕적인 기도를 욕심으로 계속 구하면 육은 살았으나 영이 죽는다는 것을 교훈해 주는 것입니다.

다른 향이 무엇일까요. 한마디로 자아로 드리는 기도입니다. 내 자아로 드리는 기도는 하나님께서 받지 않으십니다. 오직 성령을 의지하여 나를 부인하고 말씀 안에서 합당하게 드려야 합니다. 예수님께서 그의 나라와 그의 의를 구하는 기도를 주기도문에서도 잘 말씀해 주고 있습니다.(마 6:9-13, 31-33 참조) 예수님이 죽으신 목적은 선악과로 타락한 마음과 행실의 죄를 속죄은혜로 용서받고 그리스도의 형상으로 온전히 세우기 위함입니다.

그런데 예수님을 믿으면서도 여전히 많은 성도들이 십자가의 복음을 바로 깨닫지 못하고 샤머니즘적 신앙생활을 한다는 것입니다. 기복주의, 율법주의, 혼합주의, 인본주의적 신앙생활로 마귀에게 미혹당하여 열심히 다른 향을 피우는 정욕적인 기도를 드린다는 사실입니다. 그로 인하여 마귀가 성령을 모방하고 성령의 은사와 비슷한 각종 능력을 행하며 미혹하는데도 분별을 못하고 속고 있는 교회의 현실입니다.

십자가 복음으로 회개하지 않는 영혼들이 다른 불(레 10:1-2 참조) 즉, 욕심으로 기도할 때 미혹의 영이 역사한다는 사실입니다. 진리의 성령님은 말씀 안에서 일하십니다. 그러므로 타락한 마귀의 본성인 자아를 부인하고 하나님의 말씀에 합당하게 기도하고 주님의 뜻대로 이루어지도록 기도하고 맡겨야 합니다.

하나님의 뜻에 합당하게 드리지 않는 기도나 눈으로 말씀을 읽는 것에는 사탄이 방해하지 않습니다. 그러나 말씀을 소리 내서 많은 분량을 읽거나 발성으로 회개기도를 드리면 숨어 역사하던 귀신이 드러나 갖가지로 괴롭히며 방해를 합니다. 하나님의 말씀을 가장 싫어하고 회개를 방해하는 것이 바로 마귀입니다. 마귀가 가장 싫어하고 방해한다는 것은 곧 하나님이 가장 기뻐하는 산 예배라는 것을 증명해 주는 것입니다.

속건제로 회개를 하면 할수록 죄와 정욕이 싫어지고 주님만을 갈망하게 됩니다. 날이 갈수록 아름다운 생명의 변화된 열매가 나타납니다. 화를 잘 내던 사람이 온유해지고, 자기 자랑을 하며 의를 드러내고 칭찬받기 좋아하던 사람이 자기를 부인하고 십자가만을 자랑하는 겸손한 사람으로 변화됩니다. 세상 것에 대한 염려가 사라지고, 함부로 하던 말이 부드럽고 절제된 언어로 바뀝니다. 율법주의자가 복음주의자로 바뀌는 기적이 일어납니다. 아름다운 열매는 책에 다 기록할 수 없고, 각자 믿음으로 드릴 때 경험하게 될 것입니다. 살아있는 하나님의 말씀에는 반드시 실제가 나타나게 되어 있습니다.

우리가 영적으로 하나님 앞에서 믿음으로 잘 사는 부분이 있는가 하면, 죄로 사탄의 종노릇하며 죽은 부분이 있다는 것을 사데 교회 목회자를 통해서도 깨달을 수 있습니다. 주님께서 "네가 살았다하는 이름은 가졌으나 죽은 자로다. 너는 일깨워 그 남은 것을 굳게 하라."고 하였습니다. 이것은 영혼 전체가 다 죽지 않고 아직 온전하게 남은 부분이 있다는 것을 깨닫게 해줍니다.

예수님을 믿는 우리에게도 사데 교회 목회자처럼 영적으로 악습에 빠져 사는 죽은 부분이 있다는 것입니다. 또한 생명의 말씀으로 살아있는 부분도 있습니다. 우리는 죽은 부분을 회개해서 살려야 합니다. 회개하는 방법은 다양하지만 그 중에서 가장 효과적인 열매를 맺게 하는 것이 바로 말씀을 소리 내서 읽는 방법입니다. 왜냐하면 말씀이 곧 예수님이시고, 예수님이 우리를 대신하여 속건제물이 되셨기 때문입니다.

구약에서는 죄인 대신에 동물을 잡아 죽여 제사를 드림으로 죄 용서를 받았습니다. 그러나 신약에서는 예수님이 대신 속죄 제사를 드려주셨기 때문에 말씀을 적용하여 회개하면 죄 사함을 받습니다.(히 9:12-14 참조) 말씀이 곧 하나님이시기 때문입니다.(요 1:1 참조) 신약의 성도들은 예수님이 속건제물이 되셨기 때문에 오직 믿음 안에서 찬양과 회개기도와 말씀을 낭독함으로 회개제사를 드릴 수 있습니다.

회개는 하나님의 뜻에 합당하게

예수 그리스도 안에서 믿음생활은 영혼의 집 즉 성전을 세우는 것입니다. 다른 말로 영혼을 그리스도의 형상으로 아름답게 빚어가는 것입니다. 우리 영혼을 집 또는 성전, 밭으로 비유하고 있습니다.(마 7:24-27, 고전 3:9, 16 참조) 건축을 하려면 반드시 설계도가 있어야 합니다. 하나님께서 그분의 형상으로 인간을 창조하시기 전에 이미 구원계획을 설계하셨다는 사실입니다.

성경 66권에 기록된 하나님의 말씀이 성전을 세우는 건축 재료로서 설계도와 같습니다. 성령께서 하나님의 뜻대로 그리스도의 반석 위에 영혼의 집과 성전을 세워주시기 위해 친히 마음 안으로 들어오셨습니다. 선악과로 타락하고 부패한 옛사람 자아의 집을 무너뜨리고 생명의 말씀으로 재건축하기 위해 오신 것입니다.

하나님께서 모세에게 성막과 뜰을 지으라고 명하셨습니다. 성막은 천국과 예수 그리스도를 상징합니다. 또한 성막과 뜰은 인간의 구조와 일치하여 영, 혼, 몸을 깨닫게 해줍니다. 성막을 상징하는 영혼을 하나님께서 거하실 성전을 세울 때 보여주신 모양(설계)을 따라 지으라

고 말씀하셨습니다. (출 25:8-9 참조)

이와 관련된 말씀을 예수님께서도 산상수훈 5, 6, 7장의 말씀을 다 전하신 후에 말씀을 듣고 행하는 자는 그 집을 반석 위에 지은 지혜로운 사람이라고 말씀하셨습니다. 그런 사람들은 어떤 환난과 어려움이 닥쳐도 넘어져 죄를 범하지 않는다는 것입니다. 그러나 말씀을 듣고 행치 않는 자는 그 집을 모래위에 지은 어리석은 사람 같아서 환난과 어려움이 닥치면 와르르 무너져 내려 큰 시험에 빠지고 죄를 범합니다.

이것을 볼 때 믿음의 기초가 그리스도를 중심으로 세우느냐 아니면 내가 중심이 되어서 세우느냐는 너무 중요하다는 것을 알 수 있습니다. 내 중심적인 삶을 살 때는 선악과를 먹는 것과 같아서 죄를 범할 때 수치심을 느끼게 되고 어려움이 닥칠 때는 두려움에 떨게 됩니다. 그러나 옛사람을 부인하고 믿음으로 주님을 바라보는 영혼들은 어떠한 발가벗겨짐을 당할 때도 수치심을 느끼지 않고, 환난과 어려움이 닥쳐도 두려워하지 않습니다. 그것은 나를 창조하신 하나님 아버지의 품안에 거하고 있다는 믿음을 가지고 주님만을 의뢰하기 때문입니다.

하나님께서 창세기부터 계시록 말씀 안에 성삼위하나님 그리고 인간창조, 죄와 타락, 심판, 구원, 영원한 천국과 지옥을 담아 놓으셨습니다. 그런데 하나님의 말씀 즉 보물을 모든 인간이 알도록 열어놓지 않고 감추어 놓으셨다는 사실입니다. 성령의 감동으로 기록된 로고스 역시 개개인의 믿음에 따라 성령께서 감추어진 비밀을 레마로 깨닫게 해주셔야 하나님의 뜻을 알 수 있습니다.

성경 속에 감추어진 말씀은 성령께서 마음을 열어 그 의미를 깨닫게 해주셔야만 알 수 있습니다.(눅 24:45 참조) 예수님을 마음으로 믿지 않는 사람들의 지식과 지혜로는 성경의 의미를 전혀 알 수도 깨달을 수도 없습니다. 오직 예수 그리스도의 믿음 안에서 진리를 사랑하는 영혼들에게 계시로 열어 주시기 때문에 쉽게 깨닫고 알아지는 것입니다.

　구약에서 하나님이 정해주신 모든 규례들은 그 당시만 필요한 것이 아니라 예수님 안에서도 그 의미를 깨닫고 적용되어야 할 말씀입니다. 제사드릴 때 짐승을 잡아 드리는 제사법은 폐지되었으나 그 제사 속에 담긴 의미는 깨닫고 적용해야 한다는 뜻입니다.

　우리가 회개하여 온전히 변화되지 않으면 예수님과 연합할 수 없고 하나님의 나라에도 들어갈 수 없다는 것을 성경은 증언합니다.(계 21:8, 22:15 참조) 회개는 내 중심에서 하나님 중심의 삶으로 방향전환을 하는 것입니다. 옛사람의 신을 벗고 새사람의 신으로 바꾸어 신어야 합니다. 하나님께 나의 모든 필요와 공급을 맡겨드리고 믿음으로 살아야 합니다. 날마다 자아 부인의 십자가를 지고 성령의 인도를 따라 살 때 회개의 합당한 열매를 맺을 수 있습니다. 자아로 가득 찬 옛사람의 죄와 정욕들을 회개하여 내려놓고 하나님의 말씀으로 채워나갈 때 예수 그리스도의 인격으로 변화되는 것입니다.

　죄와 회개에 대한 구체적인 말씀은 신약보다 구약에서 자세하게 가르쳐 주고 있습니다. 구약의 상징적인 의미를 성령의 감동으로 마음 안에서 깨닫게 되면 영혼의 큰 충격을 받고 회개하고자 하는 뜨거운 마음이 솟구쳐 오릅니다. 그때부터 성령의 기름 부음으로 죄를 깨닫고 통회와 순종하고자 하는 의지가 주어지는 것입니다.

　우리가 회개하는 것도 내 생각과 방법으로 하는 것이 아니고 하나님이 정해주신 방법 즉 그분의 뜻대로 합당하게 해야 합니다. 예수님께서도 주의 이름으로 선지자 노릇하며 귀신 쫓고 많은 권능을 행한 사람들을 향하여 불법을 행하는 자들아 나는 너희를 알지 못한다고 책망하는 말씀을 하셨습니다.(마 7:21-23 참조) 사도 바울도 "경기하는 자가 법대로 경기하지 아니하면 면류관을 얻지 못할 것이라."(딤후 2:5)고 증언하였습니다. 또한 자신의 힘으로 착하고 선한 일들을 많이 해도 하나님의 법대로 하지 않으면 타버릴 공력 즉 천국에서 상을 받을 수 없는 헛수고라는 것입니다.(고전 3:11-15 참조)

　회개 역시 하나님의 뜻 즉 설계하신 법대로 해야 효력이 있습니다. 구약의 성막을 알면 십자가의 원리를 알 수 있습니다. 마찬가지로 속건제의 의미를 알면 예수님 안에서 속죄은총을 힘입어 말씀을 읽는 방법을 적용하여 합당한 회개를 드릴 수 있습니다.

　사람마다 믿음의 분량이 다릅니다. 믿음이 좋은 사람일수록 자아의 소유를 주님께 빨리 내려놓고 맡깁니다. 왜냐하면 가치 없는 쓰레기 같은 것과 값진 천국의 보물과 바꾸는 것이기 때문입니다. 자아를 내려놓고 주님의 말씀을 마음에 품을수록 진리가 죄에서 자유롭게 해 주는 것을 경험합니다. 어떠한 대가를 지불해서라도 자아의 소유를 버리고 영원한 생명을 얻는 가장 귀하고 가치 있는 십자가의 길을 가야 합니다. 끝까지 포기하지 않고 속건제 회개를 통하여 주님만 소유하게 될 때 천국의 복을 받아 누릴 것입니다.

하나님께서 정해주신 회개하는 때

회개 작정 기도를 드리는 기간은 내 임의로 정해서 하는 것보다 성경에 기록한 날짜를 적용하여 드리는 것이 훨씬 효과적입니다. 성경에 기록된 3일, 7일, 21일, 40일 중에서 각자의 믿음과 형편에 맞게 정해서 드리는 것이 좋습니다. (레 14:8-9, 민 19:11-19, 12:14, 겔 43:25-27 참조)

하나님께서 사용하시는 숫자에는 전부 의미가 있습니다. 실제수와 상징수를 분별해서 적용할 필요는 있습니다. 민수기 19장 12절과 31장 19절에 보면, 제 삼일과 제 칠일에 잿물로 스스로 정결케 하여 몸을 깨끗케 하라는 말씀이 나옵니다.

하나님께서는 성령의 감동으로 기록된 성경 안에서 그 답을 찾을 수 있도록 여러 곳에 감추어 놓으셨습니다. 감추어 놓은 보물을 찾아내려면 성경을 많이 읽고 또 읽어야 합니다. 다른 사람이 찾아서 알려주는 것보다 내가 직접 찾아낼 때의 기쁨은 이루 말할 수 없이 큽니다. 그러므로 성령을 통해 생수가 터져 영혼 안에 흘러넘칠 수 있도록 자기 부인의 겸손함으로 샘을 파는 수고를 해야 합니다. 그것처럼 귀하고 가치 있는 것은 없습니다.

성경을 문자적으로 쉽게 풀 수 없는 것이 하나의 단어가 문맥과 구절의 내용에 따라 긍정으로 해석해야 할 말씀이 있고 또 부정으로 해석해야 할 말씀도 있기 때문입니다. 예를 들어 독수리를 영적인 긍정의 의미로 말씀하기도 하지만,(시 103:5, 사 40:31 참조) 다른 여러 곳에서는 부정의 상징적 의미로도 말씀하고 있습니다. (마 24:28 참조)

또한 사자는 힘이 강하여 동물의 왕이라고 합니다. 만왕의 왕이신 예수님을 유대 지파의 사자 다윗의 뿌리가 이기었다는 표현을 하고 있습니다.(계 5:5 참조) 그런데 악을 행하는 강력한 힘을 가진 마귀에게도 사자를 사용하고 있습니다.(벧전 5:8, 딤후 4:17 참조) 염소 같은 경우도 하나님께 제물로 사용하라고 한 정한 동물임에도 불구하고, 신약에서는 양과 염소 비유에서 부정적 의미로 사용하고 있습니다. 그리고 장성한 겨자나무에 깃든 새는 영혼들을 상징하는 긍정 의미지만, 길가에 뿌려진 씨앗을 먹는 새는 마귀를 상징하고 있습니다.

이와 같이 한 단어를 획일적으로 똑같은 의미로 풀 수 없는 것이 바로 성경 말씀입니다. 그러므로 성경에 나오는 단어의 상징적인 의미가 문맥과 구절에 따라 부정과 긍정의 의미가 다르기 때문에 원문을 정확히 이해하고 성령의 조명을 받아 바르게 해석하고 적용해야 합니다.

회개하는 기간을 칠일로 해야 하는 성경적 근거는 성경 여러 곳에서 찾아볼 수 있습니다. 민수기 31장 23~24절에 보면, "무릇 불에 견딜 만한 물건은 불을 지나게 하라. 그리하면 깨끗하려니와 오히려 정결케 하는 물로 그것을 깨끗케 할 것이며 무릇 불에 견디지 못할 모든 것은 물을 지나게 할 것이니라. 너희는 제 칠일에 옷을 빨아서 깨끗케 한 후에 진에 들어올지니라."고 말씀하고 있습니다.

여기서 물건은 사람을 상징으로 보여줍니다. 이 말씀을 적용할 때 두 가지 측면에서 이해할 수 있습니다. 첫째 영적으로 성숙한 영혼은 불과 같은 연단을 받으면서 정결케 되고, 불에 견디지 못하는 어린 영혼들은 믿음의 수준에 맞게 물과 같이 약한 연단과정을 통과합니다.(욥 23:10 참조)

둘째는 한 사람이 불과 같은 연단을 받는 과정이 있고 또 물과 같이 약한 연단을 통과하며 정결함을 얻기도 합니다. 그리고 가볍게 물로 씻듯이 말씀으로 깨닫고 자백하며 회개할 죄가 있는가하면 불같은 연단을 받으며 그 가운데서 죄의 근원을 태워 버리는 회개도 있다는 것을 깨닫게 해주는 말씀입니다.

그리고 제 칠일에 옷을 빨아 깨끗케 한 후에 진에 들어오라는 것은 죄를 완전히 회개해야만 예수 그리스도 안으로 들어올 수 있다는 것을 깨닫게 해주는 말씀입니다. 여기서 칠일을 완전히 정결케 되는 상징 수로 해석할 수도 있고, 실제수로 적용하여 회개할 수도 있습니다. 사람마다 오감을 통해 나타나는 죄와 정욕의 지배받는 내용과 연단 받고 회개하는 부분이 각기 다르기 때문에 하나님께서 정한 분량까지 깨끗하게 회개한 날 수로 칠일을 해석할 수도 있습니다.

성경을 인간의 사고와 논리에 맞게 이해하려고 하면 시원한 답을 얻을 수 없습니다. 그러나 성령의 조명으로 인간의 좁은 사고의 틀을 깨고 넓고 광대하고 지혜가 무한하신 하나님의 눈으로 바라보고 믿음으로 말씀을 받을 때 실제적인 유익을 얻을 수 있습니다. 그러니 옛사람의 고정관념을 예수 그리스도의 이름으로 제거하십시오.

"오라 우리가 여호와께로 돌아가자 여호와께서 우리를 찢으셨으나 도로 낫게 하실 것이요. 우리를 치셨으나 싸매어 주실 것임이라. 여호와께서 이틀 후에 우리를 살리시며 셋째 날에 우리를 일으키시리니 우리가 그의 앞에서 살리라."(호 6:1-2)

여기서 제 삼일은 상징수이기도 하고 실제수로 적용할 수도 있습니다. 예수님께서 십자가에서 죽으시고 삼일 만에 부활하심으로 속죄

제사를 완성해 주셨습니다. 예수님 안에 거하는 우리도 믿음으로 받아들일 때 예수님의 죽음이 내 죽음이 되고 예수님의 부활이 나의 부활이 되는 것입니다. 십자가에 달려 자아가 죽어지는 기간은 사람마다 다르기 때문에 삼일을 완전수로 해석할 수도 있습니다.

또한 일시적으로 마귀의 공격을 받고 힘들 때나 시험이 올 때 말씀을 읽어가며 보혈을 적용하여 회개하면 거의 삼일 째는 회복되는 것을 경험할 수 있습니다. 그리고 영이 눌리거나 정욕의 잠에 빠져 정신 못 차릴 때도 삼일 속건제를 적용하여 회개를 하면 영이 깨어나고 새롭게 힘을 얻기도 합니다.

> "여호와께서 모세에게 이르시되 너희는 백성에게로 가서 오늘과 내일은 그들을 성결하게 하며 그들에게 옷을 빨게하고."(출 19:10)(민19:12, 31:19 참조)

이 말씀은 이틀 동안 지은 죄를 회개하여 성결케 하면 주님을 만날 수 있는 준비가 갖추어짐을 보여줍니다. 오늘과 내일이란 단어를 우리에게 적용할 때는 온전히 회개하는 기간 즉 상징적인 날 수로 이해하는 것이 바람직한 해석이라고 봅니다. 만약 실제수로 적용하여 이틀 동안 온전한 참회를 하지 못하고 형식으로만 했다면 의미가 없기 때문입니다. 죄가 있는 상태에서는 주님의 임재와 교통이 어렵기 때문에 항상 하나님의 은혜를 받기 위해서는 먼저 마음과 행실의 죄를 회개해야 함을 보여주는 것입니다.

또한 이 말씀의 상징적인 숫자의 의미는 예수님께서 십자가에서 죽으시고 이틀 동안 무덤에 계셨다가 삼일 만에 부활하신 사건의 의미가 담겨있습니다. 이틀 동안 보혈의 은총으로 마음과 행실의 죄를 깨끗이 씻고 나서 삼일 만에 부활하신 주님의 속죄은총으로 죄 사함 받는 것을 깨닫게 해주는 말씀이기도 합니다. 우리에게 적용할 때 이들의 숫자도 7일의 완전수처럼, 속죄은총을 믿음으로 적용하여 죄를 회개하고 정결함을 받는데 있어 사람마다 그 기간이 다르다는 것을 이해할 수 있습니다.

"이르시되 너희는 가서 저 여우에게 이르되 오늘과 내일은 내가 귀신을 쫓아내며 병을 고치다가 제 삼일에는 완전하여지리라 하라."(눅 13:32)

이 말씀은 오늘과 내일 예수님의 공 사역을 하시고 삼일 째는 십자가와 부활사건을 통하여 완전히 회복될 것을 말씀하고 있습니다. 삼일의 숫자를 적용하면 속죄복음을 믿고 온전히 회개하는 상징수로 이해할 수 있습니다.

또한 그때마다 지은 죄를 용서받기 위해 회개하는 실제수로도 적용할 수 있습니다. 속죄은총을 믿음으로 적용하여 이틀 동안 죄를 내려놓는 십자가의 아픔을 느끼며 통회하고 나면 삼일 째는 부활생명으로 영혼의 평안이 찾아온다는 것을 깨닫게 해주는 말씀이기도 합니다.

예수님께서는 오늘과 내일을 공생활 전체의 기간을 함축하여 말씀하셨습니다. 참고로 영계는 시간 개념이 없다는 것을 이해해야 합니다. 이 말씀을 우리에게 적용하면 십자가에 옛사람이 죽어지기까지 영적인 광야의 삶에서 연단 받는 기간으로도 이해할 수 있습니다. 삼일이라는 숫자를 실제수와 완전수로 적용하여 그때에 맞게 믿음으로 사용할 수 있는 것이 하나님의 지혜입니다.

이스라엘 백성들이 출애굽 하여 광야 40년을 말씀 지키는 훈련을 받고 천국을 상징하는 가나안 땅에 들어간 사건은 성도들이 예수님을 믿고 천국에 가는 구원의 여정을 모형으로 보여주는 것입니다. 여기서 40년의 숫자는 성도들 개인에게는 상징적인 수로 적용해야 합니다. 왜냐하면 믿음 생활하는데 있어 어떤 사람은 믿음의 출발부터 예수님의 제자들처럼 세상 소유를 다 내려놓고 양의 문 즉 좁은 문 좁은 길로 힘차게 걸어가는 사람이 있습니다. 이런 성도들은 40년의 광야 연단 기간이 짧게 걸릴 수밖에 없습니다.

반대로 옛사람의 마음과 행실로 세상과 양다리 걸치고 적당히 신앙생활 하는 사람들에게는 광야 연단 기간이 40년보다 더 오래 걸릴 수도 있습니다. 믿음의 영적 나이와 영혼의 상태 등 전부 다르기 때문에 광야 40년의 연단과정은 개개인에게는 상징수로 적용해야 합니다.

믿음의 세계는 헤아리는 대로 헤아림을 받는다고 하였습니다. 단 예수님을 믿고 죄 사함 받기 위한 소망으로 말씀을 적용하여 회개할 때는 그 뜻대로 이루어 주십니다. 하나님을 지식으로 아는 믿음에는 성령이 역사하지 않고, 반드시 말씀 안에서 믿음을 적용할 때 역사하신다는 사실입니다.

> "여호와의 말씀은 순결함이여 흙 도가니에 일곱 번 단련한 은 같도다."(시 12:6)

이 말씀을 우리에게 적용할 때는 일곱을 완전수로 이해해야 합니다. 왜냐하면 복음으로 태어난 영혼의 믿음이 장성한 믿음의 경지로 성화되기까지는 수많은 시간이 필요하기 때문입니다. 일곱 번 단련한다는 것은 사람마다 연단 받는 내용과 회개하는 것들이 다르기 때문에 완전한 상징 수로 이해해야 합니다.

또한 "그 말이 좋을 찌라도 믿지 말 것은 그 마음에 일곱 가지 가증한 것이 있음이라."(잠 26:25)는 말씀을 통해서도 이해할 수 있습니다. 일곱 가지의 죄는 타락한 옛사람의 마음 안에 심어진 죄가 부족함이 없이 가득 차 있다는 것을 깨닫게 해주는 완전수입니다. 만물보다 거짓되고 심히 부패한 것이 인간의 마음이라고 하였습니다.(렘 17:9 참조) 예수 그리스도 밖으로 벗어난 영혼들의 마음은 죄로 가득 차 있다는 것입니다. 그런 부패한 마음 안에 성령께서 오셔서 빛의 말씀으로 양심을 밝혀 죄를 회개시켜 주심으로 말미암아 점진적으로 성화되어 가는 것입니다.

다시 말해서 부정적 측면에서 일곱은 타락한 인간의 죄성과 자범죄가 영육에 가득 차 있는 상징 수로 이해할 수 있습니다. 또한 긍정적 측면에서 일곱은 안식의 수이기도 합니다. 하나님께서 세상을 6일 동안 창조하신 후 7일째 안식하셨습니다. 그리고 성막 안의 일곱 등대에 기름을 채우고 불을 밝혀주는 것을 통해서도 영혼의 안식을 깨달을 수 있습니다.

성령께서 말씀을 가르칠 때 기름을 부어 양심의 불을 밝히시고 믿음과 순종의 은혜를 베풀어 주십니다. 일곱 등대가 불을 밝혀 성소를 환하게 비추어 주듯이, 성령께서 말씀의 빛으로 내면을 밝게 비추어 주어야 회개할 수 있습니다. 자아의 소유를 버리는 회개를 할수록 부활생명으로 살게 됩니다. 나를 버리고 주님의 생명을 마음에 소유한 만큼 하나님의 임재 안에 참된 안식을 누리게 된다는 것을 깨닫게 해 줍니다.

정리하면 회개는 성경을 적용하여 3일 또는 7일 그리고 다니엘의 21일 금식기도와 예수님의 40일 금식기도를 적용해서 드릴 수 있습니다. 하나님이 기뻐하시는 금식은 이사야 58장에서 잘 말씀해 주고 있습니다. 금식의 정확한 의미를 알고 해야 합니다. 금식의 목적은 회개와 그에 합당한 열매를 맺는 것입니다. 육의 금식을 통해 영혼의 금식을 하여 죄를 끊고 새롭게 하고자 하는 목적으로 금식을 허락하신 것입니다. 그러므로 정욕을 이루기 위한 목적의 금식은 아무 의미가 없습니다. 오히려 금식하는 중에도 사탄이 틈탈 가능성이 아주 많습니다. (눅 4:5-7 참조)

우리가 회개를 잘 할 수 있다면 육신의 음식을 금식하지 못해도 괜찮습니다. 다만 절제는 필요합니다. 속건제 회개기도를 할 때는 음식뿐만 아니라 모든 것을 절제해야 합니다. 자아가 원하는 대로 음식을 많이 먹고 눈 귀 입 생각을 자유롭게 하면 회개를 온전히 할 수 없습니다. 모든 것을 절제하는 가운데 말씀을 소리내서 읽어가며 마음을 토설하는 회개기도를 드려야 합니다. 그렇게 할 때 성령께서 회개할 수 있는 은혜를 베풀어 주시고 아름다운 열매를 맺게 해주십니다.

말씀을 소리 내서 읽고 회개하여 받은 은혜

2017년도 속건제의 은혜를 깨닫고 결심하고 날을 정한 후 믿음으로 말씀을 소리 내서 읽는 방법으로 회개기도를 시작했습니다. 시편 전체 말씀을 나의 기도로 삼아 소리 내서 읽기 시작하였습니다. 성경을 어느 정도 읽어나갈 때 속에서 침 비슷한 것과 가래가 계속 올라와 종이컵에 뱉어가며 읽었습니다. 그것은 어둠의 영들이었고 입에서 뱉어낼 때마다 영육의 시원함이 느껴졌습니다. 시편, 창세기, 출애굽기, 레위기, 마태복음, 마가복음, 누가복음 순서로 7경씩 읽었습니다. 하루 종일 밥 두 끼 먹는 시간을 빼고 성경을 읽었고 새벽과 저녁 시간에는 기도와 찬양을 드리며 회개했습니다.

기간은 7일 내지 21일 또는 40일을 정하고 정욕과 죄성 중 하나의 제목을 가지고 회개기도를 했습니다. 어느 때는 시편 반만 읽고 구약과 사복음서 칠 경을 각 7장씩 읽거나 아니면 통으로 해서 읊조림으로 읽어가며 떠오르는 죄마다 회개하였습니다.

그동안 15년 정도 성경을 매일 읽고 듣고 살았을 때와 주님이 정한 방법으로 죄 사함을 받기 위한 목적으로 성경을 읽는 것과는 많은 차이가 있었습니다. 맹목적으로 성경을 읽을 때는 마귀의 공격을 받지 않았으나 기도 제목을 가지고 날을 정해서 회개기도를 했을 때는 숨어 기생하던 어둠의 영이 다양한 모습으로 나타나 공격하였습니다. 그러나 감사한 것은 주님의 은혜로 마귀란 존재를 두려워하지 않았고 회개를 끝까지 포기하지 않고 믿음으로 돌파할 수 있었다는 것입니다.

제가 말씀 읽으면서 회개하여 영적인 눈과 귀와 벙어리의 혀를 치유 받기 전에는 제 의가 충만했습니다. 하나님을 경험적으로 알기보다는 지식으로 아는 믿음이었습니다. 성령의 은사체험을 많이 했음에도 불구하고 알곡이 채워지지 않은 껍데기와 같은 믿음이었다는 것을 깨달았습니다. 오랜 세월 신앙생활을 했음에도 진리의 자유로움을 누리지 못하고 죄의 종노릇하는 원인이 무엇인지 잘 깨닫지 못했습니다.

그런데 하나님의 빛으로 마음속에 흑암을 몰아내는 열쇠가 옛사람의 소유를 버리는 것에 있다는 사실을 뒤늦게 깨달았습니다. "오! 주님 이 놀라운 비밀을 왜 처음부터 열어주지 않으셨는지요?" 주님께서 영이 어렸을 때는 알려주어도 마음으로 깨닫지 못할뿐더러 설령 깨닫는다 해도 소유욕을 버리지 않는다는 것입니다. 자아의 모든 소유는 주님의 말씀을 마음으로 믿고 순종한 만큼 버릴 수 있는 은혜가 주어진다는 사실입니다. 만사에 때가 있듯이 회개하는 것도 하나님께서 베푸시는 은혜의 때가 있다는 것을 깨닫게 해주셨습니다.

저는 처음부터 영혼의 수준에 맞게 젖과 같은 말씀으로 신앙의 교육을 받지 못했습니다. 복음이 무엇인지 이론으로는 아는 것 같으면서도 실제 마음으로 깨닫고 믿고 적용하지 못했습니다. 하나님의 말씀을 순수하게 믿고 성령을 의뢰하기 보다는 머리로 깨닫고 제 힘으로 지켜보려고 애쓰고 힘쓰며 살았습니다. 그런 율법적인 삶은 저를 깊은 영적 감옥에 가두었습니다. 율법은 인간의 힘으로 지킬 수 없기에 성령님을 보내주셨는데도 불구하고 어리석게도 복음의 본질을 벗어나 제 힘으로 율법을 지켜보려고 했습니다. 그러므로 너무 오랜 세월을 사탄의 묶임 속에서 고통당하며 살아왔습니다. 죄와 마귀로 인하여 탄식하는 많은 고난의 시간들이 영혼의 유익을 주었습니다. 세상에 대한 관심도 희망도 사라지고 매일 주님만 생각하고 찾았습니다.

만약 제가 고통을 덜 받고 쉽게 신앙생활을 했더라면 영적인 세계에 대한 깊은 공부와 주님이 말씀이라는 것을 체험하지 못했을 것입니다. 모든 일 속에서 일어서고 넘어짐에도 하나님의 사랑과 은혜를 깨닫기에 감사했습니다. 다윗이 고난당하기 전에는 그릇 행하였더니 고난을 당하고 나서 주의 율례를 배우고 지켰다고 고백한 것처럼 저도 그러한 고백이 저절로 나왔습니다. (시 119:67, 71 참조)

하나님의 은혜로 속건제 회개를 드리는 가운데 영이 점점 맑아지고 밤마다 풍성한 꿈을 통해 영적 교훈을 얻었습니다. 어느 날은 깜짝 놀랄만한 꿈을 꾸었습니다. 제가 서있는 땅 바로 앞에 저 혼자만 들어갈 수 있는 크기의 원통모양으로 된 구멍이 뚫려있었습니다. 저는 오른 손으로 무슨 연장 같은 것을 들고 그곳에 한 발을 내딛고 들어섰습니다. 첫발을 딛고 연장 같은 것으로 계속 원통을 찍어댔습니다. 그것은 움직이지는 않았지만 분명 살아있는 뱀이었습니다. 사람의 몸통만한 굵기의 뱀이 차바퀴를 쌓아 올려놓은 것처럼 아래로 주~욱 연결이 되어 있었습니다. 저는 한발을 밟고 내려갈 때마다 손에 든 연장 같은 것으로 찍었습니다. 계속 계단을 밟듯이 뱀을 밟고 죽여가면서 땅 속 깊이 내려갔습니다. 중간쯤 갔을 때는 힘들어서 헉헉대었습니다.

거기서 포기할 수는 없었습니다. 있는 힘을 다하여 땅 바닥끝까지 뱀을 찍어 죽이면서 내려갔습니다. 결국 끝까지 내려가면서 마지막 뱀까지 다 죽이고 다시 지상으로 올라왔습니다. 그 꿈을 꾸고 놀라서 깨어난 시간이 새벽 3시쯤 된 것 같습니다. 화장실에 다녀와서 다시 잠이 들었습니다. 먼저 꿈과 연결된 내용으로 제가 이곳에 사는 전도사님에게 먼저 꿈 이야기를 그대로 전하는 장면을 보았습니다. 저는 꿈을 깨고 큰 충격을 받았습니다.

주님께 그 꿈의 내용을 여쭈었을 때 깨달은 것은 아담의 저주인 자아덩어리라는 것이었습니다. 사탄의 성품인 자아 즉 죄성과 정욕과 결점으로 가득 찬 타락한 본성 즉 자아를 다시 깨닫고 정리하였습니다. 저는 꿈을 통해 그동안 예수님을 잘 믿는 다고 생각한 것은 착각이고 실제는 하나님 앞에 패역하고 악인으로 살았음을 깨달았습니다.

주님께서는 계속 말씀의 빛과 음성으로 깨닫게 해주셨습니다. 설거지와 빨래 그리고 청소와 샤워를 하면서 나의 더러운 죄를 보혈로 씻고 십자가에 못 박지 못한 죄를 회개하였습니다. 하루는 목욕을 하면서 '오! 주님 제가 잘못 살았습니다. 나는 죽고 속사람이 그리스도 안에서 온전한 복음의 삶을 살지 못했습니다...' 하며 몸의 각질을 박박 밀어대면서 죄로 찌든 마음을 씻어달라고 통회하였습니다.

그 꿈을 꾸었을 때는 예수님을 잘 믿은 지 27년이 되는 해였습니다. 전에 은사도 받았고 세상과 구별되게 나름대로 의롭게 주님만을 위해 살고 있다고 자부하였습니다. 영적으로 사람들을 도와주고 치유기도도 해주고 날마다 말씀을 붙잡고 살아왔습니다. 그런데 이런 꿈을 꾸고 나니 이론으로만 알았던 자아의 실체에 대해 너무나 큰 충격을 받았습니다. 그리고 며칠 후 꿈을 꾸고 잠에서 깨었습니다. 그때 '축하합니다...'라는 찬양소리가 영의 귀로 들려지면서 마음에 큰 감동이 밀려왔습니다.

그때부터 계속 한 달에 두 번씩 말씀 읽기로 회개 작정 기도를 드렸습니다. 하루에 시편 150편, 잠언, 전도서, 사복음서 전체를 통으로 하루 종일 작은 소리로 읽었습니다. 엉덩이가 아파 무릎을 꿇었다가 자세를 바꾸어가며 불편을 참고 8일 동안을 읽으면서 찬양과 기도를 올리며 통회자복을 하였습니다. 말씀을 읽으며 육신의 생각과 감정과 의지로 쉽게 넘어지는 악습들 한 가지씩 기도제목으로 정하고 구체적인 자백과 용서를 구하는 회개기도를 하였습니다. 그렇게 할수록 마음 안에 말씀의 빛이 점점 밝아지면서 내가 얼마나 추하고 더러운 죄인인지를 깨닫고 영혼의 아픔을 느끼며 통곡하였습니다.

가장 사랑하고 섬겨야 할 남편과 아들 다윗에게 본의 아닌 상처를 많이 준 것에 대해 너무나 미안하고 가슴이 아팠습니다. 일단 저만이라도 주님 앞에 바로 살면서 사랑의 법으로 대하면 될 것을 어리석다 보니 가족에게까지 복음의 자유를 빼앗고 율법적인 삶을 강요하였습니다. 하나님께서 제가 율법으로 압제할 때 남편과 다윗의 입장에서 당하는 아픈 마음을 영으로 느끼게 해주었습니다. 그때 마귀가 바로 나였다는 사실을 깨닫고 통곡하며 회개하였습니다.

그리고 남편에게 용서를 빌고 아들을 끌어안고 용서를 구하고 무릎 꿇고 정식으로 잘못을 빌기도 했습니다. 형제나 시댁식구들, 성도들과 이웃들을 떠올려가면서 말로 상처주고 마음으로 미워한 죄를 회개하였습니다.

회개할 때마다 많은 성경 분량을 읽으며 찬양과 기도를 드렸습니다. 그러다보니 빛을 받은 마귀는 견디지 못하고 정체를 드러내고 온몸을 괴롭힌 후에 쫓겨나갔습니다. 하루는 온몸이 다 짓눌리고 쑤시는 아픈 고통을 참아가며 성경을 읽다가 견딜 수 없어 밖으로 나왔습니다.

집 앞에서 서성거리며 폰에 깔아놓은 성경을 읽다가 갑자기 하늘을 바라보았습니다. 제 눈에 십자가 무지개가 3분정도 그려졌다가 사라졌습니다. 그때 마음에 떠오른 메시지가 있습니다. '예영아! 조금만 인내해라. 어리석고 미련한 죄의 옷을 벗겨주겠다. 마음 안에 말씀을 심어주고 명철한 자의 지혜로운 입술이 되게 해주겠다.' 그때 주신 하나님의 말씀이 시간이 지날수록 이루어지고 있음을 경험하며 주님을 찬양합니다.

성경에 숨겨진 비밀이 보이기 시작

저는 하루빨리 죄와 정욕에서 해방되어 주님과의 온전한 연합을 소원합니다. 사슴이 시냇물을 찾듯이 제 영혼이 주님만을 갈망하지만 아직 주님과 하나가 되기에는 갈 길이 먼 것 같습니다. 성령의 임재와 진리 안에 참 자유와 평강을 사모하며 말씀 읽는 방법으로 회개하는 가운데 2019년 3년째 되는 어느 날입니다. 주님으로부터 40일 작정 회개기도를 하라는 감동을 받았습니다. 매일 시편은 나의 기도로 읽었고, 구약과 신약을 3권씩 순서대로 7경을 읽어가며 회개기도를 하였습니다. 일주일 정도는 마음이 참담한 정도로 고통스러있습니다.

그렇게 일주일이 지난 뒤 꿈에서 새 성경책을 받았습니다. 꿈을 깨고 난 날부터 갑자기 영적인 눈이 열리기 시작했습니다. 전에는 성경을 읽어도 구약은 어려워서 담겨진 의미를 잘 깨닫지 못했습니다. 그런데 욥기, 잠언, 전도서, 예레미야, 이사야, 에스겔 등… 성경 속에 숨겨진 하나님의 뜻이 저절로 마음에서 깨달아졌습니다. 그때 저는 마음의 큰 충격을 받았고 말씀의 감동과 함께 눈물이 주체할 수 없이 쏟아졌습니다.

간식 없이 한 끼 분량을 나눠 두 끼만 먹는데도 밥맛이 없었습니다. 밥을 먹는 중에도 말씀을 떠올려주셔서 눈물의 밥을 먹다시피 했습니다. 찬양을 해도 눈물, 기도를 해도 통곡… 수십 년을 말씀 읽기에 올인 하다시피 했고, 깊은 말씀을 많이 알고 있다고 생각하며 교만해 있었습니다. 그런데 성령께서 마음 안에 말씀을 열어 보여주시니 그동안 알고 있었던 것은 한낱 수박겉핥기식으로 알았고 죽은 지식에 불과했다는 것을 깨달았습니다.

성령께서 율법의 수건을 벗기고 마음을 열어 깨닫게 해주시는 말씀은 살아 역사하는 날선 검이었습니다. 그 말씀의 검으로 죄를 도려내는 수술을 하였습니다. 살아 역사하는 말씀을 영의 눈으로 보고 주의 음성을 귀로 듣고 말씀을 입으로 받아먹으니 꿀같이 달았습니다. 이제는 주님을 위해 모든 것을 버리고 당장에라도 세상에 대해 죽은 자로 살 수 있을 것 같은 믿음이 주어졌습니다.

과거 예수님을 믿고 죄 사함을 받고 난 이후에 현재까지 육신의 생각과 감정과 의지로 살아온 모든 죄가 태산을 이루었다는 것을 깨닫게 되었습니다. 하나님이 보실 때 예수님 안에서 믿음으로 생각하고 말하고 행동하지 않는 모든 것이 죄라는 것입니다.(롬14:23 참조) 주님은 분명히 옛사람인 자기를 부인하라고 말씀하셨습니다. 주님께서 이미 세상 임금 마귀와 싸워 이겨주셨기 때문에 더 이상 스스로의 힘으로 살지 말고 주님만 의뢰하라는 것입니다.

그런데 어리석게도 지금까지 내 자아중심으로 신앙생활 했다는 것을 깨닫고 통회하였습니다. 율법주의 기복주의, 혼합주의, 인본주의를 십자가에 못 박고 하나님 중심의 믿음생활을 하지 못했습니다. 언제나 마음 중심에는 내가 자리 잡고 있었습니다. 그러다보니 마음 밭에 돌과 잡초와 같은 우상들을 제거하는 구체적인 회개를 하지 못했습니다.

사실 내면에 말씀의 빛이 임하여 영의 눈이 열리지 않으면 온전한 회개를 할 수 없습니다. 내면의 빛은 말씀을 마음 안에 채울 때 성령께서 빛을 비추십니다. 빛으로 조명 받으며 죄를 회개하고 내려놓을수록 양심이 밝아져 회개를 잘 할 수 있습니다. 성령이 역사하는 생명력 있는 말씀이 곧 예수 그리스도의 빛입니다.

회개를 할수록 마음 안에 말씀이 심어지고 살아 역사합니다. 마음에 저장된 말씀을 성령께서 필요할 때마다 말씀을 떠올려 깨닫게 해주십니다. (요 14:26, 16:13, 요일 2:27 참조) 여기서도 성령이 들려주시는 음성인지 아니면 자기 생각에서 떠오르는 말씀인지를 분별할 수 있어야 합니다.

자기를 부인하고 믿음 안에 살 때는 성령께서 생각을 통해 말씀을 떠올려 주십니다. 성령의 임재 안에 믿음으로 사는 영혼들에게 그때 그 시마다 감동으로 말씀히 십니다. (막 13:11, 눅 12:12, 21:14-15 참조) 성령의 음성이면 백퍼센트 마음의 확신과 즉각 순종하는 은혜가 주어집니다. 그러므로 영의 눈과 귀와 레마로 말씀을 깨닫는 은혜를 사모하는 가운데 꾸준히 마음 밭을 기경하는 회개를 하십시오.

하나님께서 영의 눈을 여실 때 한 번에 성경 전체를 다 열어주지 않습니다. 이것은 예수님께서 소경의 눈을 두 번 안수하여 흐릿하게 보였던 눈을 더 밝게 보이게 하신 치유 경험을 통해서도 교훈을 얻을 수 있습니다. 제 경우를 볼 때 자아의 소유를 회개하고 버린 만큼 마음이 정결해지고 양심의 눈이 밝아졌습니다. 영혼의 눈은 세상과 구별되게 살며 죄를 끊고 순결할수록 밝아집니다.(시 19:8 참조) 그 후 지금까지 말씀 안에 숨겨진 비밀들을 깨닫고 마음과 행실에서 나타나는 새 생명의 열매를 경험하며 살고 있습니다.

죄인이 용서받고 난 이후의 삶

레위기 14장에서 한센병자가 정결케 되는 규례를 통해 죄인이 죄 사함 받는 과정을 상징으로 깨닫게 해줍니다. 한센병자의 특징은 병이 온 몸에 퍼져도 고통의 감각을 느끼지 못하는 것입니다. 이와 같이 죄가 온몸에 퍼져도 영적 감각이 마비되어 전혀 고통스럽지 않습니다. 또한 양심이 어두워 죄의 심각성을 깨닫지 못할 뿐만 아니라 회개하지 않습니다. 이런 영혼 상태를 주님께서 말씀하십니다. "네가 살았다 하는 이름은 가졌으나 죽은 자로다."(계 3:1 b)

긍휼과 사랑이 많으신 하나님께서는 영육이 죄로 부패하고 썩어가며 생명을 잃어가는 영혼들에게 죄 사함 받는 방법을 알려주셨습니다. 성경에 기록된 문자를 그대로 받아들이는 것이 아니라 상징적인 말씀 하나하나를 성령의 조명으로 의미를 깨닫고 적용해야 합니다. 말씀의 본질을 이해해야 합니다.

예수 그리스도의 속죄복음으로 죄 사함을 받고 난 후부터는 본격적으로 성령의 가르침을 받고 회개를 해야 합니다. 짐승과 같은 본성을 상징하는 털과 같은 죄를 제거하기 위해 성령이 공급하시는 말씀을 읽으면서 죄를 회개해야 합니다.

죄 용서를 받으려면 진리의 성령을 상징하는 맑은 물 즉 생명의 말씀이 필요합니다.(겔 36:25 참조) 자아의 소유권을 하나님께 반납하고 꾸준히 회개하는 사람에게는 그날의 먼지가 묻은 발만 씻으면 됩니다. 그런 영혼들은 적은 물 즉 그날의 만나와 생수로 충분합니다. 그러나 매일 죄를 짓고 회개하지 않음으로 찌들어 있는 죄의 때는 흐르는 물과 같이 많은 양의 생수 즉 말씀과 보혈이 필요합니다.

예수님께서 열두 제자의 발을 씻어 주시면서 "이미 목욕한 자는 발 밖에 씻을 필요가 없느니라. 온몸이 깨끗하니라. 너희는 깨끗하나 다는 아니니라."(요 13:10)고 말씀하셨습니다. 이 말씀은 공생애 3년 동안 소유를 다 버리고 따라다니며 예수님의 말씀에 순종한 11명의 제자들은 이미 행실은 깨끗해졌기 때문에 그날 더럽혀진 발만 씻으면 된다는 것을 교훈해 주고 있습니다. 그러나 예수님을 배신한 가룟 유다는 자신의 유익만을 위해 몸만 따라다녔을 뿐 마음은 탐욕에 잡혀 전혀 회개를 하지 않았기 때문에 온몸이 더럽다는 것을 말씀합니다.

우리가 예수님이 제자들처럼 자기의 소유권을 반납하고 주님의 임재 안에 동행하는 삶을 살면 그날 발에 묻은 먼지만 가볍게 씻어내면 됩니다. 그러나 소유를 그대로 마음에 품고 자아중심으로 살면 쉽고 간단하게 죄 사함을 받을 수 없다는 것을 교훈합니다. 그런 경우 하나님의 은혜를 힘입어 회개할 경우 대가지불을 해야 합니다. 그동안 심은 죄에 대한 징계를 받아가며 철저히 회개할 때 죄 용서를 받고 악습이 고쳐지는 은혜를 받게 됩니다.

하나님이 정해주신 속건제를 말씀 읽는 방법으로 회개할 때 많은 양의 말씀을 소리 내서 읽어가며 기도와 찬양으로 막혀 있는 생수가 터져 나오도록 해야 합니다. 이것은 회개를 할 때 성령을 통해 공급받는 은혜의 생수입니다. 회개로 하나님과 가로막힌 죄를 뚫어야만 생수의 근원되신 하나님으로부터 생명수가 터져 나오는 것입니다.

예수님을 믿는 것은 날마다 예수님의 살과 피를 먹는 것과 같습니다. 이 말씀은 예수님의 보혈로 죄를 씻고 성령께서 레마로 주시는 말씀에 순종하는 것을 의미합니다. 날마다 자기중심적인 생각과 행실을 십자가에 넘기고 성령의 인도에 순종하는 삶을 사는 것입니다. 그렇게 할 때 생수의 공급으로 영혼이 주리지 않고 목마르지 않는다고 말씀하십니다.(요 4:14, 6:35, 7:38 참조) 하나님의 형상으로 창조 받은 영혼은 하나님의 보좌로부터 흘러나오는 생명수가 채워진 만큼 영혼의 평강과 기쁨으로 만족함을 누릴 수 있습니다.

죄 사함을 받기 위해 피를 뿌리는 도구로 사용한 백향목과 홍색실과 우슬초의 영적인 의미를 알아보겠습니다. 백향목은 재질이 튼튼하고 썩지 않으며 윤기와 향이 지속되어 성전의 목재로 사용되었습니다. 예수님의 피로 죄사함을 받고 변화될 영혼의 모습이 백향목같이 되어야 함을 깨닫게 해줍니다. 그런 영혼은 성령의 기름부음을 통해 믿음 안에서 아름답게 성장하여 그리스도의 향기를 지속적으로 풍겨냅니다. 또한 그리스도 안에서 말씀의 깊은 뿌리를 내림으로 인하여 나무가 썩지 않듯이 죄와 마귀로부터 보호를 받습니다. 점진적인 믿음으로 영혼이 성화하여 백향목 같은 옥토가 될 때 의의 말씀을 경험할 수 있습니다.(히 5:13-14 참조)

그리고 홍색실의 상징적인 의미는 옛사람의 옷을 벗고 그리스도의 옷을 짜서 입어야 합니다. 속죄은총으로 예비 된 피의 옷을 세밀하고 견고하게 그리스도의 성품으로 만들어야 합니다. 보혈의 옷 즉 의의 흰옷은 십자가 죽음을 통해서 만들어집니다. 성령을 좇아 가르침을 받고 그 말씀에 순종하며 보혈로 죄 사함을 받는 고난의 과정에서 지어지는 회개의 옷입니다. 그리스도의 말씀을 믿음으로 옛사람의 마음과 행실을 십자가 죽음에 넘기는 회개와 순종으로 의롭게 지어 입는 옷을 계시록에서는 흰옷이라고 표현합니다.(계 3:4, 7:13-14 참조)

옷의 의미를 구체적으로 알기 위해서 제사장들이 입는 옷을 이해할 필요가 있습니다. 하나님께서 제사장의 옷을 만들 때 금실, 청실, 자색, 홍색실, 베실로 지어 입으라고 말씀하셨습니다.(출 28:1-5 참조) 금실은 정금같이 변치 않는 믿음으로 옛사람의 마음과 행실을 제거하고 그리스도의 마음과 행실로 살아야 함을 보여줍니다. 생명의 말씀으로 연단을 받아 정결하게 만들어지는 그리스도의 옷입니다. 청실은 예수님의 말씀을 믿고 생명의 말씀으로 살 때 만들어지는 옷입니다. 자색은 예수님을 마음 중심에 왕으로 모신 후 주권을 주님께 드리고 그분이 뜻에 복종해야 함을 의미합니다. 성령의 통치를 받을 때 그리스도의 옷이 만들어집니다. 홍색은 날마다 자기를 부인하고 십자가를 지고 좁은 문 좁은 길로 주님의 뒤를 따라가야 합니다. 베실은 자기의 의를 버리고 오직 성령의 능력과 그리스도의 의로 살 때 부활 생명의 옷이 만들어진다는 것을 상징적으로 보여주고 있습니다.

하나님의 종들만 그리스도의 옷을 입는 것이 아닙니다. 신약에서는 만인 제사장의 자격으로 누구나 예수님의 보혈을 의지하여 직접 하나님 앞에 나아갈 수 있는 은혜가 주어졌습니다. 그러므로 제사장의 옷은 예수님을 믿는 모든 사람들이 지어입어야 하는 의로운 옷입니다. 그 옷이 바로 천국에 들어갈 수 있는 예복인 것입니다. 혼인잔치 비유에서 예복을 입지 않고 잔치에 참석한 사람을 결박하여 바깥 어두움에 내어던지라고 하시면서 청함을 받은 자는 많되 택함을 입은 자는 적다고 하였습니다. (마 22:11-14 참조)

그 다음에 우슬초는 꽃과 잎에서 지속적인 향기가 나고 부패하지 않는 방부제의 특성이 있어 결례의식에 많이 사용되었습니다. 이것은 우슬초와 같이 영혼의 꽃과 잎에서 그리스도의 향기를 나타내야만 마귀가 틈타지 못함으로써 죄를 범하지 않게 됨을 깨닫게 해줍니다. 영혼이 죄로 부패하지 않고 꽃과 잎에서 그리스도의 향기를 발할 수 있는 방법은 오직 성령께서 들려주시는 말씀을 마음으로 먹어야 합니다.

육신의 생각과 소욕을 전부 부인하고 성령이 떠올려 주시는 말씀만을 받아먹고 순종할 때 죄와 마귀로 인해 마음이 부패하지 않게 됩니다. 예수 그리스도의 피로 죄사함을 받게 해주는 도구로 쓰여진 백향목과 홍색실과 우슬초가 영혼에 적용되는 의미를 간략히 알아보았습니다. 자기를 부인하고 성령을 좇아 아름다운 성령의 열매와 향기를 풍기는 백향목 같은 영혼들이 그리스도의 반석위에 영혼의 성전을 세웁니다. 그들의 믿음이 성장하여 장성한 자가 되면 그리스도와 연합하는 신부가 되는 것입니다. (잠 31:10-31 참조)

레위기 14장 5-7절에, 흐르는 물위 질그릇 안에서 잡은 새의 피를 백향목, 홍색실, 우슬초로 찍어 한센병 환자에게 일곱 번 뿌려 정하게 하고, 다른 산새는 흐르는 물에서 잡은 새의 피를 묻혀 들에 놓습니다. 이것은 한센병자를 상징하는 죄인이 예수님의 속죄의 피로 백향목과 홍색실과 우슬초와 같이 새롭게 되어야만 완전히 정결케 된다는 것을 깨닫게 해줍니다.

그리고 산새에 피를 묻혀 들에 놓아주는 것은 아사셀을 위한 숫염소에게 죄를 전가하는 것과 같은 의미입니다. 이 말씀을 우리에게 적용하면 예수님께서 십자가상에서 지옥형벌을 대신 받아주셨기 때문에 믿음으로 죄를 자백하고 내려놓으면 됩니다. 산새에 피를 묻혀 들에 놓아주는 것처럼 지은 죄를 회개하고 버리는 것을 깨닫게 해줍니다.

하나님께서 죄를 지으면 심판으로 사탄을 상징 뱀에게 종신토록 흙과 같은 인간의 죄를 밥으로 먹고 살도록 저주하셨습니다. 이것은 하나님께서 사탄에게 합법적으로 죄인을 지배하며 고통을 가하도록 허락하셨다는 뜻입니다. 그러므로 속죄제를 드릴 때 두 마리의 제물이 필요한 것은, 하나님께 죄 사함을 받아야 합니다만, 사탄이 미혹하기 위해 준 세상 정욕의 우상제물을 받아먹은 것의 값도 지불해야 합니다. 예수 그리스도의 속죄피로 깨끗이 씻고 죄를 짓게 만든 소유욕을 버리는 고통의 대가를 치러야 합니다. 이것은 나의 죄를 대신 짊어지시고 부활하신 예수 그리스도 안에서 믿음으로만 가능합니다.

레위기 14장 8~9절 말씀은 예수님을 영접하고 난 이후에 어떻게 살아야 하는지를 보여주고 있습니다. 죄 용서를 받은 후 행실을 상징하는 옷을 빨고 원 죄를 상징하는 모든 털을 밀고 생수의 말씀으로 씻어야 합니다. 한센병자가 죄 용서를 받고 나서 장막 밖에서 칠일을 거하다가 다시 모든 털을 밀고 옷(행실)과 몸(마음)을 씻은 후에 정함을 얻고 예수 그리스도를 상징하는 진안으로 들어왔습니다. 그리고 자기 장막으로는 들어오지 못하고 칠일을 밖에 더 있다가 칠일 만에 다시 나온 모든 털을 밀고 옷을 빨고 물로 몸을 씻고 정하게 되었을 때 자기 집으로 들어올 수 있습니다.

이 말씀 안에는 전부 상징적인 의미가 담겨 있습니다. 먼저 진에서 장막으로 들어오는 과정을 구분한 뜻을 알아보겠습니다. 예수님을 영접하고 회개한 영혼들은 누구나 교회 공동체 안으로 들어와 신앙생활을 할 수 있습니다. 문제는 말씀을 상징하는 삭도로 회개하여 죄를 상징하는 털을 밀어도 또 털이 나오듯이 죄성에 지배받아 넘어진다는 것을 깨닫게 해줍니다.

정욕과 원죄로 인한 자범죄가 계속 털처럼 자라 나오지만 매일 말씀으로 죄를 회개하여 끊어내야만 영혼이 깨끗해진다는 것입니다. 여기서 칠일의 수는 완전하게 죄를 회개해야 함을 의미합니다. 예수님의 속죄은총으로 구원을 받고 하나님의 나라를 세워나가는 교회는 한센병과 같은 옛 자아의 털을 매일 말씀의 삭도로 밀어버리는 회개를 해야 합니다. 그렇게 모든 죄를 상징하는 털을 밀어내고 정결케 되었을 때 자기 장막으로 들어가 그리스도와의 온전한 연합으로 안식을 누릴 수 있음을 깨닫게 해줍니다.

예수님께서 간음하여 붙잡혀 온 여인에게 "나도 너를 정죄하지 아니하노니 가서 다시는 죄를 범하지 말라."(요 8:11)고 말씀하셨습니다. 회개를 온전히 하여 주님으로부터 용서를 받았으면 다시는 그 죄를 짓지 않아야 합니다.

저는 털 하나가 죄라는 것을 꿈에서 여러 차례나 다양한 내용의 그림을 보고 깨닫게 되었습니다. 어느 영은 가슴에 난 털을 머리털처럼 묶고 다니기도 하고, 어떤 영은 얼굴이 거의 짐승처럼 털로 덮여있기도 하였고, 또 다른 영은 일부분만 털이 있는 것을 보았습니다. 제 경험을 볼 때 언젠가 영혼의 다리 한 부분에 셀 수 있을 정도의 털이 있는 것을 보고 그 죄를 깨닫고 회개하였습니다. 그 후에 꿈에서 전에 보았던 부위에 털이 깨끗하게 제거된 것을 확인하였습니다. 그리고 실제 달라진 것은 제 마음이 바뀌어졌다는 사실입니다. 그렇게 주님께서는 매일 꿈과 경험을 통해 살아있는 믿음생활을 하도록 영적인 공부를 시켜주셨습니다.

우리가 주님과 연합하여 함께 거할 장막에 들어가서 영원히 안식하기까지는 쉬지 않고 기도하며 겸손한 마음으로 자아부인의 삶을 살아야 합니다. 옛사람이 완전히 죽어짐으로써 더 이상 몸에 털이 나오지 않는 그날 예수님께서 죄성과 정욕의 뿌리를 뽑아주는 마음의 할례를 행하여 주십니다. 그때까지는 깨어 말씀의 삭도로 올라오는 죄의 털을 열심히 회개로 깎아내야 합니다.

예수님의 말씀처럼 눈이 범죄케 하면 빼어버리는 것과 같이 죄의 털을 뽑아 버리고 손과 발이 범죄케 하면 찍어 버리는 것과 같은 회개를 결단해야 합니다. 기회만 주어지면 올라오는 죄를 계속 밀고 또 밀어 주님의 정한 때가 되면 털의 근원이 제거됨으로 말미암아 죄에서 해방되는 진리의 자유를 경험하실 것입니다.

레위기 14장 10~20절까지의 내용을 보면, 팔일 째는 속죄제, 속건제, 번제와 소제를 드리는 내용이 나옵니다. 앞에서 회개하여 죄의 털을 다 제거하고 난 영혼은 자신의 몸과 모든 소유를 하나님께 드리게 됩니다.(레 14:11 참조) 이는 왕 되신 하나님께 주권을 이양하는 것과 같습니다. 털과 같은 죄를 제거해야만 자신을 온전히 헌신하여 몸을 드리는 번제와 마음을 드리는 소제로 하나님께서 기뻐 받으시는 산 예배를 올려드릴 수 있다는 것입니다.

그리고 속건제 희생의 피를 우편 귓부리와 우편 손엄지가락 그리고 우편 발엄지 가락에 바릅니다. 그 위에 기름을 바르고 남은 기름을 머리에 발라 하나님의 참된 종으로 세웁니다. 여기에서 피 위에 기름을 바르는 상징적 의미는 성령께서는 항상 예수님의 피로 정결케 한 후에 성령께서 기름을 부으시고 빛의 열매를 맺게 하신다는 것을 깨닫게 해줍니다.

"지혜자의 마음은 오른쪽에 있고 우매자의 마음은 왼쪽에 있느니라."(전 10:2)

성령께서 피와 기름을 우편 귀와 손과 발에 바른 영혼들에게 지혜로운 마음을 주시고 듣는 귀를 열어 말씀을 들려주십니다. 성령이 들려주시는 말씀을 믿고 따르는 영혼들에게 순종할 수 있는 능력을 주셔서 영혼 몸으로 하나님께 영광 돌리는 삶을 살게 해주신다는 것을 깨닫게 해줍니다.

성경 말씀에서 예수님을 믿고 죄 사함을 받는 것과 하나님을 바르게 섬기는 방법을 구체적으로 깨닫게 해줍니다. 하나님의 뜻을 바르게 깨닫고 적용할 때 회개와 변화의 아름다운 열매로 평강과 기쁨의 복을 누리게 될 줄 믿습니다.

회개를 어떻게 드려야 하나

그리스도인들이 회개를 해야 하는 이유는 마음을 다하고 지혜를 다하고 힘을 다하여 하나님을 사랑하고 이웃을 내 몸과 같이 사랑하기 위함입니다. 그것이 전체로 드리는 모든 번제물과 기타 제물보다 낫다고 말씀하였습니다. (막 12:33, 호 6:6 참조)

하나님의 뜻대로 살기 위해서 회개를 드릴 때 3일과 7일 또는 21일과 40일을 정하여 드릴 수 있습니다. 죄 사함을 주신 은혜에 감사한 마음으로 정한 날짜에 하루를 더 추가하여 감사예배로 드리면 좋습니다.

삼일 작정 회개기도는 일시적인 죄로 시험에 걸려 넘어졌거나 마음이 힘들 때 드리고 나면 용서받은 확신과 평안을 얻을 수 있습니다. 그리고 7일, 21일, 40일의 작정기도는 습관적인 죄나 사탄의 결박풀기 또는 죽은 영을 살리기 위한 목적으로 드려질 때 성령님의 큰 은혜를 경험할 수 있습니다.

여기서 꼭 알아야 할 것은 말씀을 읽으면서 회개를 드릴 때 난 한 번에 죄 문제를 해결 받고 완전히 변화될 것을 기대하지 마십시오. 열매는 속건제 하는 동안 나타날 수도 있지만 지속적으로 회개하는 가운데 거두는 것이 더 많습니다. 그러므로 인내하는 가운데 꾸준히 회개의 단을 쌓는 것이 중요합니다.

처음에 말씀 읽는 방법으로 회개를 시작하는 분들에게 도움을 드리고자 순서를 알려 드리겠습니다. 꼭 순서에 맞게 하시라는 것은 아니고 참고만 하시고 성령님의 감동에 따라 자유롭게 하셔도 괜찮습니다.

첫째, 믿음으로 보혈의 보호막을 치시고 성령님의 임재를 구하십시오. 성령님은 우리 마음 안에 계시지만, 우리가 믿음으로 청할 때 일하십니다. 성령님이 임재하시면 어둠의 영을 소멸시켜 주시고 평안을 주십니다. 성령님이 임재하셔서 어둠을 처리해 주셔야만 완악한 마음이 부드러워지고 겸손한 마음으로 찬양, 기도, 성경읽기를 집중해서 드릴 수 있습니다.

자신의 마음과 의지를 내려놓고 성령님만을 전적으로 의뢰하고 임재를 간구해야 합니다. 주님을 사랑하고 갈망하는 만큼 은혜의 역사도 비례합니다. 마귀는 자기 멋대로 행하지만, 성령님은 하나님의 말씀 안에서 일을 하십니다. 우리에게 주신 자유의지로 성령님의 임재를 간절히 사모해 보십시오. 처음에는 아무 느낌을 받지 못할 수 있습니다. 그러나 믿음을 가지고 꾸준히 임재기도를 드리다보면 점점 영이 맑아지면서 성령님의 임재를 선명하게 느끼고 하나님을 맛보아 알게 될 것입니다.

둘째, 기름부음을 사모하며 찬양을 드리십시오. 입술로만 드리기보다 배에 힘을 주고 기도하는 마음으로 드려보십시오. 회개하는데 도움이 되는 보혈, 회개찬송과 은혜로운 찬송을 각자 선택하여 부르되 은혜와 감동이 되는 찬송은 한곡을 반복해서 불러도 좋습니다. 찬양은 각자 잡생각이 사라지고 기도를 집중해서 할 수 있을 때까지 부르시면 좋습니다. 찬양가사에 믿음을 실어 힘차게 찬양을 할수록 어둠의 영이 소멸됩니다.

셋째, 부르짖어 기도하십시오. (렘 33:2-3 참조) 기도할 때 건성으로 중언부언하지 말고 간절히 상하고 통회하는 마음으로 죄를 구체적으로 자백할 때 죄 사함을 받습니다. 성령의 조명으로 지은 죄를 깨닫고 간절한 마음으로 보혈의 은총을 힘입어 죄를 자백하십시오. 그 죄를 짓게 한 원인을 제거해 달라고 간구해야 합니다.

기도를 드릴 때 하나님이 함께 하심을 의식하고 마음을 토하십시오. (시 62:8 참조) 현재 나와 함께 하시는 하나님 앞에서 믿음을 가지고 기도하는 것은 대단히 중요합니다. 믿어지지 않는 분들은 먼저 성령님께 믿음을 구하셔야 합니다. 성령님이 주시는 믿음을 가지고 기도할 때 기도가 하나님께 상달되고 응답받을 수 있는 것입니다.

회개 기도할 때는 육신의 필요는 주님 손에 맡기고 오직 지금까지 지은 죄에 대한 참회기도와 함께 소유욕을 내려놓는 기도만 하는 것이 좋습니다. (마 6:33, 요삼 1:2 참조) 성령님께 진지하게 어디서 생긴 죄인지를 물어가며 회개하고 마음에서부터 그 죄를 과감하게 던져버려야 합니다. 주님으로부터 복을 받기 위해서는 먼저 끌어안고 있는 옛사람의 것을 내려놓아야 합니다.

죄와 정욕을 깨닫고 열심히 회개기도를 하면서도 끌어안고 있는 우상을 버리지 못하고 응답을 기대하는 분들이 많습니다. 이런 경우는 연단을 받으며 내려놓을 때까지는 자신의 막힌 죄 문제가 해결되지 않습니다. 회개한 죄를 내어 버리기 위한 행동을 취할 때까지 하나님께서는 지켜보고 계시다가 버리는 순간에 치유와 문제해결 및 회개의 합당한 열매를 맺게 하십니다.

또한 기도를 드릴 때 방언 기도와 우리말을 섞어서 드리면 좋습니다. 방언을 못하시는 분들은 말씀을 읽어가며 회개하는 동안 성령님께 방언을 구하십시오. 방언기도는 영혼이 하나님께 나아가기 위한 기도생활에 아주 유익합니다. 성령께서 뜨겁게 은혜를 부어주실 때 입술을 주님께서 주장해 달라고 맡긴 뒤 방언을 간절히 사모하는 마음으로 기도해 보십시오.

믿음이 없는 사람들의 눈에는 방언이 무식하고 천하게 보일 수 있겠지만, 방언은 믿음이 없는 사람들에게 믿음을 주기 위해서 주신 귀한 선물입니다. (고전 14:22 참조) 예수님을 믿는 사람들도 내면에서는 하나님의 말씀을 온전히 믿지 못하기 때문에 방언기도로 어둠을 몰아내고 믿음을 키워나가야 합니다.

방언기도는 말씀을 믿지 못하게 하는 어둠의 영을 성령의 불로 소멸하여 영혼을 깨끗하게 해줍니다. 매일 방해하는 어둠을 처리해야만 말씀을 읽고 들을 때 믿어지는 은혜가 주어지는 것입니다. 방언을 잘 모르는 사람들이 무시하는 경향이 있는데 절대 그렇지 않습니다. 영혼을 실제로 유익하게 해주고 덕을 세워주는 것이 방언기도입니다. 방언을 믿음으로 사용할수록 눈에 보이지 않는 천국의 보화를 마음 안으로 끌어당길 수 있는 능력이 됩니다. 그러므로 방언을 많이 하십시오. 방언을 지속적으로 사용하면 할수록 하나님의 은혜의 통로임을 경험적으로 깨닫게 될 것입니다.

마귀는 주님이 주신 방언의 의미를 알지 못합니다. 그러므로 마귀가 방언으로 드리는 기도를 빼앗지 못합니다. 방언은 어둠을 몰아내고 주님과 교통하는 귀한 선물입니다. 육신의 생각으로 기도할 때 하나님의 뜻에 합당하지 않은 기도는 마귀에게 빼앗겨 하늘 보좌에 상달이 안 됩니다. 그러나 방언은 하나님의 뜻에 합당한 기도를 드리기 때문에 하나님이 기뻐 받으시는 기도가 되고 영혼에도 유익합니다.

단 조심할 것은 육신의 잡생각을 하면서 입술로만 방언기도를 하는 것은 유익이 없다고 주님께서 알려주셨습니다. 그러니 말씀 안에서 생각하는 기도를 입술의 방언으로 올려드리십시오. 하나님은 입술의 말보다 중심을 담아 드리는 기도를 기쁘게 받으십니다.

방언 통역을 못해도 방언의 효과를 얻는데 부족함이 없습니다. 기도를 할 때 방언으로 하나님의 뜻을 알기 위한 것에 초점을 맞추지 말고 그냥 영혼의 쓰레기 청소를 한다는 마음으로 힘차게 방언을 해보십시오. 기도를 마치고 나면 영혼의 시원함을 얻으실 것입니다.

방언을 많이 하다보면 무슨 의미인지를 어느 정도 마음으로 깨닫게 됩니다. 방언 기도와 방언 찬양이 영혼을 깨끗이 청소하여 주님과 교제하는데 큰 유익을 준다는 것을 알고 기도할 때뿐만 아니라 삶의 현장에서도 많이 사용하기를 권합니다.

먼저 짓누르고 있는 어둠을 부르짖어 토하는 기도를 하여 잡념이 사라지고 평안할 때 '성령님 말씀해 주세요.'하고 조용히 마음에서 띠올려 주시는 메시지에 귀 기울여 보십시오. 마음 깊은 곳에서 영음으로 들려주시는 음성도 있습니다. 그런 경우는 거의 드물고 대부분이 말씀으로 떠올려 주실 것입니다. 그때 자기 생각을 비운 깨끗한 상태에서 감동으로 떠올려 주시는 메시지를 받으십시오. 주님의 음성은 마음에서 백퍼센트 확신이 들고 평안과 감사가 흘러나옵니다.

넷째, 말씀을 소리 내서 읽으십시오. 시편을 빠른 속도로 읽을 때 큰소리로 읽어도 좋지만, 읊조리듯 작은 소리로 읽어도 괜찮습니다. 문자로 된 로고스의 말씀을 입으로 시인하여 소리 내서 읽을 때 말씀에 성령의 기름이 흐르고 살아있는 능력의 말씀으로 역사합니다. 눈으로 읽고 머리에 지식으로만 채워진 말씀은 죽은 지식 즉 개념에 불과합니다. 그러나 소리를 내서 그 말씀을 선포할 때 하나님의 말씀은 살아 역동하여 눈에 보이는 열매가 나타납니다.

왜 그럴까요? 하나님께서 혀의 권세를 주셨기 때문입니다(잠 18:21 참조) 또한 입으로 시인하여 구원에 이른다고 말씀하였습니다. 예를 들어 우리가 누군가에게 무엇을 부탁할 때 소리 내서 말을 해야만 상대가 알아듣고 들어주게 됩니다. 또 다른 이유는 영혼 몸과 환경에 세균과 같은 어둠의 영이 죄 속에 숨어 살고 있습니다. 어둠의 영은 말씀을 머리로 알고 생각하는 것으로는 영향 받지 않습니다. 그런데 믿음의 말씀을 입술로 선포하고 외칠 때 마귀는 빛 앞에서 정체를 드러내고 무서워 도망칩니다.

영혼은 생명의 말씀을 먹어야 삽니다. 하나님의 보좌로부터 흘러나오는 생명수를 먹으려면 성경을 소리 내서 읽어야 합니다. 하나님의 말씀은 소리 내서 읽기만 해도 은혜가 주어집니다. 다른 성경도 골고루 읽어야 하지만 빠른 속도로 나의 기도로 삼아 읽을 수 있는 것은 시편이 가장 좋습니다. 시편에는 예수 그리스도의 속죄은혜가 많이 담겨 있습니다. 시편을 읽는 이유는 하나님의 뜻에 합당한 기도를 올려드릴 수 있기 때문입니다. 다윗은 여호와께서 진실하게 간구하는 모든 자에게 가까이 하신다고 고백하였습니다. (시 145:18 참조)

자아중심적인 사람들은 하나님의 뜻에 합당하고 진실한 기도를 못 드립니다. 말씀 안에서 믿음으로 기도하지 못하고 자기가 원하는 것만 달라고 떼를 쓰는 기도를 합니다. 회개기도 역시 죄가 구체적으로 무엇인지, 육신의 생각 속에 빠져 살면서도 무슨 죄를 짓고 사는지조차 깨닫지 못하기 때문에 온전한 참회기도가 어렵습니다. 정욕을 위하여 욕심으로 구하는 기도는 응답받지 못합니다. (약 4:3 참조) 그러므로 하나님의 뜻에 합당한 내용으로 기록된 시편을 나의 기도라는 믿음을 가지고 간절히 올려드릴 때 성령의 도움으로 빠른 기도의 응답을 받을 수 있습니다.

성경을 소리 내서 많이 읽을 때는 깨달으려는 마음을 일단 내려놓고 중심을 드리면서 속독하시는 것이 좋습니다. 지은 죄를 사함 받고 어둠의 묶임이 풀어져 영이 맑아지면 주님께서 말씀을 레마로 깨닫게 해주심으로 자연스럽게 알게 됩니다. 말씀은 우리 힘으로 깨닫는 것이 아니고 기름부음 되신 성령이 가르쳐 주시는 것이기 때문입니다. (요 14:26, 16:13, 요일 2:27 참조)

거듭 말씀드리지만 작정 회개기도를 드릴 때는 의지적으로 소리 내서 성경을 읽고 부르짖는 기도와 찬양을 드려서 마음에 쌓인 독을 토해내야 합니다. 죄를 토설할 때 어둠이 함께 빠져나오고 그 자리에 보혈로 씻어지고 말씀의 생수가 채워짐으로 치유가 되는 것입니다. 말씀이 곧 하나님이시라는 사실을 믿고 소리 내서 성경을 읽는 성도들은 살아있는 하나님의 말씀이 능력으로 나타남을 경험하게 될 것입니다.

다섯째, 말씀 읽기로 작정 회개를 통해 죄 용서를 받고 나서는 꾸준히 믿음으로 사는 훈련을 해야 합니다. 성도들이 싸워야 할 대상은 혈과 육이 아닌 마귀라고 했습니다.(엡 6:12, 벧전 5:8 참조) 예수님께서 마귀의 일을 멸하시기 위해 오셨다고 증언합니다.(요일 3:8 참조) 그러므로 마귀와의 싸움은 우리가 직접 나서서 싸우는 것이 아니고 주님께 자리를 내어드려야 합니다.

죄가 올라올 때마다 자아가 이미 십자가에 죽었음을 믿고 은혜의 보좌 앞으로 담대히 나아가야 해결을 받을 수 있습니다. 옛사람이 이미 죽었음에도 불구하고 죄에 넘어지는 이유는 마음에서부터 그 문제를 내려놓지 못했기 때문입니다. 모든 문제들마다 내려놓고 주님 손에 맡길 때마다 성령께서 평안과 생명의 열매를 맺게 해주십니다.

여섯째, 말씀 읽는 방법으로 회개 작정기도를 할 때 믿음의 분량과 체력에 맞게 금식과 절식을 하면서 드리는 것이 좋습니다. 왜냐하면 육신의 음식을 먹지 않으면 배가 고파 세상의 것에 대한 관심이 줄어들고 상한 심령으로 마음을 비우고 회개하는데 도움이 됩니다. 회개하는 동안 금식뿐만 아니라 육신의 모든 것에 대한 절제가 필요합니다. 금식을 못하시는 분들은 음식을 드시면서 하셔도 괜찮습니다. 세끼 다 드시면서 해도 효과는 있습니다. 그러나 할 수 있으면 금식과 절식을 하면서 드리는 것이 훨씬 은혜가 많이 주어집니다.

예수님께서 벙어리 귀신을 쫓아내 주실 때도 기도와 금식 외에는 이런 유가 나갈 수 없다고 말씀하셨습니다. 금식은 음식만 끊는 것을 의미하지 않습니다. 육적으로 보고 듣고 말하고 생각하는 육신의 모든 것을 내려놓아야 합니다. 그러므로 미디어 절제 특히 휴대폰을 꺼 놓고 드리는 것이 회개하는데 큰 도움이 됩니다.

각자의 형편에 따라 성령의 감동을 받아 성경, 기도, 찬양의 분량을 정해서 드리면 됩니다. 억지로 하지 말고 믿음의 수준에 맞게 적당량을 정해서 감당할 만큼만 하십시오. 죄를 짓게 만드는 것들로부터 마음의 문을 닫고 중심으로 주님을 찾고 통회자복하며 회개할 때에 죄 사함과 문제의 산을 돌파할 수 있는 은혜를 받을 것입니다.

또한 조용한 골방(마6:6)이나 교회에서 매일 찬양과 기도 시간을 정해서 드리면 좋습니다. 말씀 읽기로 작정기도 하는 중에는 오직 죄의 묶임을 풀기 위한 목적으로 지은 죄를 한 가지씩 집중해서 애통하며 회개하는 것이 유익합니다. 한꺼번에 모든 죄를 묶어서 대충 회개하는 것이 아니라 한 가지씩 죄를 정하여 구체적인 자백과 용서를 구하는 것이 좋습니다.

한가지의 죄를 가지고 충분히 기도하십시오. ① 먼저 속죄은총을 베풀어 주신 예수님의 은혜를 생각하며 감사하십시오. ② 죄를 짓게 된 동기와 과정 및 환경 등을 성찰해 보십시오. ③ 죄의 뿌리와 죄를 짓게 만드는 원인을 깨닫게 해달라고 기도하고 회개하십시오. ④ 죄를 짓게 하는 연약한 부분에 보혈을 뿌리세요. ⑤ 죄를 짓도록 미혹하는 영들에게 예수님의 이름으로 떠나가라고 외치십시오. 그러면 주님께서 평안으로 응답해 주실 것입니다.

단 한 번에 죄 문제를 해결 받을 생각은 내려놓으십시오. 천국 사다리는 한 계단씩 밟고 올라가는 것이지 모든 계단을 단 한 번에 날라서 천국 문에 이를 수 없습니다. 그러나 말씀을 소리 내서 읽음으로 회개한다면 쉽고 빠른 속도로 천국 사다리를 밟고 주님 품안으로 들어갈 수 있는 은혜가 주어질 것입니다. 한번 해서 변화가 안 되면 두 번 세 번 계속 믿음으로 회개기도를 드릴 때 반드시 주님의 때가 되면 영혼 육의 평안과 아름다운 생명의 열매를 거두게 될 것입니다.

한 가지씩 죄를 정하여 회개할 때 하나님께서 은혜를 주시면 이웃에게 잘못한 죄도 겸손하게 사과해서 풀어야 합니다. 예수님께서 이미 속건제물이 되셨음을 믿고 그분의 피를 적용하여 용서를 구한 후에 피해를 준 사람에게도 용서를 구하고 할 수 있으면 손해배상을 해서 무너진 공의를 회복해야 합니다. 이 땅에서 매인 것은 하늘에서도 매이고 이 땅에서 풀면 하늘에서도 풀린다고 하였기 때문입니다. (마 18:18 참조) 하나님과 사람에게 죄가 가로막혀 있으면 주님으로부터 좋은 것을 받아 누릴 수 없습니다. (렘 5:25, 사 59:2 참조)

"나의 의인은 믿음으로 말미암아 살리라 또한 뒤로 물러가면 내 마음이 그를 기뻐하지 아니하리라."(히 10:38)

예수님의 생명으로 아기가 태어나는 것과 같은 초기 구원은 값없이 주시는 하나님의 은혜로 단번에 이루어집니다. 문제는 그때부터 옛사람을 죽음에 넘기고 부활 생명으로 살아가는 과정에서 장성한 믿음으로 성장하기까지는 반드시 십자가를 지는 고통이 수반된다는 사실입니다. 육체도 수술을 하고 완치되기까지는 큰 어려움을 겪습니다. 마찬가지로 영혼도 죄로 인한 사탄의 결박을 풀 때는 수술하는 것과 같은 고통을 당하는 대가를 지불할 수 있습니다.

그러나 두려워하지 마십시오. 내주하신 성령님이 일하십니다. 그저 믿음만 가지고 주님만 의뢰하면 됩니다. 저 같이 연약한 사람도 말씀 읽는 방법으로 죄 사함의 은혜와 부활생명의 열매를 거두며 살고 있다면 모든 그리스도인들은 믿음만 있으면 전부 할 수 있습니다. 우리는 믿음으로 순종할 뿐 주님께서 대신 우리를 위해서 원수와 싸워주시고 아름다운 생명의 열매를 맺게 해주실 것입니다.

한꺼번에 영혼 육의 죄와 그 속에 숨어 있는 마귀를 쫓아낼 수는 없습니다. 그러므로 단 한 번의 회개로 죄 문제를 해결 받을 생각은 내려놓으십시오. 현재 당면한 문제들과 악습 등… 큰 고통 속에서 기도하는 문제들부터 하나씩 말씀으로 회개하여 묶임을 풀어나가는 것이 좋습니다. 급히 서두르지 말고 단번에 해결하려는 생각 내려놓고 성실하게 꾸준히 회개하는 것이 유익합니다. (눅 21:19 참조)

하나님은 사탄의 묶임을 풀어주는 과정에서 믿음의 시험을 한다는 것을 꼭 잊지 마십시오. 매순간 믿음의 싸움에서 나를 포기하고 하나님만을 바라보고 의지해야 합니다.

마귀는 하나님이 허락하지 않는 한 머리털 하나도 상하게 못합니다. (눅 21:18 참조) 하나님은 감당하지 못할 시험을 허락하지 않으시고 감당하지 못할 때는 피할 길을 주시는 좋으신 하나님이십니다. (고선 10:13 참조) 그러므로 오직 하나님만 믿고 의지하십시오. 이 세상에서 믿고 의지할 분은 오직 우리 구주 예수 그리스도 밖에 없습니다.

전쟁은 하나님께 속한 것이니 주님이 우리를 대신해서 싸워주실 것을 믿고 주님만 의뢰하십시오. 말씀 읽기로 속건제를 시작했으면 뛰어가다가 힘들면 걸어서 더 힘들면 기어서라도 포기하지 말고 끝까지 정상을 향해 나아가야 합니다.(대하 20:15-17, 수 1:8 참조) 반드시 말씀 읽기로 회개하여 죄 사함의 은혜와 주님을 소유함으로 진리 안에서 자유와 평강을 얻게 될 줄 믿습니다.

제 3부
결박풀기의
실제적 적용

　우리가 지은 죄에 대해서 회개를 하지 않았는데도 무조건적인 은혜로 말미암아 속죄의 피가 죄 사함을 줄까요. 이것은 어린양의 피 즉 예수 그리스도 보혈의 은총으로 구원받은 이스라엘 백성을 통해서 깨달을 수 있습니다. 세상을 상징하는 애굽에서 출애굽하여 광야로 나왔음에도 불구하고 불순종하고 원망한 사람들은 전부 죽임을 당하였습니다. 또한 예수님께서는 아름다운 열매를 맺지 아니하는 자들은 불에 던지겠다고 말씀하였습니다.(마 3:10,12, 7:21, 12:32, 21:43 참조)

　사도 바울 역시 믿음에서 떠난 자들이 있다고 증언하였습니다.(딤전 1:19, 4:1, 6:10, 히 6:6, 딤후 3:8 참조) 그리고 혼인잔치 비유에서도 예복을 입지 않은 사람을 결박하여 어두운 곳에 던지라고 말씀하고 있습니다. 죄를 회개하지 않은 자들은 천국에 들어갈 수 없다고 명확하게 증언하고 있습니다.(계 21:8, 22:15 참조) 성경은 믿는 사람들을 대상으로 주신 말씀입니다. 성경에 나오는 악인들은 불신자가 아니라 하나님을 믿으면서도 죄의 종노릇하며 회개하지 않는 영혼들을 말합니다.

그 외에도 예수님을 믿음으로 구원받고 난 이후에 회개하지 않으면 죄 사함을 받을 수 없다는 것을 많은 곳에서 증언하고 있습니다. 예수님을 믿으면서도 날마다 죄를 짓고 회개하지 않는다면 그것은 속죄은총을 믿고 적용하며 복음으로 사는 것이 아닙니다. 그런 식으로 계속 죄를 짓고 회개하지 않으면 그로 인하여 어둠의 영에 묶여 자유를 잃게 됩니다. 예수님께서 죄를 범하는 자마다 죄의 종이라고 말씀하셨습니다.(요 8:34 b) 그러나 예수 그리스도의 믿음 안에서 속죄은총을 힘입어 모든 죄를 회개하면 의의 종으로써 죄의 결박이 풀어지고 자유와 평안을 누릴 수 있습니다.

우리의 모든 죄는 회개할 때 예수 그리스도의 보혈과 그분의 말씀으로 용서를 받고 순종하게 됩니다. 그리고 반드시 죄 사함을 받아야만 악에서 떠나 하나님을 경외할 수 있습니다.(잠 16:6 참조) 그런 은혜를 받기 위해 먼저 말씀을 먹어야 합니다. 하나님께서 흑암과 사망의 그늘에서 인도해 내시고 사탄의 묶임을 끊어주시기 전에 먼저 말씀을 보내주십니다.(시 107:20 참조) 말씀 읽기로 죄를 깨닫고 회개하여 정욕의 우상을 버리게 하십니다. 그리고 예수님의 통치권 안으로 들어가 말씀에 순종할 때 환난과 고통에서 건져주신다는 것입니다.

다윗은 말씀이 고난 중에 위로가 되었고 말씀이 자기를 살렸다고 고백합니다.(시 119:50 참조) 우리도 다윗과 같은 믿음으로 항상 말씀을 붙잡아야 삽니다. 말씀을 소리 내서 읽는 방법으로 회개하고 하나님만 의뢰하면 죄의 결박을 풀어주십니다. 세상의 다른 모든 것은 포기해도 죄를 회개하는 것만큼은 포기해서는 안 됩니다.

> "주께서 심지가 견고한 자를 평강하고 평강하도록 지키시리니 이는 그가 주를 신뢰함이니이다."(사 26:3)

주님을 꾸준히 믿고 신뢰하는 가운데 말씀 읽기로 회개를 하면 결국 죄에서의 자유와 평강의 복을 주십니다.

하나님의 마음에 합한 다윗도 자기 죄가 머리털보다 많아 낙심하였다고 고백을 하였습니다.(시 40:12 b 참조) 하물며 우리의 죄는 다윗보다 덜 하겠습니까. 속죄은총을 성령을 통해 마음으로 믿고 지은 죄를 보혈의 은총을 적용하여 진심으로 회개하고 내려놓아야 죄 사함의 은혜를 받을 수 있습니다.

그러므로 생수와 같은 말씀을 믿음으로 소리 내서 읽으십시오. 그리고 죄를 깨닫고 보혈로 회개하고 문제를 주님 손에 온전히 맡기십시오. 그럴 때 실제적인 죄 사함의 은혜로 평안을 얻을 수 있습니다. 회개는 말씀을 읽는 방법을 적용할 때 가장 효과적입니다. 예수님이 곧 말씀이시고 하나님이시기 때문입니다. 하나님의 뜻에 합당한 방법을 적용하여 드릴 때 회개의 영이 부어집니다.

깨닫는 즉시 다음으로 미루지 말고 믿음으로 시작해 보십시오. 아무것도 두려워하지도 말고 단순한 마음으로 말씀을 읽어나갈 때 영혼의 안식이 주어질 것입니다. 의심하지 말고 믿음으로 첫발을 떼는 용기를 내십시오.

주권이양 거부와 내 중심적 삶

"너는 나 외에는 다른 신들을 네게 두지 말라."(출 20:3)

십계명 중 제 1계명을 지키려면 자아포기를 하고 주인의 자리를 하나님께 이양해야 합니다. 하나님을 마음 중심에 왕으로 모시기 위해서는 먼저 다른 우상들을 버려야 합니다. 두 마음을 가지고는 하나님을 온전하게 섬길 수 없기 때문입니다.(마 6:24 참조)

하나님 중심적인 삶을 살지 못하는 이유는 나를 하나님께 온전히 드리지 못했기 때문입니다. 주권을 하나님께 드리지 않고 내 마음대로 하나님을 섬기는 것은 죄입니다. 우리 안에 오신 성령님이 생각과 언행을 통치하셔야 믿음으로 살 수 있는 은혜가 주어지는 것입니다.

지금까지 살면서 성령님께 모든 것을 묻지 않고 자의로 행한 죄를 회개해야 합니다. 예수님께서 마귀의 자녀이었던 우리를 피 값으로 사셨기 때문에 내 마음대로 행할 권리가 없습니다. 우리의 주인은 하나님이십니다. 그러므로 마음과 행실과 모든 삶을 주님께 바쳐야 합니다. 주님이 우리를 주관하셔야만 올바른 길로 인도받을 수 있습니다. 매순간 성령님께 묻고 주님이 우리의 삶을 인도하여 가실 수 있도록 자리를 내어드리십시오. 주님이 왕이 되셔서 우리를 통치하고 다스릴 수 있도록 속히 모든 주권을 내어드리십시오.

우리는 예수님을 믿고 왕으로 영접하는 순간부터 주권이 하나님께 있다는 사실을 인정하고 존중해 드려야 합니다. 이것이 믿음입니다. 주권을 이양하기 위해서는 우선 말씀을 사랑해야 합니다. 사랑하는 사람과 많은 대화를 원하는 것처럼, 성령님과 속마음을 터놓고 이야기를 나누어야 합니다. 대화는 믿음의 말씀 안에서 가능합니다. 평소에 밥을 먹듯이 말씀을 먹고 말씀 안에서 하나님을 경험적으로 알아가야 합니다. 하나님을 알면 알수록 주님과의 친밀한 교제를 나눌 수 있습니다. 성령님께 마음 문을 열고 대화를 청하여 보십시오. 성령님은 묻는 것을 기뻐하십니다.

성령께서는 말씀에 순종하는 영혼들에게 풍성하게 말씀하십니다. 기록한 성경 말씀 안에서 가르치시고 말씀하십니다. 그런데 성령님의 말씀을 계속 거역하고 불순종하면 더 이상 말씀하지 않습니다. 성령의 불이 소멸되는 즉시 미혹의 영이 그 자리를 대신하여 하나님 행세를 합니다. 그렇게 마귀에게 속고 사는 영혼들이 마지막 시대 교회 안에 너무나 많습니다.

행함이 없는 믿음은 죽은 믿음이라고 하였습니다.(약 2:26 참조) 입술로는 하나님을 시인하면서 행위로 부인하면 가증한 자요, 복종하지 않는 자요, 모든 선한 일을 버리는 자라고 말씀하였습니다.(딛1:16 참조) 우리의 믿음은 행함으로 증명해 보여야 합니다. 행함으로 믿음이 온전케 되기 때문입니다.(약 2:18, 22 참조) 그러므로 성령님이 그때마다 말씀하시는 것에 따라 믿음으로 순종하는 의지를 드리십시오. 그렇게 할 때 성령님이 주권을 행사하시며 구원의 길로 바르게 인도해 주실 것입니다.

회개와 합당한 열매를 맺는 것은 단번에 이루어지는 것도 있습니다만, 부패한 마음 전체가 변화되는 것은 오랜 시간이 걸립니다. 그러므로 급한 마음으로 서두르지 말고 야곱에게 보여주신 믿음의 사닥다리를 자아부인의 겸손으로 한발 한발 밟고 주님만 바라보고 올라가야 합니다. 그러면 하나님께서 요구하시는 율법을 성령께서 우리 안에서 그리스도의 형상으로 이루어 주실 것입니다. 그러므로 죄로 넘어지는 것을 두려워하지 마십시오. 넘어지나 아주 엎드러지지 아니함은 주님의 손이 붙들고 있다는 것입니다. (시 37:23-24 참조)

예수님께서 "세상에서는 너희가 환난을 당하나 담대하라. 내가 세상을 이기었노라."(요 16:33)고 하신 말씀을 붙잡으십시오. 환난을 당해도 믿음으로 주님만 의뢰하고 담대하게 십자가 앞으로 나아가 부르짖을 때 평안으로 응답해 주실 것입니다. 내가 붙잡고 씨름하는 것을 주님 손에 맡겨야 합니다. 주님의 통치권 아래로 들어가서 다스림을 받을 때 평강의 은혜가 주어질 것입니다.

우리 힘으로는 하나님의 말씀에 순종하며 살 수 있는 능력이 없습니다. 내 힘으로 신앙생활을 잘 하려고 노력하면 할수록 십자가의 무게를 감당할 수 없으며 열매도 부족합니다. 그러나 하나님께 주권을 이양하고 모든 것을 맡기면 신앙생활이 평안하고 성령께서 모든 것을 책임져 주시며 풍성한 성령의 열매를 맺게 해주십니다. 그러므로 하나님만 믿고 신뢰하고 나의 모든 것을 맡기고 믿음으로 사십시오. 성령께서 말씀대로 순종하며 살 수 있도록 능력과 기쁨과 평강을 부어주실 줄 믿습니다.

율법적인 행위와 나의 '의'

> "그리스도께서 우리를 위하여 저주를 받은바 되사 율법의 저주에서 우리를 속량하셨으니..." (갈 3:13 a)

하나님께서는 믿는 백성들에게 율법을 주셨습니다. 율법을 알아야 하나님이 누구신지를 알게 됩니다. 율법을 알아야 선과 악을 분별할 수 있습니다. 율법을 알아야 예수님이 우리 죄를 대신하여 죽으신 십자가의 사랑을 깨닫게 됩니다. 율법으로 죄를 깨닫고 회개해야만 하나님의 자녀로서 합당한 삶을 살 수 있습니다. 율법은 꼭 필요한 것이며 선한 것입니다.(롬 7:12, 14 참조) 그러나 율법은 우리의 힘으로 지켜 행할 수 없는 것입니다. 만약 우리의 힘으로 율법을 행하여 의를 이루려고 한다면 "..그리스도에게서 끊어지고 은혜에서 떨어진 자"라고 사도 바울은 증언합니다.(갈 5:4 참조)

율법을 우리 힘으로 지켜 행하여 의를 이루려고 노력하면 할수록 마귀의 공격을 당하여 죄에 넘어집니다. 왜냐하면 사도 바울은 '죄의 권능이 율법이라'고 증언하였기 때문입니다. 자신의 노력으로 율법을 지켜 행하려고 하면 할수록 죄성에 더 지배받아 넘어지게 된다는 것입니다.(고전 15:56, 롬 4:15 참조) 또한 사탄의 성품을 갖고 있는 자아의 노력으로 율법을 지킬 수 없다는 사실입니다. 율법을 지킬 수 없기에 예수님이 오셔서 십자가에서 대신 죽으셨고 성령님이 우리 안에 오셔서 직접 지킬 수 있는 은혜를 베푸신다는 것입니다. 이때 전제조건이 믿음입니다. 예수님이 죄를 대속하신 구주이심을 믿고 자아를 부인할 때 성령께서 말씀을 지킬 수 있는 능력을 부어주신다는 것입니다.

죄와 피 흘리기까지 자신의 의지로 싸워본 사도 바울이 로마서 7장 24절에 "오호라 나는 곤고한 사람이로다. 이 사망의 몸에서 누가 나를 건져내랴."고 죄성의 법칙으로 인하여 탄식했습니다. 그리고 깨닫기를 예수 그리스도 안에 있으면 죄로 정죄함을 받지 않는다는 고백을 하였습니다.

사도 바울처럼 그리스도 예수 안에 있는 생명의 성령의 법이 죄와 사망의 법에서 해방되는 경험을 어떻게 할 수 있을까요. 자신의 힘과 노력으로 될까요. 죄 속에서는 마귀가 역사를 합니다. 마귀는 우리 힘으로 말씀을 지켜보려고 하거나 죄와 싸우려고 할 때 강력한 힘을 발휘하여 넘어지게 만듭니다. 그러나 우리 힘을 빼고 예수님의 십자가 죽음에 나 자신과 씨름하는 문제를 맡길 때 마귀는 힘을 잃고 쫓겨나 갑니다.

그러므로 죄와 마귀를 이길 수 있는 방법은 내 힘으로 죄를 안 지으려고 노력하는 것이 아니라 그 순간 그 문제를 주님 손에 맡기는 것입니다. 매순간 믿음의 말씀을 마음에 품고 하나님의 뜻과 반대인 자아를 포기하는 것이 승리의 비결입니다. 말씀을 성령께서 레마로 들려주시고 믿고 행할 수 있는 은혜와 능력을 주시는 분은 성령하나님이십니다. 성령님께서 예수님의 살아있는 믿음의 말씀을 가지고 의롭게 해주시는 것입니다. 율법 자체가 의롭게 해주는 것은 아닙니다.

사도 바울은 로마서 5장 20절에 "율법이 들어온 것은 범죄를 더하게 하려 함이라. 그러나 죄가 더한 곳에 은혜가 더욱 넘쳤나니."라고 증언합니다. 하나님께서 율법이 더해짐으로 범죄를 더하게 한다는 말씀은 선뜻 이해가 안 되는 말씀입니다. 그러나 율법을 지켜 행하려고 노력한 사람들은 지키지 못한 것을 경험했기 때문에 이해할 수 있는 말씀이라고 생각합니다.

말씀의 빛이 내면에 비추게 되면 자아의 실상을 보게 됩니다. 말씀의 빛을 마음으로 받을수록 시커멓게 찌들어 있는 속이 보입니다. 많은 죄와 그 속에서 기생하는 어둠의 영을 보고 충격을 받습니다. 그리고 통곡하며 회개의 자리로 나아가는 것입니다. 그러한 경험을 한 사도 바울이 죄가 더한 곳에는 은혜가 넘친다는 고백을 한 것입니다.

율법 속에 담겨진 의미를 성령의 조명으로 깨닫고 믿음의 반응을 보일 때 죄와 악한 정욕 속에서 기생하는 어둠의 영을 발견합니다. 그 죄를 회개하고 내려놓지 않으면 양심이 괴로워 살 수 없습니다. 내려놓는다는 개념은 죄를 안 지으려고 노력하는 것이 아니라 그 문제를 포기하고 주님 손에 맡기는 것입니다. 그리고 말씀을 붙잡아야 합니다. 내 '의'를 포기하고 그리스도의 '의'를 마음으로 취할 때 율법을 지켜 행할 수 있는 능력이 주어집니다. 하나님의 의는 십자가에서 나타납니다. 내 의를 포기하는 십자가를 질 때 그리스도의 의가 나타나는 것입니다.

그런데 이론으로는 포기의 진리를 깨닫는다고 할지라도 쉽게 자아를 내려놓지 않습니다. 완악하고 교만한 자아는 탐욕스럽게 붙잡고 있는 것들을 스스로 내려놓지 못합니다. 그런 경우 주님의 정한 때가 되면 강제로 빼앗습니다. 강제로 빼앗기기 전에 자원해서 하나님께 드리는 것이 회개의 합당한 열매요 상급인 것입니다.

율법을 자기 마음대로 지키면 안 되는 이유를 성경적 근거를 들어

보겠습니다. 창세기 2장 17절에 보면 "선악을 알게 하는 나무의 열매는 먹지 말라. 네가 먹는 날에는 반드시 죽으리라."고 말씀하였습니다. 여기서 선악을 알게 하는 지식의 나무는 곧 율법을 의미합니다. 에덴동산에 있는 모든 것은 전부 먹을 수 있도록 허락되었으나 선악과는 먹을 권리를 주지 않았습니다.

무죄한 인간으로 창조된 아담과 하와가 사탄의 미혹을 받아 선악과를 따먹고 타락하였다면 그의 후손들은 말할 것도 없습니다. 타락하고 부패한 마음을 가지고 자기가 하나님의 말씀을 먹으면 성경의 본질을 벗어나 왜곡하게 됩니다. 반드시 죄를 회개하고 성령께서 주시는 말씀을 마음으로 받아먹어야 하나님의 뜻을 바로 깨닫고 순종할 수 있는 것입니다.

하나님의 백성들에게 친히 모범을 보여주신 예수님께서도 스스로 말씀하지 않고 전부 아버지가 주시는 것을 받아 전하셨다고 말씀하셨습니다.(요 5:19, 30 참조) 또한 성령님도 임의로 하시지 않으시고 예수님의 것을 전하였습니다.(요 16:13 참조) 그리스도인들도 매순간 자아를 부인하고 말씀만 먹고 순종해야 합니다.

마지막 아담 즉 예수 그리스도께서 인류의 죄를 대신하여 죽으신 것은 율법의 저주에서 속량하기 위함이라고 말씀하셨습니다.(갈 3:13 참조) 그러므로 그리스도인들은 예수님께서 이루어 놓으신 속죄은총을 믿음으로 바라보아야 합니다. 날마다 자아부인의 십자가를 지고 주님의 뒤를 좇아갈 때 성령께서 생명의 능력으로 율법의 요구를 이루어 주시겠다는 것입니다.(롬 8:3-4 참조) 매순간 자아를 포기하고 하나님의 뜻에 맡길 때 성령께서 마음에서부터 그리스도의 율법을 지키게 해주신다는 말씀입니다.

선악과를 따먹게 되면 내 스스로의 힘으로 내 필요를 채우고 공급 받기 위해 노력하며 살게 됩니다. 마귀는 끝없이 자아가 왕이 되어 모든 필요와 공급을 스스로 채우며 살라고 유혹합니다. '너는 하나님처럼 될 수 있어. 너 스스로의 힘으로 필요를 찾아 노력하며 공급을 받고 살아. 너는 부자가 되고 성공할 수 있어 등등…' 세상 가치관을 가지고 자아의 힘으로 살도록 충동질합니다.

자아는 무엇인가 잘하면 교만하여 자기 의를 자랑하고 잘못하면 죄책감에 빠져 좌절합니다. 순수한 동기와 믿음으로 하지 않고 자아로 하나님의 말씀을 지키면 자기 의를 드러내고 하나님의 영광을 가로챌 수 있습니다.(눅 18:9-14 참조) 이는 마음 깊은 곳에 악의 뿌리가 있기 때문입니다. 그런 이유로 하나님은 재능이 뛰어나고 무엇이든지 잘해도 일단은 넘어지게 하여 내려놓게 만든 후 다시 높여 세워주시는 것입니다. 주님의 품안으로 받아들여지기 전에 먼저 자아사랑 즉 자기 의가 멸해져야 합니다.

자기 의를 내세우고 자랑하는 것은 하나님을 대적하는 행위입니다. 자기 의가 강하여 매사에 자신에게 초점을 맞추고 자랑하는 사람은 사탄에게 묶여있는 것입니다. 자신의 힘으로 율법을 지켜 행할 때는 열심히 자기 의를 쌓고 자랑합니다. 자아만족을 추구하며 하나님의 자리에 앉아 주님의 영광을 가로챕니다.

그러나 자기를 부인하고 믿음으로 행할 때는 성령의 음성에 순종하기 때문에 자기 의는 사라지고 오직 주님의 의만 나타내고 자랑하게 됩니다. 그러므로 부활의 새 생명으로 말미암아 오직 의인은 믿음으로 말미암아 살리라는 말씀이 적용되는 것입니다.

　우리 안에 오신 성령께서는 인간의 모든 자산을 팔아버리게 하고 자기의 의를 조금도 남기지 않고 자아를 죽여 버리는 일을 합니다. 만일 우리가 하나님의 일을 하면서 내 의를 자랑하고 드러낸다면 그 순간 천사가 심판의 칼을 빼들고 대적합니다. 주님의 힘이 인간의 능력을 완전히 무기력하게 만듭니다.

　예수님을 상징하는 생명과를 먹으면 자아를 죽음에 넘길 수 있습니다. 하나님께 모든 것을 맡기고 안식의 삶을 살게 됩니다. 안식일날 일하지 말라는 것도 자기 생각과 힘으로 어떤 행위도 하지 말라는 뜻입니다. 내 생각과 방식과 모든 의지는 내려놓고 오직 나를 부인하고 부활생명의 능력으로 사는 것입니다. 그것은 나를 내려놓을 때 성령님이 나타나시는 생명의 능력입니다. 여호와의 안식은 하나님께서 왕으로 우리 안에 좌정하셔서 우리를 다스리고 통치하시겠다는 말씀입니다.

　복음으로 사는 것은 자기중심적인 삶의 선악과를 버리고, 생명의 떡 즉 생명과를 먹는 부활의 삶입니다. 내 힘으로 무엇을 행하거나 내가 주체가 되어 내 중심으로 사는 것이 아닙니다. 예수님을 마음으로 믿고 영접하는 동시에 옛사람은 십자가에 죽고 새 생명으로 거듭난 것입니다. 그때부터 속사람이 믿음으로 자라가야 합니다. 사탄의 성품인 자아가 올라올 때마다 나를 부인하고 주님만 바라보고 성령님의 인도를 받아야 합니다. 내주하신 그리스도를 바라볼 때 성령께서 말씀을 믿음과 결합시켜 주십니다. 레마로 받은 말씀을 믿을 때 순종의 열매는 자연스럽게 맺어지는 것입니다.

우리 안에 오신 성령님은 기록한 말씀에 생명력을 불어넣어 우리 영혼을 세워나가는 일을 하십니다. 감추어진 옛사람의 죄와 정욕을 말씀의 빛으로 드러내서 십자가의 죽음에 넘겨야만 말씀으로 온전히 세울 수 있습니다. 일단 속에 감추어진 죄와 어둠이 드러날 때마다 십자가에 내려놓는 것이 중요합니다.

하나님의 정한 때가 되면 사도 바울처럼 예수 그리스도를 만나고 나서 눈의 비늘이 벗겨지는 체험을 한 것과 같이 마음을 가린 율법의 수건이 벗겨지는 경험을 하게 됩니다. 사도 바울은 경험적 고백을 합니다. 율법은 약속하신 자손 즉 예수 그리스도가 올 때까지 즉 계시될 믿음의 때까지만 필요하다고 증언합니다. 율법은 사람의 살 동안만 그를 주관한다는 것입니다.(갈 3:19, 23, 롬 7:1 참조) 자아가 살아있을 동안은 율법의 멍에를 메고 자신을 말씀 앞에 쳐 복종시키는 것이 필요하다는 것입니다.

그러나 율법으로 자아를 깨닫고 죄와 정욕의 소유욕을 십자가 죽음에 넘기고 그리스도와 온전한 연합을 이루면 더 이상 율법 아래 매여 살지 않아도 된다는 것입니다. 그때부터는 내가 사는 것이 아니요 그리스도가 내 안에서 사시는 것입니다.(갈 2:19-20, 5:24, 6:14 참조)

우리가 의롭게 되는 것이나 세상을 이길 수 있는 것은 모두 자기를 부인하고 예수 그리스도 안에서 믿음으로 살 때 가능합니다. 우리의 노력으로 의롭게 되는 것이 아니고 속죄은총을 믿고 나에게 적용할 때마다 성령께서 그리스도의 의를 이루도록 도와주시는 것입니다. 오직 의인은 믿음으로 말미암아 산다고 했습니다. 그러므로 날마다 성령 충만을 구해야 합니다.

하나님께서 회개하는 영혼들에게는 마음에 빛을 비추시고 숨겨진 죄와 어둠을 드러내서 징계하심으로 정결케 하십니다. 우리가 지은 죄를 철저히 회개하고 그 문제를 주님 손에 맡기고 주님을 의뢰할 때 주님께서 긍휼과 사랑을 베풀어 주십니다. 그러나 믿음으로 죄를 내려놓는 의지를 드리지 않고 입술의 고백과 생각만의 회개는 아무런 효과가 없습니다.

하나님은 소멸하는 불이라고 증언합니다.(히 12:29, 신 4:24 참조) 예수님은 죄인들을 대신하여 자신의 몸을 십자가에 못 박아 속죄 제사를 드려주심으로써 우리를 구원하여 주셨습니다. 주님의 피 값으로 산 백성을 다시 마귀가 선악과를 먹여 타락시킬 때는 강한 질투와 분노로 원수를 소멸시켜 버립니다.

주님께서 어떤 영혼들의 원수를 갚아주실까요? 다윗은 주님께 상한 마음으로 통회하며 부르짖을 때 가까이 하셔서 상처를 싸매주시고 고쳐주셨다고 고백하였습니다.(시 30:2, 34:18, 147:3 참조) 죄에 넘어지고 마귀의 공격을 받을 때마다 상한 마음으로 주님께 부르짖어야 합니다. 자신의 연약함을 인정하고 주님께 상한 심령으로 죄를 토설할 때 가까이 하셔서 친히 원수를 갚아주시고 치유해 주시는 것입니다.

"진리를 알지니 진리가 너희를 자유롭게 하리라."(요 8:32)

육신의 생각과 악한 감정

하나님께서 창조한 피조물 중에서 인간의 마음이 가장 거짓되고 심히 부패하다고 말씀하셨습니다.(렘 17:9 참조) 인간의 생각 자체가 악이고, 그 속에서 나오는 말이 죄라고 성경은 증언합니다.(시 59:12 참조) 그러므로 회개하지 않고 옛사람으로 살면 끝없이 마음 안에서 악을 생산하고 저주를 쌓게 되는 것입니다.

사람은 어떤 행동을 하기 전에 먼저 생각부터 합니다. 잠언 23장 7절에 "대저 마음의 생각이 어떠하면 그 위인도 그러한즉…"이라고 말씀합니다. 이는 생각이 곧 그 사람이라는 것입니다. 육신은 영혼을 감싸고 있는 옷과 같고 진짜 나는 영혼입니다. 하나님은 영이시므로 육보다 마음의 생각을 중요하게 여기신다는 점을 잊지 마십시오.

마귀는 육신의 생각을 통해서 일합니다. 마귀가 가룟 유다의 마음에 예수님을 팔려는 생각을 넣었다는 것을 통해서도 알 수 있습니다.(요 13:2 참조) 또한 죄의 삯과 육신의 생각이 사망이라는 똑같은 단어를 사용하고 있는 것을 볼 때 육신의 생각은 죄 곧 죽음이라는 것을 알 수 있습니다.(롬 8:6-7 참조)

그러므로 회개는 내 마음에서부터 일어나야 합니다. 무슨 일을 하든지 마음의 동기가 순수하고 불순한지를 검토할 수 있어야 합니다. 생각이 더러우면 행신도 더러운 것입니다. 생각이 더러운데 행실만 깨끗하게 보이는 것은 하나님 앞에서 외식입니다. 주님께서 먼저 안을 깨끗이 하면 겉도 깨끗해진다고 말씀하셨습니다.(마 23:26 참조)

내면을 깨끗이 하려면 믿음으로 자아를 죽음에 넘겨야 합니다. 실제 예수님을 믿음으로 죄 사함의 은혜를 받은 성도들은 이미 옛사람은 죽은 것입니다. 다시 새 생명을 얻은 영혼은 믿음 없이 옛사람의 생각과 방식으로 살면 안 됩니다. (롬 6:4 참조)

육신의 생각의 주인은 나이며 내 소견에 옳은 대로 행하는 내 중심적 삶입니다. 반대로 영의 생각의 주인은 하나님이시기에 옛사람의 생각과 감정과 의지를 부인합니다. 그리고 하나님 중심의 생각과 감정과 말과 행동을 하여 예수 그리스도의 인격을 나타냅니다. 매순간 지배하는 육신의 생각 즉 죄성과 정욕의 부패하고 타락한 옛사람을 부인하고 믿음의 말씀을 붙잡아야 합니다. 그것이 자기부인의 십자가를 지고 주님의 뒤를 따라가는 삶입니다.

하나님은 좋은 환경과 안 좋은 환경 및 다양한 문제들을 통하여 육신의 생각을 드러내 주십니다. 숨겨진 육신의 생각을 잘 드러내 주는 역할을 하는 사람이 가장 가까운 사람 특히 가족입니다. 자아를 드러내 주는 가족, 때로는 원수같이 여겨지는 그들에게 혈육의 정을 내려놓고 주님의 사랑으로 대해야 합니다. 죄와 타협을 하지 않으려면 핍박도 감수해야 합니다. 그럴 때 하나님께서는 원수의 목전에서 잔치상을 베풀어 관계를 화평케 해주십니다. (시 23:5 참조)

우리는 매일 영의 생각과 육신의 생각 속에서 끝없이 전쟁을 하며 살아가고 있습니다. 영의 세계에서 볼 때 속사람인 영이 성령이 주시는 진리로 생각하면 주님의 영이 역사하고, 부패한 혼이 육신의 생각을 하면 어둠이 역사를 합니다. 우리의 마음과 의지를 어느 쪽에 드리느냐에 따라서 승패가 결정되어 있습니다. 주님께서 승리하게 하시려면 생각의 통치권을 하나님께 드려야 합니다. 그리고 말씀에 순복해야 합니다.

마귀는 육신의 생각을 통해 쉬지 않고 역사합니다. 육신의 생각에 빠져 살면 악한 감정도 생성됩니다. 영의 세계는 내가 어떤 생각을 하고 냄새를 풍기느냐에 따라서 자석에 쇠가 달라붙듯이 비슷한 영들이 몰려옵니다. 육신의 생각에서 벗어나는 것은 오직 예수 그리스도의 말씀 안에 거하는 삶입니다. 어둠의 영에 지배당하지 않으려면 모든 생각을 사로잡아 그리스도께 복종시켜야 합니다.(고후 10:5 참조)

사도 바울은 "육신의 생각은 하나님과 원수가 되나니 이는 하나님의 법에 굴복치 아니할 뿐 아니라 할 수도 없음이라."(롬 8:7)고 하였습니다. 또한 성령의 소욕과 육체의 소욕은 서로 거스르고 대적하여 원하는 것을 하지 못하게 한다고 말씀하고 있습니다.(갈 5:17 참조) 육신의 생각과 육체의 소욕은 아담의 생명입니다. 아담의 생명을 끊지 않고 육신의 본성대로 살면 영은 반드시 죽는다고 하였습니다.(롬 8:13 참조)

그러므로 하나님께서는 "무릇 지킬만한 것보다 네 마음을 지키라."(잠 4:23)고 말씀하신 것입니다. 마음 즉 영혼의 성전에 세상의 온갖 쓰레기로 채우면 마음을 지킬 수 없습니다. 마음을 지킬 수 있는 방법은 자아를 만족시켜 주는 애정과 욕망을 내려놓고 말씀으로 충만하게 채우는 것입니다. 사도 요한은 세상을 이길 수 있는 것은 오직 믿음이라고 증언합니다.(요일 5:4 참조) 성령님을 통해서 주어지는 믿음만 있다면 주님께서 육신의 생각과 싸워 이기게 해주십니다. 그러므로 순간순간 집착하는 육신의 생각을 내려놓으십시오.

지식 욕망에 사로잡혀 있는 사람들도 많습니다. 머리로 아는 것은 믿음이 아닙니다. 지금까지 살아오면서 배운 지식들이 주님과 상관없는 것들이 아주 많습니다. 머리로 배운 모든 지식은 전부 성령을 통해 걸러내야 합니다. 세상 것들을 많이 보고 듣고 배우고 알면 알수록 머릿속은 복잡해지고 순결하신 주님과는 점점 멀어지게 됩니다. 우리의 생각이 단순하고 순결하지 않으면 주님과 깊은 교제를 할 수 없습니다.

우리가 마음으로 원치 않는데도 자꾸 부정적인 생각이 떠오를 때는 즉시 하나님께 올려드리고 믿음의 주요, 온전케 하시는 예수 그리스도를 바라봐야 합니다. 생각의 통치권을 주님께 드리십시오. 세상에 몸 담고 살던 마음과 행실에서 떠나 속히 아버지의 품안으로 들어가십시오. 우리는 모든 삶에서 예수 그리스도를 믿는 믿음 안으로 들어가 말씀에 순종해야 합니다. 하나님의 생각과 뜻이 기록된 성경 말씀에 나의 생각을 일치시키고 육신의 생각을 거부해야 합니다.

날마다 매순간 성령님과 함께 말씀으로 육신의 생각 속에 역사하는 마귀를 집어내서 십자가에 못 박아야만 마음이 정화되는 것입니다. (롬 8:12-14 참조) 육신의 생각이 다 제거되고 말씀을 믿음으로 행할 때 내가 왕으로 앉아있던 그 자리에 주님이 왕으로 좌정하십니다. 나의 왕이시고 신랑이신 주님께서 온전히 통치함으로써 영혼은 진리 안에 참 자유를 누리는 안식의 삶을 살게 될 것입니다.

재물 즉 세상 신을 사랑

"집 하인이 두 주인을 섬길 수 없나니 혹 이를 미워하고 저를 사랑하거나 혹 이를 중히 여기고 저를 경히 여길 것임이니라. 너희는 하나님과 재물을 겸하여 섬길 수 없느니라."(눅 16:13)

여기서 재물은 맘몬 즉 세상 신을 의미합니다. 재물 안에 세상의 모든 것이 다 들어있습니다. 사도 요한은 세상에 있는 모든 것이 육신의 정욕과 안목의 정욕과 이생의 자랑이니 세상에 있는 것들을 사랑하지 말라고 말씀합니다. 누구든지 세상을 사랑하면 아버지의 사랑이 그 속에 없다고 증언하고 있습니다.(요일 2:15-16 참조) 또한 야고보서 4장 4절에서는 "간음하는 여자들이여 세상과 벗된 것이 하나님의 원수임을 알지 못하느뇨. 그런즉 누구든지 세상과 벗이 되고자 하는 자는 스스로 하나님과 원수되게 하는 것이니라."고 증언합니다.

그렇다면 그리스도인이 세상에서 몸담고 살기 어려울 것이라고 생각할 수도 있을 것입니다. 사도 바울은 먹고 입고 마시고 무엇을 하든지 주 안에서 하라고 말씀하였습니다. 주 안에서 즉 믿음의 말씀 안에서가 중요합니다. 똑같은 일을 하는데 있어서도 주안에서 할 수 있고, 믿음 밖에서도 할 수 있다는 것입니다. 예수 그리스도를 왕과 신랑으로 모시고 살기 위해서는 하나님의 뜻에 나를 포기해야 합니다. 그것은 내가 원하는 대로 사는 것이 아니라 하나님의 뜻대로 말씀 안에서 사는 것입니다.

세상 신 마귀는 하나님의 뜻대로 살지 못하도록 세상의 모든 좋은 것을 도구로 끝없이 유혹을 합니다. 광야에서 40일 금식하신 예수님을 시험한 마귀는 천하만국과 그 영광을 보여주면서 "내게 엎드려 경배하면 이 모든 것을 네게 주리라."(마 4:8-9)고 유혹하였습니다. 이때 예수님은 시험에 걸려들지 않고 단번에 기록한 말씀으로 승리하셨습니다. 마귀는 지금도 예수님을 시험한 그 방법으로 영혼들을 미혹합니다. 그때마다 기록한 말씀으로 물리쳐야 합니다.

왜 예수님께서 세상 신을 허락하셨을까요. 출애굽기 9장 16절에 "내가 너를 세웠음은 나의 능력을 네게 보이고 내 이름이 온 천하에 전파되게 하려 하였음이니라."고 말씀합니다. 예를 들면 어둠의 세력 사탄이 있어야 빛이신 예수님이 드러납니다. 악이 있어야 선하신 하나님을 알 수 있습니다. 하나님을 믿는 백성들이 사탄을 도구로 연단을 받으며 예수 그리스도의 형상으로 빚어질 때 하나님의 영광을 드러내게 됩니다.

선악과로 타락한 인간을 그리스도의 형상으로 빚으실 때 사탄을 채찍의 도구로 사용하셔서 하나님의 뜻을 깨닫게 하십니다. 세상 신을 상징하는 바로에게 주신 말씀을 통해 하나님의 섭리를 깨달을 수 있습니다. 그러므로 마귀도 이 세상에서는 하나님의 뜻을 이루기 위한 도구로 사용된다는 것입니다. 마귀의 유혹을 받지 않기 위해서는 그리스도인의 몸은 세상에서 살지만 마음은 믿음 안에서 구별되게 살아야 합니다.

사도 바울은 에베소서 6장 12절에 "우리의 씨름은 혈과 육을 상대하는 것이 아니요 통치자들과 권세들과 이 어둠의 세상 주관자들과 하늘에 있는 악의 영들을 상대함이라."고 증언하였습니다. 우리의 왕은 만왕의 왕이신 예수님이십니다. 예수님이 우리 마음 안에서 왕이 되셔서 다스림을 받으려면 세상 사랑하는 마음을 십자가에 못 박아야 합니다. 그리고 오직 믿음의 말씀 안에서 살아야 합니다.

예수님을 믿는 많은 영혼들이 돈을 내려놓지 못함으로 인하여 타락의 길로 가고 있습니다. 세상 신의 유혹을 물리칠 수 있는 방법은 오직 길과 진리와 생명 되신 예수 그리스도 즉 양의 문인 좁은 문 좁은 길로 가야 합니다. 하나님만을 섬기는 데 있어서 한 길밖에 없습니다.

돈 안에 세상을 사랑하는 것들이 다 들어 있습니다. 그러므로 돈을 내려놓을 때는 세상을 사랑하는 것들도 함께 내려놓게 되는 것입니다. 물질은 필요에 의해서 사용하는 것일 뿐, 세상 것들이 목적이 될 수 없는 것입니다. 세상에 있는 모든 선한 것들은 주님의 형상으로 빚어지는 목적을 위해 사용되는 도구일 뿐입니다. 돈도 사랑하고 하나님도 사랑하고자 하는 마음은 두 마음을 품고 사는 것입니다. 두 마음을 품어 모든 일에 정함이 없는 사람들은 무엇이든지 주께 얻기를 생각하지 말라고 증언합니다. (약 1:7-8 참조)

"너희가 내 안에 거하고 내 말이 너희 안에 거하면 무엇이든지 원하는 대로 구하라 그리하면 이루리라."(요 15:7)

자아가 십자가에 죽어지고 말씀에 순종할 때 성령께서 예수 그리스도 안에 거하게 해주십니다. 내 안에서 예수님의 말씀이 온전히 믿어지고 순종이 될 때 무엇이든지 원하는 대로 구하면 이루어주신다는 말씀입니다. 사도 요한은 하나님의 뜻대로 무엇이든 구하면 들으신다고 증언하고 있습니다. (요일 5:14 참조)

성령이 주신 말씀을 마음으로 믿고 순종하는 가운데 하나님의 뜻에 합당하게 구하는 기도는 응답해 주신다는 말씀입니다. 반드시 진리의 성령님은 말씀 안에서 역사한다는 사실을 꼭 기억하십시오. 하나님이 주신 복인지 사탄이 준 저주인지 분별을 해야 합니다. 무조건 좋은 것이라고 받아먹었다가 독을 마시면 영이 죽을 수도 있기 때문입니다.

돈을 사랑하면 영적 가난의 재앙에 빠집니다. 살아있는 생명의 말씀이 없는 영적 가난의 결박에 묶이면 영혼의 부자가 될 수 없습니다. 영혼은 이 세상의 모든 것에서 자유로워야 합니다. 사도 바울은 어떠한 형편에든지 자족하기를 배웠다고 고백합니다. 비천에 처해도 풍부에 처해도 모든 일에 배부르며 배고픔과 풍부와 궁핍에도 일체의 비결을 배웠다는 것입니다.(빌 4:11-12 참조) 눈에 보이는 환경보다 눈에 보이지 않는 믿음의 말씀을 신뢰하며 "내게 능력 주시는 자 안에서 내가 모든 것을 할 수 있느니라."고 고백하였습니다.

그리스도인은 세상 사람들의 가치관과 삶의 방식으로 살면 안 됩니다. 돈을 사랑하고 세상에서 자아만족을 위해 부자가 되려고 하면 육적, 영적인 가난의 저주가 임합니다. 그로 인하여 심령의 자유를 잃고 돈의 노예로 살아가게 됩니다.

돈 자체가 나쁘다는 의미는 아닙니다. 돈을 대하는 마음과 자세와 사용 용도가 문제가 된다는 것입니다. 돈을 마음에서 내려놓고 복음을 전파하여 생명을 살리는 곳에 바르게 사용하면 선한 도구가 될 수 있습니다. 그런데 문제는 자신의 모든 소유권을 하나님께 온전히 드린 사람이 아니면 돈은 악의 도구로 사용될 가능성이 더 많습니다.

예수님께서는 "삼가 모든 탐심을 물리치라. 사람의 생명이 그 소유의 넉넉한 데 있지 아니하니라."(눅 12:15)고 말씀하셨습니다. 사도 바울도 돈을 사랑하기 때문에 그것이 일만 악의 뿌리가 된다고 증언하였습니다. 돈을 사랑하는 자들이 사탄의 미혹을 받아 믿음에서 떠나

많은 근심으로써 자기를 찔렀다고 말씀하였습니다.(딤전 6:10) 다시 말해서 돈을 사랑하면 재물 신 즉 세상 신 사탄의 미혹을 받게 됨으로써 돈을 쫓아가다가 결국 믿음에서 떠나 자기 영혼을 죽이게 된다는 것입니다.

그러므로 사도 바울은 강조하기를 믿음의 사람들은 먹을 것과 입을 것이 있은즉 족한 줄로 알라고 말씀합니다. 그런데 세상의 욕심을 내려놓지 못함으로 말미암아 영혼이 죄로 결박되어 진리의 자유와 평강을 누리지 못하고 본성으로 사는 것이 안타까운 일입니다.

저도 과거에는 돈을 좋아했습니다. 돈만 있으면 자아가 원하는 것을 할 수 있기 때문입니다. 감사한 것은 20대 초반에 인생의 허무를 깨닫고 중반에 신학을 하면서 세상 사랑하는 외적인 것들을 내려놓았습니다. 외적인 부분에서는 세상에 대한 관심이 없었지만, 내면에서 돈을 좋아하는 마음은 버리지 못했습니다.

그런 마음으로 수십 년간 신앙생활을 하는 가운데 큰 은혜를 통해 물질을 내려놓게 되는 계기가 있었습니다. 그때 통회하는 가운데 말씀 안에 감추어진 보화 즉 예수님을 발견하였습니다. 그리고 과감하게 마음으로 집착하는 소유들을 내려놓았습니다. 그때 물질은 내가 내려놓고 싶다고 해서 되는 것이 아니라는 것을 깨닫게 되었습니다. 세상 신과 묶여 있던 죄를 회개하며 물욕을 포기하고 오직 믿음으로 살고자 결단할 때 끊어지는 은혜를 받았습니다.

하나님께서는 믿는 사람들이 세상 것들에 얽매여 집착하며 사는 것을 원치 않으십니다. 성도들이 영적인 광야로 나와 말씀에 순종하지 않는다면 물질 뿐만 아니라 모든 소유물에도 저주가 임한다고 말씀합니다. 신명기 28장 29-33절을 읽으시고 그 말씀에 해당되는 저주가 임하였다면 회개하고 그 문제를 주님 앞에 내려놓아야 합니다. 예수님을 믿는 사람들에게 우연은 아무것도 없습니다. 하나님이 시키심이 아니고는 재앙이 임하지 않고, 하나님께서 허락지 아니하시면 날아가는 참새 한 마리도 땅에 떨어지지 않는다고 말씀하였기 때문입니다.(암 3:6, 잠 26:2, 마 10:29 참조)

우리가 두려워하는 저주가 임하는 이유는 바로 성경에 기록한 모든 말씀을 지켜 행하지 않고 하나님을 경외하지 않기 때문이라고 명확하게 말씀하고 있습니다.(신 28:58-60 참조) 그러므로 모든 저주에서 벗어나기 위해서는 지은 죄를 회개하고 아버지의 품안으로 들어가 믿음으로 살아야 합니다.

지금까지 탐욕스럽게 붙잡고 살았던 모든 마음과 행실의 죄를 전부 회개하고 인생의 필요를 주님 손에 맡기고 청지기로 살아야 합니다. 그때 하나님만 아바 아버지로 섬기며 영혼의 부자가 되어 천국의 모든 것을 받아 누리며 사도 바울과 같은 믿음의 실제적인 고백을 하게 될 것입니다.

눈으로 죄를 짓는 안목의 정욕

"나는 비천한 것을 내 눈 앞에 두지 아니할 것이요. 배교자들의 행위를 내가 미워하오리니 나는 그 어느 것도 붙들지 아니하리이다."(시 101:3)

사람의 눈은 두 가지 즉 육의 눈과 영의 눈이 있습니다. 소경 역시 육신의 소경과 영혼의 소경이 있습니다. 육신의 눈은 병원에서 치유를 받거나 하나님으로부터 치유를 받을 수도 있습니다. 그러나 영적인 소경은 세상 병원에서는 치유 받을 수 없고 오직 하나님으로부터 치유를 받아야 합니다. 우리가 안목의 정욕에 중독되어 산다는 것은 영적인 소경이라는 증거입니다. 왜냐하면 안목의 정욕으로 유혹하는 사탄의 정체를 보지 못하고 느끼지 못하기 때문입니다. 그러므로 안목의 정욕에 빠져 어둠이 주는 쾌락의 맛을 즐기며 마귀의 노예로 사는 것입니다.

영의 눈이 열려야 하는 가장 중요한 이유는 생명의 양식을 먹어야 하기 때문입니다. 성경 속에 담겨진 하나님의 뜻을 성령을 통해 받아먹으려면 소경의 눈을 치유 받아야 합니다. 이사야 6장 10절에 유다 백성들이 우상숭배와 온갖 죄를 짓고 타락함으로 말미암아 열렸던 영적 눈이 다시 닫혀 버리는 소경의 저주를 받았습니다. (마 13:13-15, 23:16,26 참조)

이 말씀을 우리에게 적용하면 성경을 읽어도 도무지 무슨 말씀인지 그 의미를 정확히 깨닫지 못하고 적용할 수도 없다는 것입니다. 이스라엘이 하나님을 잘 믿었을 때는 영적으로 보고 듣고 잘 깨닫고 순종했습니다. 그러나 교만과 강포와 탐욕의 완악한 마음과 우상숭배로 말미암아 하나님과의 언약을 파괴한 죄로 하나님을 보고 듣고 깨닫지 못하도록 정한 기간 저주로 묶어 버렸습니다.

그들은 바벨론과 이방민족의 노예생활로 인한 고난의 풀무 불속으로 들어가서야 지은 죄를 뉘우치고 아버지 하나님을 그리워하게 되었습니다. 주님께서 예레미야를 통하여 예언하신 70년이 찼을 때 바사 왕 고레스를 도구로 하여 하나님의 백성들을 해방시켜 주었습니다. 이때가 영적인 소경과 귀머거리와 벙어리의 입과 깨닫는 마음이 치유받을 때입니다. 고난의 풀무 불 즉 바벨론의 포로생활에서 철저히 회개하여 옛사람의 소유를 잃어버리고 황폐한 마음이 되었을 때 하나님이 새롭게 하신다는 것을 깨달을 수 있습니다.(사 6:11-12 참조)

"그 때에 맹인의 눈이 밝을 것이며 못 듣는 사람의 귀가 열릴 것이며."(사 35:5)

부패한 마음과 행실로 살면서 소유욕을 버리지 않는 이상 말씀이신 예수님을 마음으로 보고 듣고 깨달을 수 없습니다. 마음이 세상과 죄로부터 깨끗하고 순결하지 않으면 하나님을 볼 수 없다는 사실입니다.(마 5:8, 히 12:14, 요일 3:3 참조) 눈은 무엇을 상징하는 것일까요. 예수님께서 "눈은 몸의 등불이니 그러므로 네 눈이 성하면 온 몸이 밝을 것이요. 눈이 나쁘면 온 몸이 어두울 것이니 그러므로 네게 있는 빛이 어두우면 그 어둠이 얼마나 더하겠느냐."(마 6:22-23)라고 말씀하셨습니다.

우리 마음 안에 빛이 되어 깨닫게 해주는 것이 말씀입니다. 내면에 말씀의 빛이 밝을수록 영의 눈도 잘 보입니다. 말씀의 빛에 의하여 양심이 밝아지면 마음의 죄를 깨닫게 됨으로서 온 몸이 빛을 발하는 행실 즉 예수님의 인격으로 살게 된다는 뜻입니다. 사도 바울도 "믿음과 착한 양심을 가지라. 어떤 이들은 이 양심을 버렸고 그 믿음에 관하여는 파선하였느니라."(딤전 1:19)고 증언하였습니다. 생명의 말씀을 믿고 순종할수록 양심도 밝아진다는 사실입니다.

에베소서 1장 17-18절에 보면, "우리 주 예수 그리스도의 하나님, 영광의 아버지께서 지혜와 계시의 영을 너희에게 주사 하나님을 알게 하시고 너희 마음의 눈을 밝히사 그의 부르심의 소망이 무엇이며 성도 안에서 그 기업의 영광의 풍성함이 무엇이며."라고 말씀합니다. 아버지께서 지혜와 계시의 영을 주서서 영혼의 눈이 밝아져야 하나님을 경험적으로 알게 된다는 말씀입니다. 하나님을 경험한다는 것은 곧 보이지 않는 말씀을 믿을 때 삶속에서 그 말씀의 실제를 경험하는 것입니다.

성령을 통해서 지혜와 계시의 영을 받아 눈 즉 양심을 밝히려면 먼저 회개를 해야 합니다. 단단한 식물을 먹는 장성한 자들은 지각을 사용하여 연단을 받아 선악을 분별한다고 증언하고 있습니다.(히 5:14 참조) 하나님의 말씀으로 연단을 받아야 양심이 밝아지고 지혜와 명철과 총명이 주어져 선악을 분별하여 악을 끊고 선을 행할 수 있는 것입니다.

인간의 지혜로는 하나님을 알 수 없습니다. 성경 속에 감추어 놓은 보화 즉 예수 그리스도의 말씀도 깨달을 수 없습니다. 성령의 감동으로 기록한 성경은 성령님이 그 의미를 마음을 열고 깨닫게 해주셔야만 비로소 생명의 역할을 하는 것입니다.

예수님의 말씀을 보고 듣고 깨닫기 위해서는 연단을 받아가며 내 생각과 감정과 의지를 전부 십자가 앞에 내려놓고 하나님만 바라봐야 합니다. 그리고 하나님의 말씀으로 회개하여 심령이 순결해야만 눈이 밝아질 수 있습니다.(시 19:8 참조)

어둠의 영에 결박된 것을 어떻게 분별할 수 있을까요. 사람마다 집착하고 좋아하는 것들이 있습니다. 예를 들어 음란 동영상, 잡지, 무협지, 게임, TV, 영화, 쇼핑 등등.. 마음을 쏙 빼앗고 즐겁게 해주는 것들입니다. 사탄이 지배하는 세상에서 영적으로 무가치한 것들을 보고 즐길 때 어둠의 영들도 함께 따라 들어옵니다. 그러면 하나님의 성전인 마음이 순식간에 쓰레기장이 되어 어느 순간 자신도 의식하지 못하는 사이에 구더기 인생을 살아가게 되는 것입니다. 그러므로 하나님의 백성들은 마귀가 미혹하기 위해 던져주는 세상의 쓰레기를 과감하게 거부할 수 있어야 합니다.

주님께서 마태복음 5장 29절에 오른 눈이 실족(범죄)케 하면 빼어 내 버리라고 했습니다. 사람은 보고 듣는 대로 생각하고 말하기 때문에 눈으로 보는 것은 영혼에 중요한 영향을 미칩니다. 나쁜 것을 보면 나쁜 생각을 하여 마음을 더럽게 할 수 있고, 좋은 것을 보고 들으면 좋은 생각을 하여 좋은 열매를 맺을 수 있습니다.

온 몸에서 가장 예민하게 영들의 활동을 느낄 수 있는 곳이 바로 눈입니다. 우리의 눈은 마음의 창과 같습니다. 눈으로 안 좋은 것을 보는 순간 보혈의 보호막이 깨지고 마음의 창으로 어둠이 침입합니다. 그러므로 세상으로부터 철저하게 눈의 순결을 지키고 주님을 바라봐야 합니다. 눈을 지키지 못하는 것이 곧 마음을 지키지 못하는 것과 같습니다. 마음을 지키지 못하는 것은 마음의 문을 세상 것에 활짝 열고 하나님의 성전을 귀신이 들락거리는 강도의 소굴로 만드는 것입니다.

영혼의 양식인 하나님의 말씀을 먹지 않고 미디어를 통해서 마귀가 주는 세상 쓰레기와 같은 정보들을 내면으로 받아들이게 되면 예수님과 인격적인 교제가 어렵습니다. 우리가 무엇을 보고 듣고 먹느냐에 따라서 영혼이 움직인다는 사실입니다. 그러므로 미디어를 선별해서 유익한 것만 보고 절제하십시오. 절제할 수 없거든 과감하게 끊고 불편하게 사는 것이 좋습니다. 그것이 영혼을 지키는 방법입니다.

마귀는 미디어로 강력하게 미혹하여 나쁜 것들을 보게 하고, 눈으로 많은 어둠을 끌어들여 독을 퍼트립니다. 그래서 원하는 것을 보지 않으면 견딜 수 없게 만들어 결국 노예로 사로잡습니다. 내 영혼을 마귀에게 팔아버리고 지옥으로 가는 것보다 안 좋은 내용들은 보고 듣고 말하지 말고 과감하게 끊어버리는 것이 영혼의 살길입니다.

하나님께서 "내가 거룩하니 너희도 거룩하라."고 말씀하셨습니다. 또한 "모든 사람과 더불어 화평함과 거룩함을 따르라. 이것이 없이는 아무도 주를 보지 못하리라."(히 12:14)고 말씀하였습니다. 마음이 거룩해야 하나님과 이웃과 화평할 수 있습니다. 마음이 청결하기 위해서 눈 단속을 철저히 하십시오.

"내 눈을 돌이켜 허탄한 것을 보지 말게 하시고 주의 길에서 나를 살아나게 하소서."(시 119:37)

시기 질투한 죄

모든 죄 중에서도 특히 시기 질투는 무서운 죄입니다. 대제사장과 외식하는 바리새인과 서기관들이 시기로 예수님을 십자가에 못 박아

죽였습니다. 마찬가지로 우리가 믿음의 형제를 시기하는 것은 예수님을 십자가에 못 박아 죽이는 죄와 같습니다. 그러므로 때로는 원수같이 여겨지는 혈육이나 교우들 그리고 이웃을 불쌍히 여기고 축복을 빌어주어야 합니다. 그들이 복을 받을 그릇이 못 되면 축복을 빌어준 사람에게 되돌아온다고 말씀하였기 때문입니다. (마 10:13 참조)

시기와 질투는 남과 비교할 때 잘 나타나는 죄입니다. 비교 의식을 갖는 것 자체가 자아중심입니다. 시기는 주 안에서 모든 것에 자족하며 감사한 마음으로 살지 못하게 만듭니다. 주어진 모든 것에 부족함을 느낄 때마다 자신의 연약함과 예수님의 십자가만을 자랑해 보십시오. 예수님 자체가 세상의 무엇으로도 살 수 없는 값진 보물입니다. 예수 그리스도 안에는 모든 보화가 감추어져 있습니다. 예수님 안에서 성령의 나타남과 생명의 능력이 부어질 때 영혼의 참 만족을 얻게 될 것입니다. (고후 12:9-10 참조)

시기 질투를 일으키는 원인이 무엇일까요. 코로나로 가난한 경제와 하는 일마다 실패로 인한 낮은 자존감과 열등감에 시달리는 탓일까요. 아니면 내면 깊은 곳에 자리 잡고 있는 정욕의 불만족 때문일까요. 그 모든 것에서 벗어날 수 있는 길은 오직 그 문제를 포기하는 것입니다. 포기는 마음에서부터 이루어져야 합니다. 마음에서 포기하고 내려놓으면 자유롭게 됩니다. 사람들과의 관계도 주 안에서 점점 좋아집니다.

애정과 욕망에 집착하는 나를 발견하고 십자가 앞에 내려놓아야 합니다. 자아중심적인 생각과 감정과 의지가 이미 십자가에 죽었음을 믿고 모든 주권을 주님께 넘기십시오. 성령님의 통치권 아래서 말씀을 받아먹고 인도함을 받아야 합니다. 그렇게 할 때 사람들과 비교하지 않고 자족하며 항상 기뻐하고 범사에 감사하며 살 수 있습니다.

시기 질투가 올라올 때 성령님께 물어가며 마음 깊은 곳에 숨겨진 동기를 찾아내십시오. 시기심은 교만한 것이며, 자아가 원하는 욕심이 채워지지 않은 탐욕이며, 세상을 사랑하는 음란죄입니다. 또한 영적으로 말씀을 부지런히 읽고 보혈로 회개하여 죄를 끊어내지 못한 태만 죄입니다. 이렇게 모든 죄는 연결이 되어 있습니다. 그러므로 시기 질투가 올라올 때 근원을 찾아 죄의 뿌리를 제거하는 즉 소유를 버리는 회개를 해야 합니다.

시기 질투는 주로 경쟁 대상으로 여기는 사람에게서 많이 나타납니다. 자아중심, 인본주의적 가치로 살아가는 사람들의 시기 질투는 자애심 속에서 왕 노릇하는 사탄입니다. 어둠의 정체를 발견하지 못하고 겉으로 드러난 죄만 가지치기 하듯이 가벼운 회개로는 근본적인 죄의 뿌리를 제거할 수 없습니다.

하나님께서 십계명에 이웃의 집과 소유 그 어떤 것도 탐내지 말라고 말씀합니다.(출 20:17 참조) 사도 바울도 탐심은 우상숭배라고 하였습니다. 마음의 소유를 내려놓고 생명의 말씀으로 채워나가면 남의 것을 탐하거나 시기 질투를 하지 않게 됩니다. 무가치한 것들을 내려놓고 가장 귀하고 가치 있는 예수님을 마음에 품을 때 모든 것에 자족하며 감사하는 삶을 살 수 있습니다.

"즐거워하는 자들과 함께 즐거워하고 우는 자들과 함께 울라."(롬 12:15)

뇌물을 주고받은 죄

물질에서 자유하지 못한 대부분의 사람들은 뇌물 앞에서 넘어집니다. 뇌물의 힘이 얼마나 강한지 잠언 17장 8절에 보면 "뇌물은 그 임자가 보기에 보석 같은즉 그가 어디로 향하든지 형통하게 하느니라."고 증언합니다. 물질만능주의에 빠져 사는 타락한 이 마지막 시대는 더더욱 뇌물은 강력한 힘을 발휘합니다. 돈을 사랑하는 것은 세상 신 마귀를 섬기는 행위 즉 우상숭배라는 것을 알아야 합니다.

또한 "은밀한 선물은 노를 쉬게 하고 품 안의 뇌물은 맹렬한 분을 그치게 하느니라."(잠 21:14)고 하였습니다. 은밀한 선물과 뇌물이 노염과 끓어오르는 분노를 그치게 만드는 대단한 힘이 있다는 것입니다. 노염과 분노를 일으키는 존재는 마귀입니다. 뇌물이 노염과 분노를 그치게 한다는 것은 뇌물은 곧 마귀의 밥이라는 것을 알 수 있습니다. 뇌물로 분노를 일으키는 마귀를 잠잠케 할 수 있다는 것은 바로 뇌물은 세상 신이 주는 우상의 재물이라는 것을 깨닫게 해줍니다.

하나님께서 가는 곳마다 형통케 하는 뇌물을 받지 말라고 하신 뜻이 무엇일까요. 뇌물은 하나님이 주신 선물이 아니기 때문에 결국 영혼을 죽이는 독이 된다는 것입니다. 또한 뇌물은 눈 즉 양심을 어둡게 하여 하나님의 뜻과 의를 행치 못하게 합니다.(출 23:8, 신 16:19, 전 7:7 참조) 뇌물이 얼마나 우리 영혼을 해롭게 하는지 뇌물을 싫어하는 자는 살 것이라고 말씀하고 있습니다.(잠 15:27 참조)

뇌물을 주고받는 것은 탐욕에 지배받는 죄입니다. 뇌물을 받아먹는 순간 그 영혼에게 빚을 지게 되고 영적으로 묶이게 됩니다. 그때부터 영이 그 사람의 노예가 되는 것입니다. 하나님의 말씀이 진리이고 법입니다. 영의 세계나 물질계 모두 하나님이 정하신 법과 질서에 따라 움직이는 것입니다.

그러므로 탐욕과 불순한 동기도 뇌물을 주고받았다면 하나님께서 계산하시는 심판대 앞에 서는 그날 그에 따른 대가지불을 해야 합니다. 사람에게 묶여 노예가 되지 않으려면 하나님의 뜻에 합당하지 않은 것은 주거나 받아서는 안 됩니다. 성령의 감동으로 주고받는 순수한 선물이 서로에게 유익한 것입니다.

예수님을 믿는 사람들은 세상의 헛된 것에 무릎을 꿇는 어리석고 미련한 자가 되지 말아야 합니다. 세상에서나 영계에서는 공짜가 없습니다. 남에게 공짜로 무엇을 받았거나 빼앗은 것이 있다면 육으로 갚지 못했을 경우 영적인 것으로라도 그 값을 지불해야 합니다. 이는 행한 대로 공평하게 상과 벌을 주시는 것이 하나님의 법칙입니다. (롬 2:6-11, 시 62:12 참조)

이런 꿈을 꾼 적이 있습니다. 지인 전도사님이 제 머리 파마를 해주면서 하는 말이 "파마를 말아주는 사이에 몸이 회복이 되었어요."라고 말했습니다. 그때 제가 "공짜는 없어요."라고 했습니다. 그분이 제 머리는 말아주는 대신 저는 그분의 짐(어둠의 영)을 받아 줌으로 그 영혼의 컨디션이 회복되었다는 것입니다. 꿈은 상징적인 그림으로 깨닫게 해주는 하나님의 사인입니다.

사도 바울은 주는 것이 받는 것보다 복되다고 하였습니다. 주님께서도 무엇이든지 남에게 대접을 받고자 하는 대로 너희도 남을 대접하라고 했습니다. (마 7:12 참조) 다만 순수한 동기로 해야 합니다. 사람들의 인정과 사랑받기 위해서, 또는 자기의 유익을 위한 불순한 동기로 해서는 안 됩니다.(눅 14:12-14 참조) 믿음의 말씀 안에서 성령의 감동으로 주고받아야 합니다. 그리스도인은 순수한 동기와 사랑으로 선물을 주고받을 수 있어야 합니다. 그것이 주님이 주신 모든 것으로 함께 공유하는 것입니다.

"내게는 모든 것이 있고 또 풍부한지라. 에바브로디도 편에 너희가 준 것을 받으므로 내가 풍족하니 이는 받으실 만한 향기로운 제물이요. 하나님을 기쁘시게 한 것이라."(빌 4:18)

사도 바울과 같이 온전히 자신을 바친 하나님의 참 종들 또는 그런 교회에 생명을 구원하는 일에 사용할 수 있도록 헌금하는 것은 하나님이 기쁘시게 받으시는 향기로운 제물이라는 것입니다. 하나님께서 주신 모든 것으로 하나님의 뜻에 합당하게 사용하지 못한 것들은 전부 회개해야 할 죄입니다. 이 세상의 모든 것은 하나님의 것입니다. 우리는 하나님의 것을 잠시 맡아 관리하는 청지기에 불과합니다. 나의 유익을 위한 목적으로 물질을 주고받은 죄들을 회개하십시오. 그리고 성령의 가르침을 받고 말씀 안에서 합당하게 물질을 사용하십시오. 그렇게 사용한 물질이 하늘나라에 저축하는 삶인 것입니다.

> "오직 너희를 위하여 보물을 하늘에 쌓아 두라. 거기는 좀이나 동록이 해하지 못하며 도둑이 구멍을 뚫지도 못하고 도둑질도 못하느니라."(마 6:20)

코에 하나님과의 소통이 막힘

육체 중에서 가장 중요한 것은 호흡입니다. 숨이 끊어지면 죽은 것이므로 호흡은 생명과 같습니다. 육이 숨을 쉬어야 살 수 있듯이 영혼도 호흡을 해야 삽니다. 하나님께서 사람을 흙으로 빚으시고 코에 생기를 불어 넣으셨을 때 비로소 생령이 되었다고 증언합니다.(창 2:7 참조) 영혼의 호흡은 살아있는 영이 할 수 있습니다. 그런 영혼은 성령을 모시고 믿음으로 사는 사람입니다. 그런 영혼이 믿음의 말씀 안에서 성령의 감동을 따라 마음을 열고 진솔한 기도를 드릴 수 있습니다.

부활하신 예수님께서 제자들을 향해 숨을 내시면서 성령을 받으라고 말씀하셨습니다.(요 20:22 참조) 여기서 숨이 바로 성령을 의미합니다. 성령이 우리 안에 거해야 죽은 영이 소생되고 그때부터 하나님과의 전인격적 교제의 삶으로 나아갈 수 있습니다.

성령을 모시고 사는 성도들을 향해 사도 바울은 쉬지 말고 기도하라고 하였습니다. 성령님의 음성을 듣고 교제하기 위해서는 영혼의 초점을 하나님께 맞추어야 합니다. 무시로 하나님과 교제하는 가운데 말씀 안에서 믿음으로 사는 것이 쉬지 않고 기도하는 삶입니다. 한마디로 주님의 임재 안에서 안식하는 삶 자체가 쉬지 않고 기도하는 삶인 것입니다.

그런데 세상 것에 초점을 맞추고 세상의 것을 보고 듣고 생각하고 그 안에 몸담고 살면 주님을 잊어버리게 됩니다. 그러면 호흡곤란이 오고 더 나아가 호흡이 막히면 하나님과의 소통이 막혀버립니다. 주님과 인격적인 교제가 안 되면 영은 살았으나 죽은 자의 삶이 됩니다.

사도 바울은 디모데전서 5장 6절에 "향락을 좋아하는 이는 살았으나 죽었느니라."고 증언하고 있습니다. 세상 정욕의 쾌락에 빠져 살다보면 영은 죽게 되고 하나님과의 소통은 막히는 것입니다.

그러므로 세상의 쾌락적인 것들로 인하여 하나님의 생기를 차단한 죄를 찾아 회개해야 합니다. 그리고 다시 성령님이 공급하는 생명수를 받아먹어야 살아있는 영이 됩니다. 하나님의 말씀을 믿음으로 소리 내서 읽으며 받아먹을 때 죽은 영이 살아나는 기적이 일어납니다.

또한 말씀 안에서 깨어 기도하지 않는 것도 죄입니다.(삼상 12:23 참조) 예수 그리스도의 말씀 안에서 믿음으로 하나님과 이웃을 사랑하지 않는 삶을 회개하십시오. 무엇보다도 진리를 벗어나 자기중심적인 생각과 욕심으로 기도한 것을 찾아 주님 앞에 내려놓으십시오. 내가 인생의 주인이 되어 내 마음대로 계획하고 내가 원하는 대로 행복한 방향을 좇아 산 죄를 회개해야 합니다.(고전 10:31 참조)

저는 가끔 주님과의 관계에서 영적으로 막힌 것이 있을 때 마귀의 공격으로 코 막힘이나 콧물이 나오는 증세가 나타날 때가 있습니다. 그때마다 손으로 코를 잡고 회개기도를 하면 오래가지 않아 곧 정상으로 회복이 되었습니다. 또한 다른 사람들의 어둠이 전이되었을 때 즉시 코 막힘이나 콧물증상이 나타났다가 사라질 때도 있습니다. 이는 짐 전이를 준 사람이 하나님과의 관계가 화목하지 못하다는 것을 깨닫게 해주는 것입니다. 심할 때는 하루 종일 콧물이 쉬지 않고 흘러내려 휴지를 달고 있다시피 하며 어려움을 겪을 때도 있었습니다. 그러나 주님께서 그날 잠자리 들기 전까지는 해결해 주셨습니다.

모든 죄가 하나님과의 관계를 막고 있는 것이지만, 특히 코에 문제가 생겼을 때는 생기를 받아먹고 영을 회복하라는 사인으로 받아야 합니다. 해마다 코의 알레르기 증세로 어려움을 겪는 분들도 말씀을 읽어가며 회개하여 하나님과의 관계를 회복해 보십시오. 그 문제가 사라지는 경험을 하실 것입니다. 의심하지 말고 반드시 믿음의 말씀을 붙잡고 회개한다면 반드시 응답을 경험하실 줄 믿습니다.

이 세상의 모든 문제들은 성경 안에 답이 있고, 주안에서 해결 받지 못할 문제는 아무것도 없습니다. 그러므로 문제를 가지고 주님 안으로 들어가서 믿음으로 구하고 찾고 두드려 보십시오. 하나님의 뜻에 합당하게 기도하고 하나님의 법대로 살지 않고 매사에 자아가 원하는 대로 생각하고 말하고 행동하고 느끼는 대로 살아온 죄를 자백하십시오. 그리고 문제를 주님께 맡겨드리십시오. 하나님께서 반드시 책임지실 것입니다.

악하고 부정적인 말

> "독사의 자식들아 너희는 악하니 어떻게 선한 말을 할 수 있느냐. 이는 마음에 가득한 것을 입으로 말함이라. 선한 사람은 그 쌓은 선에서 선한 것을 내고 악한 사람은 그 쌓은 악에서 악한 것을 내느니라."(마 12:34 35)

우리 입에서 나오는 말은 마음속에서 나오는 것이라고 말씀합니다. 어떻게 마음속에 있는 것들이 입 밖으로 쏟아져 나올까요. 그것은 영의 세계에서 활동하는 주님의 영과 어둠의 영들을 경험할 때 이해할 수 있습니다. 정직한 마음 안에서의 선한 말은 주님의 영이 역사하는 것이라면, 거짓된 마음에서 쏟아져 나오는 악한 말은 마귀가 역사하는 것입니다. 또한 마음 안에 선과 악 중 많이 쌓인 것이 입을 벌릴 때 더 많이 쏟아져 나옵니다. 그래서 솔직한 마음으로 이야기하는 것을 들어보면 그 사람이 누구인지를 알 수 있는 것입니다.

온 지체 중에서 가장 저주가 많이 흐르는 통로가 입에서 나오는 말이라고 할 수 있습니다. 무서운 것은 내가 지은 죄로 끝나는 것이 아니라 내 입에서 쏟아낸 악한 말들이 저주가 되어 자녀에게 흘러간다는 사실입니다. 말 자체보다는 말 속에서 역사하는 어둠의 영이 전이되는 것입니다. 영적인 것뿐만 아니라 육적인 벙어리, 어눌함, 수다스럽거나 말을 전혀 하지 않거나, 입만 벌리면 욕과 거짓말을 하는 것들이 악한 영의 지배로 나타나는 것입니다.

믿음의 형제들 사이에서 이간질하고 험담하며 수군수군 비방하는 말, 과장되고 속이는 말, 자랑하는 혀를 철저히 회개해야 합니다. 성령을 마음에 모시고 하나님의 뜻대로 행하는 믿음의 형제들에게 분노하는 것은 곧 주님을 향하여 분노하고 멸시하는 것과 같습니다. 형제가 죄를 지었으면 그분 안에 계신 성령께서 다루실 문제입니다. 그런데 하나님의 자리에 앉아 마음에 분을 품고 옳고 그름을 판단하고 정죄하여 형제에게 큰 상처를 줌으로써 마음에 악으로 밭 갈고 독을 뿌리게 되었다고 말씀합니다. (약 4:11, 욥 4:8 참조)

예수님께서 사탄에게 묶이지 않는 방법을 형제를 대하는 언행을 통해 교훈해 주고 있습니다. (마 5:22 참조) 주님께서 형제에게 노하는 자마다 심판을 받는다고 하셨고, 사도 요한도 형제를 미워하는 것이 살인죄라고 증언합니다.(요일 3:15 참조) 하나님이 보시는 관점은 육보다 마음의 동기를 중요하게 보십니다. 형제에게 마음으로 분을 품고 말을 할 때 독 기운을 퍼트려 큰 상처와 고통을 안겨준 것이므로 심판하시겠다는 것입니다.

또한 라가라고 욕설하는 자가 공회에 잡힌다는 말씀은 형제를 욕하면 다른 모든 형제들에게 공적인 자리에서 비판을 받게 된다는 것입니다. 그리고 형제에게 미련한 놈이라고 바보와 미친 취급을 하면 마귀의 공격으로 지옥 불에 들어가는 것 같은 고통을 허락하시겠다는 말씀입니다. 하나님께서는 반드시 행한 그대로 갚아주시는 공의의 하나님이심을 잊어서는 안 됩니다. 그러므로 입 밖으로 쏟아낸 죄만 회개할 것이 아니라 마음 깊은 곳에 숨겨진 죄의 동기를 찾아 회개하는 것이 더 중요합니다.

다윗은 "교만하고 완악한 말로 무례히 의인을 치는 거짓 입술로 벙어리 되게 하소서."(시 31:18 참조)라고 기도하였습니다. 영적인 벙어리 또는 육적인 언어 장애는 조상들이 하나님 앞에 교만하고 완악한 말로 타인을 괴롭히고 고통을 주었다는 것을 깨달을 수 있습니다. 이런 모든 저주는 예수님 안에서 속죄은총을 진심으로 믿고 죄를 회개하면 치유 받을 수 있습니다. 설령 사도바울의 가시처럼 육신이 치유 받지 못한다고 해도 영혼의 질병이 치유됨으로 말미암아 그런 연약함은 주님께로 가까이 나아가는 은혜의 통로가 될 것입니다.

영의 입이 치유되면 육신의 입에서 성령의 능력이 흘러나와 영혼들을 살려주는 말을 합니다. 성령이 입술을 잡고 있는 사람의 말은 영혼을 살려주고 위로와 힘을 줍니다. 꿀벌이 꽃향기를 맡고 찾아오듯이, 그리스도의 향기를 나타내는 성령의 사람들 주변에는 영적인 도움을 받기 위한 사람들의 발길이 끊어지지 않습니다. 우리가 예수 그리스도 안에서 믿음으로 살면 입술을 주님께서 주장해 주십니다. 그러나 믿음의 말씀 밖으로 벗어나 육신의 생각과 말을 할 때는 마귀가 역사를 한다는 것을 기억해야 합니다.

마음에 원치 않는 분노가 일어날 때는 주님을 간절히 찾으십시오. 솔직하게 마음을 아뢰고 입술에 파수꾼을 세워 달라고 기도한 후 그 분노를 주님께 올려드리십시오.(시 141:3 참조)

우리 신체 중에 가장 아름다운 것은 성령의 통로로 쓰임 받는 지혜로운 입술입니다. 입술의 말은 내면을 보여주는 중요한 통로입니다. 그러므로 마음을 정결케 하여 하나님을 찬양하고 영혼들을 살려주는 지혜롭고 아름다운 입술이 되어야 합니다.(잠 20:15 참조)

더 이상 내면의 쓰레기를 사람들에게 쏟아놓지 말고 하나님께 마음을 토설하고 주님의 통치권 아래로 들어가십시오. 진솔하게 지은 죄를 자백하여 사탄의 묶임을 풀어야만 아름다운 입술의 열매를 맺을 수 있습니다.(엡 4:29 참조)

> "진리의 말씀이 내 입에서 조금도 떠나지 말게 하소서 내가 주의 규례를 바랐음이니이다."(시 119:43)

진리를 듣기 싫어하는 귀

> "목이 곧고 마음과 귀에 할례를 받지 못한 사람들아 너희도 너희 조상
> 과 같이 항상 성령을 거스르는도다."(행 7:51)

우리의 귀는 듣고 싶은 것만 들으려고 합니다. 그러다보니 자기가 좋아하는 말에는 귀가 활짝 열려있지만, 싫어하는 말이나 부담스러운 말은 한 귀로 흘려버리거나 양 귀를 막습니다. 우리는 사랑하는 예수님의 말씀을 듣기 위해 성령의 음성에 귀를 활짝 열고 살아야 합니다.

그런데 안타까운 것은 성도들이 진리를 듣기 거부하거나 부담스러워한다는 사실입니다. 하나님의 말씀 중에서도 영혼의 위로와 힘을 주는 말이나 축복의 메시지만 좋아합니다. 죄를 지적하는 책망과 권면과 훈계의 메시지는 부담스러워합니다. 과거 이스라엘 백성들과 조금도 다를 것이 없습니다.

어떤 소리를 듣기 좋아하느냐에 따라서 내 믿음의 현주소를 알 수 있습니다. 주님을 사랑하는지 세상을 사랑하는지를 알 수 있습니다. 세상 것에만 귀를 활짝 열고 살면 영혼의 귀머거리가 되어 성령의 음성을 듣지 못합니다. 그래서 주님이 "귀 있는 자들은 성령이 교회들에게 하시는 말씀을 들을지어다."라고 말씀하신 것입니다. 그것을 볼 때 모든 사람들에게 진리를 들을 수 있는 영의 귀가 열려 있지 않다는 것을 알 수 있습니다. 사탄이 귀를 막고 있으면 하나님의 말씀을 마음으로 듣고 깨닫고 회개할 수 없다는 사실입니다.

그리스도인이 주님의 말씀보다 자아가 듣기 좋아하는 소리만 들으

려고 했다면 그 죄를 찾아 회개해야 합니다. 믿음은 진리를 들을 때 생기는 것입니다. 진리를 듣지 않으면 믿음의 삶을 살 수 없습니다. 믿음이 없이는 하나님을 기쁘시게 할 수 없으므로 결국 구원의 길에서 이탈하여 멸망을 당하게 됩니다.

마지막 시대는 사람들이 바른 교훈을 받지 않는다고 하였습니다. 진리를 싫어하고 자아가 듣기 좋아하는 말, 귀를 즐겁게 해주는 말을 들으려고 자기 욕심에 맞는 스승을 많이 둔다고 하였습니다.(딤후 4:3 참조) 예를 들어 교회에서나 인터넷을 통해 좋아하는 목사들을 선정하여 자기가 듣고 싶어 하는 설교에만 귀를 열고 자아가 원하는 가르침을 받아가며 지식욕을 채우는 것으로 만족을 얻는 것입니다.

예수님께서 마지막 시대에 "인자가 올 때에 믿음 있는 자를 보겠느냐"라고 말씀하신 것처럼, 진리가 희귀한 영적 기근 속에 살고 있습니다. 그러다보니 성령의 감동으로 복음의 본질을 능력으로 전하는 성령의 사람들은 인기가 없습니다. 이와 같은 현상이 일어나는 이유는 같은 영끼리 통하고 소통하기 때문입니다. 거짓의 영에 미혹당한 사람은 진리를 듣고 소화하지 못합니다. 반대로 주님 안에 거하는 정직한 사람은 거짓을 거부합니다. 이러한 영적 원리를 볼 때 얼마나 교회 안에 거짓의 영이 성도들을 지배하고 있는지 알 수 있습니다.

하나님께서 선지자 에스겔에게 바벨론에 사로잡혀온 하나님의 백성들이 죄를 뉘우치고 악에서 돌이켜 하나님의 품안으로 인도하라고 파수꾼의 사명을 주셨습니다. 패역한 이스라엘 백성들은 이마가 굳고 마음이 강퍅하여 하나님의 말씀을 듣고자 아니할 것이지만, 그들이 듣든지 아니 듣든지 전하라고 말씀하셨습니다.(겔 3:7-21 참조)

에스겔 선지자처럼 파수꾼의 사명을 받은 하나님의 종들은 성령님께 가르침을 받고 말씀을 입에 넣어주는 대로 담대하게 전해야 합니다. 임의로 전해서도 안 되고 사람의 귀에 듣기 좋아하는 축복의 말씀만 전해서도 안 됩니다. 만약 하나님께서 감동과 입에 말씀을 넣어주신 것을 전하지 않아서 악인이 회개하지 못하고 죽었다면 그 피 값을 파수꾼의 손에서 찾겠다고 말씀하셨습니다.

사람들은 십자가의 쓴 진리가 영혼에게 양약이 되는데도 불구하고 귀에 달콤하게 들리는 생명력 없는 설교를 더 좋아합니다. 마귀가 주는 선악과에 중독되어 가려운 귀만 시원하게 긁어주는 설교에 만족하는 것입니다. 그리고 매일 원하는 설교를 듣고 지식으로 많이 알고 있는 것이 진짜 믿음이 좋은 것으로 착각합니다. 지금까지 그런 식으로 신앙생활을 해왔다면 말씀을 읽는 방법으로 회개하여 귀에 할례를 받아야 합니다. (렘 6:10 참조)

좋은 설교를 듣는 것도 좋지만, 꾸준히 성경 전체를 빼놓지 말고 날마다 소리 내서 먹어야 합니다. 왜냐하면 죽고 사는 것이 혀의 힘에 달렸다고 말씀하였기 때문입니다. 혀를 쓰기 좋아하는 자가 혀의 열매를 먹는다고 증언합니다. (잠 18:21 참조) 하나님의 말씀을 소리 내서 읽을 때 영의 귀가 듣고 믿음이 생기는 것입니다. 혀로 하나님의 말씀을 읽고 전할 때 말씀의 능력이 주어져 생명의 열매를 맺게 된다는 말씀입니다.

그 다음 사람들에게 칭찬의 소리만 듣기 좋아했던 죄를 자백하고 주님의 십자가 앞에 내려놓아야 합니다. 사람들이 인정하고 높여주는 소리만을 듣기 원한 죄를 회개해야 합니다. 그와 반대로 자존심이 강하여 책망의 소리를 듣지 못한 죄도 회개해야 합니다. 훈계와 책망의 소리를 듣지 못하고 항상 귀에 듣기 좋은 소리만을 원하는 사람들은 회개의 설교를 들을 때에도 상처받고 넘어지기 쉽습니다. 자신을 너무 사랑한 나머지 하나님의 말씀 앞에서도 실족당하는 것입니다.

예수님을 믿는 사람들 가운데 이명으로 고생하는 분들이 적지 않습니다. 왜 하나님께서 이명을 허락하셨는지를 깨닫고 회개해야 치유 받을 수 있습니다. 주파수를 주님께 맞추고 목자의 음성을 듣지 못한 죄를 회개하십시오. 세상의 잡소리, 사람의 칭찬과 인정을 원하는 육신의 소리를 내려놓고 오직 주님의 음성에 귀 기울이고 사십시오.

하나님의 말씀으로 훈계와 책망을 받고 회개하지 못한다면 어떻게 천국에 들어가겠습니까. 말씀의 빛을 받고 자아가 죽어진 만큼 부활 생명으로 살아갈 수 있습니다. 자신이란 존재는 아무것도 아닌 무로 여겨야만 주님의 생명으로 거듭난 삶을 살 수 있다는 것을 명심하십시오.

어둠의 영이 귀를 막고 있으면 아무리 말씀을 읽고 들어도 뒤돌아서면 다 잊어버립니다. 하나님의 말씀이 없는 마음은 완악하고 강퍅하여 자기 소견에 옳은 대로 행합니다. 말씀을 알지 못하면 어떤 상황이 주어져도 깨닫고 회개할 수 없습니다. 그러므로 어떤 질병보다 영적인 귀가 막혀 말씀을 깨닫지 못하는 것이 가장 심각한 저주입니다.

그러나 주님은 우리가 죄 사함 받기를 간절히 원하고 주님의 방법을 적용하여 회개한다면 빠른 속도로 귀를 막고 있는 저주의 묶임을 끊어주실 것입니다. 그리고 주님이 영의 귀를 열어 말씀을 깨닫게 해주시고 그 말씀대로 살도록 은혜를 부어주실 것입니다.

주님께서 선택한 양은 주님의 음성을 듣고 순종한다고 말씀하셨습니다.(요 10:27 참조) 성령은 한 목소리를 내기 때문에 들을 귀가 있는 양들은 주님의 음성만 알아듣고 순종하며 따라가는 것입니다. 그러므로 하나님의 음성만 듣기 위해 주야로 말씀을 읽어가며 회개하십시오. 죄를 회개한 곳에 말씀이 심어지고 싹이 나고 꽃이 피고 열매가 맺어질 것입니다.

> "너희는 귀를 기울이고 내게로 나아와 들으라. 그리하면 너희의 영혼이 살리라.."(사 55:3a)

목에 힘주고 자존심만 내세운 죄

> "내가 알거니와 너는 완고하며 네 목은 쇠의 힘줄이요. 네 이마는 놋이라."(사 48:4)

교회의 머리는 예수님이십니다. 성령을 모시고 주안에서 신앙생활 하는 영혼들이 교회입니다. 교회가 예수 그리스도께 순종하려면 "주님 뜻대로 하시옵소서!"하고 주권을 하나님께 드려야 합니다. 그런데 마음이 완고하고 교만하여 자아로 살면 목의 힘줄이 쇠가 되고 이마가 놋처럼 된다는 것입니다. 이처럼 강하게 굳어버린 완악한 영혼을 주님의 형상으로 빚기 위해서는 풀무 불속으로 들어가야 합니다.

하나님께서 선택한 신부들의 이마에 인을 칩니다.(계 7:3 참조) 그런데 이마가 놋으로 되어 있으면 인을 칠 수 없습니다. 또한 머리되신 예수님께서 말씀하셔도 목이 쇠로 고정되어 있으면 순종할 수 없습니다. 그러므로 풀무 불속에 들어가서라도 자아를 포기하는 회개를 철저히 하는 대수술을 받아야 합니다.

피부 살가죽처럼 달라붙은 유전 죄를 불속에서 녹여 없애지 않으면 그 죄는 해결할 수 없다는 사실입니다. 예수님의 속죄은총으로 구원받은 사람일지라도 회개하지 않은 죄는 하나님의 말씀으로 풀무 불속에서 불순물을 제거하는 연단을 받아야 합니다.(슥 13:8-9, 단 12:10, 히 12:11, 계 3:18 참조)

내 마음과 뜻대로 고집하며 완고한 마음으로 살아온 죄를 회개해야 합니다. 또한 모든 일에 자존심을 내세우고 자아를 끔찍하게 사랑한 죄를 회개해야 합니다. 높은 마음을 내려놓지 않으면 영적인 지식과 은사들을 자랑하며 하나님의 영광을 가로챌 수 있습니다.

교만을 십자가에 못 박고 겸손해 지려면 주님의 품안으로 들어가야 합니다. 믿음으로 자기를 부인하고 집착하는 소유들을 내려놓는 훈련을 해야 합니다. 매순간 빛의 말씀으로 죄의 동기를 찾아 십자가 앞에 내려놓고 주님만 의뢰해야 합니다. 그렇게 하지 않고 겸손의 모양새만 갖추고 사는 것은 외식입니다. 교만의 옷을 벗기 위해서는 하나님과 사람 앞에 용기를 가지고 정직하게 교만을 인정해야 합니다. 교만을 발가벗고 드러낼 때 사탄의 정체가 폭로되어 쫓겨나는 것은 시간문제인 것입니다.

경기도 오산에서 목회하다가 2015년 늦가을 합천으로 내려오기 한 두 달 전 일입니다. 갑자기 목의 심한 통증으로 움직일 수 없는 경험을 하였습니다. 마귀가 공격하는 것임을 깨달았습니다. 눕고 일어날 수가 없어 3일 동안 강단 앞에 앉아 눈물로 회개하며 지냈습니다. 두 다리를 뻗고 누워 잘 수 있다는 것이 얼마나 감사한 일인지 그때 처음 알았습니다.

조금만 움직여도 통증이 심하여 거의 아무 일도 할 수 없었습니다. 주님께 치유 받는 길은 오직 회개밖에 없다는 것을 깨닫고 상처 준 사람들을 떠올려가며 눈물로 회개하고 용서를 구하였습니다. 주님께서는 제가 감당하지 못할 지경이 되자 간신히 한 쪽으로라도 눕고 잘 수 있도록 만져주셨습니다. 그리고 얼마 후 치유가 덜 된 상태에서 합천으로 이사하였습니다. 큰 아픔을 통해 제 마음을 낮추어 주시고 지속적인 회개로 서서히 좋아지다가 몇 달 후에 정상으로 회복되었습니다.

저희 공동체 가족 중에 한 분도 저와 똑같은 경험을 하는 가운데 죄를 회개하고 주님의 치유를 경험하였습니다. 저희는 꾸준히 속건제 회개를 하는 가운데 마귀의 공격과 주님의 치유 경험을 많이 합니다. 그러다보니 병원에 갈 일이 거의 없습니다. 죄로 인한 징계를 통해 아픔을 겪지만 그로인해 회개함으로 치유 받고 믿음이 자라고 변화의 열매를 맺습니다.

사랑하는 자를 징계하신다는 말씀처럼, 회개를 잘 할수록 잘못할 때는 즉각 징계가 따르는 것을 경험합니다. 그러나 회개하려는 마음과 의지가 없는 사람들은 징계하지 않고 그냥 놔두십니다. 죄를 밥 먹듯이 짓고 사는데도 불구하고 징계가 없다면 하나님의 품을 이탈한 위험신호로 받아들이고 주님 앞에 살려달라고 엎드려야 합니다.

어깨가 짓눌리고 등판이 아픈 것도 목과 밀접한 연관이 있습니다.

그런 경우 사람들에게 마음을 감추고 겉과 속이 다르게 행동하는 외식을 회개해야 합니다. 하나님 앞에서 정직하지 못한 마음과 행실을 회개하십시오. 주님께서 죄 사함의 은혜로 평안과 기쁨의 선물을 안겨주실 것입니다. 예수님께서 "무릇 자기를 높이는 자는 낮아지고 자기를 낮추는 자는 높아지리라."고 말씀하셨습니다. (눅 14:11, 롬 12:16, 벧전 5:5 참조)

"그러므로 너희는 마음에 할례를 행하고 다시는 목을 곧게 하지 말라."(신 10:16)

내장의 질병

"주께서 내 내장을 지으시며 나의 모태에서 나를 만드셨나이다."(시 139:13)

우리 몸 안에 중요한 장기에 이상 있는 경우, 믿음의 말씀에 순종하지 못한 죄를 찾아 회개해야 합니다. 다른 곳에 이상 있는 것 역시 믿음으로 행치 않은 죄로 비롯된 것입니다. 성경은 믿음으로 살지 않는 모든 것이 죄라고 증언하고 있기 때문입니다. (롬 14:23 참조) 우리가 믿음으로 살지 않으면 성령님이 도와주시지 않기 때문에 사탄의 공격을 받아 넘어지게 됩니다. 계속 마귀에게 속아 범죄하고 살면서 회개하지 않으면 온갖 질병에 걸리기도 합니다. 자연적인 병까지도 믿음 밖에서 생긴 것들은 저주에 해당됩니다.

예외로 죄와 상관없이 그리스도의 고난에 동참하는 질병도 있습니다. 사도 바울의 경우를 들 수 있습니다. 죄에서 자유 함을 얻은 바울의 연약함은 오히려 은혜의 통로가 되었습니다.(고후 12:7-10 참조) 바울과 같은 믿음의 경지에서 당하는 질병은 그리스도의 고난에 동참하는 것입니다. 그러나 대부분의 성도들은 자신의 죄로 인하여 당하는 고난이므로 철저히 회개해야 합니다.

그리스도인들이 예수님보다 세상을 더 사랑하고 마음을 빼앗겨 살면 몸과 마음에 문제가 생깁니다. 속히 깨닫고 회개하고 하나님의 품으로 들어오라고 신호를 보내는 것입니다. 반대로 주님보다 세상을 더 사랑하고 깊이 빠져 사는데도 아무 문제없이 모든 일이 원하는 대로 잘 풀어진다면 그 또한 위험한 것입니다. 악인이 형통하는 것은 순식간에 멸망한다고 하였기 때문입니다.(시 73:3-20 참조)

그런데 징계는 아무 때나 주어지는 것이 아니고 만사에 정한 기한과 때가 있다고 증언합니다.(전 3:1-8 참조) 예수님을 믿고 성령을 모시고 산다고 할지라도 복음적 삶 즉 나는 죽고 그리스도로 살지 않는 것은 전부 죄 아래서 사는 것입니다. 다만 하나님께서 징계하실 때가 되지 않았기 때문에 현재는 건강하게 사는 것뿐입니다.

하나님께서는 언젠가 은혜의 빛이 마음에 비추어 진리를 깨달을 때 살아온 삶을 계산하실 것입니다. 그때 진리로 살지 않고 쌓아놓은 죄들을 믿음의 분량에 맞게 드러내시 연단하실 것입니다. 이것은 영혼을 구원하시고자 하는 하나님의 섭리입니다.

머리부터 발끝까지 모든 죄는 하나님이 징계하시는 그날에 질병과 각종 환난을 통해 회개할 수 있게 역사하십니다.(고후 5:10, 히 9:27, 롬

14:10-12, 고전 3:12-15, 계 20:11-15, 단 7:9-10 참조) 주님의 마음을 아프게 하고 진리를 배반한 죄, 율법의 행위에 치우쳐 속사람이 복음으로 살지 않은 죄는 어둠의 영에 묶여 자유가 없습니다. 모든 죄와 질병의 묶임은 하나님만이 푸실 수 있습니다. 하나님은 능치 못할 일이 없는 전능하신 분이십니다. 우리가 죄를 진심으로 인정하고 토설하며 용서를 구하면 긍휼을 베풀어 주십니다.

우리는 날마다 옛사람의 행위를 벗어버리고 믿음으로 살아야 합니다. 자기가 노력해서 새사람으로 변화되는 것이 결코 아닙니다. 예수님을 믿고 그분 말씀 안에 거하면 자동으로 속죄은혜를 받게 됩니다. 예수님의 속죄은총을 믿고 적용할 때 성령님이 옛사람의 더러운 옷을 벗기고 그리스도의 아름다운 성품으로 변화시켜 주시는 것입니다.

장기간 심장병으로 고생하는 사람이 있는가 하면(신 28:58-59 참조) 일시적으로 심장이 아픈 경험을 하는 사람들도 많습니다. 각 사람마다 차이가 있지만, 아픈 부위에는 반드시 마귀가 붙어 역사합니다. 영육이 죄로 부패한 곳에 세균 같이 어둠이 많은 것은 당연한 것입니다. 많은 경우 평소에는 괜찮다가도 죄를 지어 주님을 아프게 할 때 마귀가 공격함으로써 심장이 뜨끔거리는 증상이 나타나기도 합니다. 저도 그러한 경험을 가끔 하는 편입니다. 그리고 십년이상 수시로 명치 막힘과 엉덩이 근육통으로 어려움을 많이 겪었습니다. 주님께서 죄와 정욕으로 인하여 장기간의 연단임을 깨닫게 해주셨습니다. 탕감의 은혜를 받기 위해서 작정 회개기도를 드렸을 때 평안으로 응답해 주셨습니다.

그 후 명치 막힘은 완치 시켜주셨으나 엉덩이 근육통은 완화만 시켜 주셨을 뿐 아직까지 남은 고통은 사라지지 않았습니다. 대신 그런 연약함이 다른 죄를 피할 수 있는 은혜의 통로가 되었습니다. 하나님께서 정한 기한이 마칠 때 치유해 주실 수도 있고, 아니면 사도 바울의 가시처럼 연약한 모습 그대로 주님과 동행을 허락하실 수도 있을 것이라 생각합니다. 그러나 감사하게도 마음만은 그런 불편한 것에 매이지 않는 자유와 평안이 있습니다.

한번은 꿈에서 아는 권사님의 딸과 대화를 하던 중 몇 달째 심장이 아파 호흡이 어렵다는 말을 하였습니다. 저는 그 자매의 심장에 손을 대고 치유 기도를 해주었습니다. 주님께서 그 자매가 심장이 아픈 이유를 말씀해 주셨습니다. 바로 하나님의 말씀을 듣고 순종하지 않았기 때문이라는 것이었습니다. 이렇게 사랑이 많으신 주님께서는 꿈을 통해서도 질병의 원인을 깨닫게 해주셨습니다.

예수님은 우리의 치유자십니다. 고난을 허락하시는 것은 회개시키기 위한 목적이 있습니다. 그러므로 질병에 초점을 맞추지 말고 죄를 깨닫고 회개하고 내려놓으십시오. 그러면 자연스럽게 질병은 치유 받게 될 것입니다. 질병을 치유받기 위해 회개 기도하는 가운데 병원에서 수술을 받거나 약을 먹고 나았으면 그것 역시 하나님이 치유해 주신 손길임을 믿고 감사해야 합니다.

구약에서 죄를 짓고 깨닫고 회개할 때의 속건제물이 숫양입니다. 숫양은 예수님을 상징합니다. 신약시대에 죄를 짓고 회개할 때는 믿음을 가지고 말씀을 읽는 방법으로 드릴 수 있습니다. 하나님 아버지는 예수님만 받으시기 때문입니다. 믿음의 말씀 안에서 기도와 찬양을 올려드리며 죄를 구체적으로 회개할 때 죄 사함의 은혜가 주어집니다. 매일 그렇게 아바 아버지께 나아가야 하지만, 특별히 묶여진 죄는 날을 정해서 작정으로 드리는 것이 좋습니다.

말씀 읽기로 회개하면 영적 육적인 질병과 죄에서 자유함을 누릴 수 있다는 것은 성경이 증언하는 진리입니다. 그러므로 내장에 어떠한 질병이 있든지 간에 믿음을 가지고 말씀 읽는 방법을 적용하여 작정회개 기도를 꾸준히 드려보십시오. 반드시 죄 사함의 은혜를 통해 몸과 마음의 병을 치유 받고 하나님과 더욱더 친밀한 교제의 삶으로 나아갈 것을 확신합니다.

손으로 지은 죄의 질병

"또한 만일 네 오른손이 너로 실족케 하거든 찍어 내버리라. 네 백체 중 하나가 없어지고 온 몸이 지옥에 던져지지 않는 것이 유익하니라."(마 5:30)

예수님께서는 오른손으로 죄를 지으면 찍어버리라고 말씀하셨습니다. 그런 고통을 감수해서라도 죄를 끊어내지 않으면 적은 누룩이 온 덩어리에 퍼지듯 작은 죄가 순식간에 영혼 몸을 더럽게 한다는 것입니다. 그러므로 마귀의 생명이 흐르는 작은 죄라도 소홀히 여기거나 용납해서는 안 됩니다. 야고보는 "욕심이 잉태한즉 죄를 낳고 죄가 장성한즉 사망을 낳느니라."(약 1:15)고 증언합니다. 타락하고 부패한 마음 속 깊은 곳에 뿌리를 내린 탐심이 죄를 짓게 한다는 것입니다. 탐심을 도구로 밥을 먹고 사는 존재가 바로 마귀라는 사실입니다. 작은 죄라도 소홀히 여기고 방치하면 결국 죄로 인하여 영혼이 죽게 된다는 것을 교훈해 주고 있습니다.

손으로 죄를 짓는 것은 곧 몸으로 죄를 짓는 것과 같습니다. 여기서는 대표적인 죄만 살펴보겠습니다. 구체적인 죄는 개인이 성령의 조명으로 깨닫고 회개하십시오. 육신의 일에 푹 빠져 사는 일중독이 있습니다. 그들은 일을 하지 않으면 불안해서 견디지 못합니다. 그것은 영적 노예근성을 가지고 사는 것입니다. 주안에서 안식을 누리기 위해서는 회개로 묶임을 풀고 집착하는 일을 마음에서 내려놓아야 합니다.

그 다음엔 폭력, 살인, 도둑질, 도박, 놀음, 바둑, 게임 등.. 중독에 빠져 손으로 죄를 짓는 것들입니다. 말씀 읽음으로 회개할 때 위에 해당되는 것들 중 한 가지 의 제목만 가지고 구체적인 기도를 드리는 것이 좋습니다.

또한 하나님의 것을 움켜쥐고 마땅히 베풀어야 될 곳에 베풀지 않고 인색한 것도 손으로 지은 죄입니다. 나의 생명과 나에게 주신 모든 소유물은 하나님의 것입니다. 그러므로 주님이 기뻐하시는 곳에 몸과 마음을 드리고 물질도 심어야 합니다.

마귀는 끊임없이 정욕을 따라 살도록 욕망을 부추깁니다. 죄를 짓게 하는 소유를 과감하게 버리지 않으면 죄의 결박을 끊을 수 없습니다. 주님을 사랑하고 영혼을 살리기 위해서는 죄를 짓게 하는 것들을 어떤 희생과 아픔을 감수해서라도 믿음으로 끊어야 합니다.

우리가 죄와 싸우되 피 흘리기까지 대항치 아니하면 마귀가 우는 사자와 같이 두루 다니며 삼킬 자를 찾아 연약한 틈을 타고 넘어뜨립니다. (히 12:4, 벧전 5:8-9 참조) 주님께서 "율법을 좇아 거의 모든 물건이 피로써 정결케 되나니 피 흘림이 없은즉 사함이 없느니라."(히 9:22)고 말씀하셨습니다. 그렇다고 하여 죄와 마귀를 우리 힘으로 싸우라는 뜻이 아닙니다. 우리의 힘으로는 죄와 마귀를 이길 수 없습니다.

다만 죄 속에서 역사하는 마귀와 피 흘리기까지 싸우라는 것은 성령을 의지하여 자아를 십자가의 죽음에 넘기라는 말씀입니다. 상하고 통회하는 마음과 믿음으로 죄를 버리고자 하는 결단이 필요합니다. 사도 바울은 마귀의 궤계를 대적하기 위하여 하나님의 전신갑주를 입으라고 권합니다. 우리의 씨름은 혈과 육에 대한 것이 아니고, 정사와 권세와 어두움의 세상 주관자들과 하늘에 있는 악의 영들에게 대함이라고 증언합니다.(엡 6:11-12 참조) 성도들이 싸워야 할 대상은 육의 눈으로 보이는 것이 아니고 배후에서 역사하는 원수 마귀와의 싸움이라는 것입니다.

저희 공동체에 함께 사는 박전도사님의 간증을 소개합니다. 2017년도 어느 날 갑자기 오른쪽 팔과 연결된 등 반쪽이 아프기 시작했습니다. 약하게 시작한 통증은 점점 심해져 5개월 정도는 손가락도 움직일 수 없을 정도의 통증으로 말할 수 없는 어려움을 겪었습니다. 혼자 눕고 일어나기도 힘들었고, 누워서 몸을 조금만 움직여도 통증이 심하여 밤잠을 이루지 못하고 눈물로 꼬박 새우다가 새벽 한 두 시간 정도만 잠을 잤습니다.

왼손으로 식사를 하고 한 손으로 간신히 옷을 입고 씻어야 하는 등.. 오른손으로는 아무것도 할 수 없는 상태로 지냈습니다. 큰 아들이 영적인 문제라는 것을 알면서도 엄마가 당하는 고통을 차마 볼 수 없다고 사정하여 병원을 다녀왔습니다. 의사가 진단을 해도 원인을 알 수 없고 의학으로는 치유할 수 없다고 하여 더 이상 병원을 찾지 않았습니다.

그러던 중 공동체에서 함께 말씀 읽는 방법으로 작정 회개기도를 시작하였습니다. 그때 몇 년 전에 소천하신 남편 목사님에게 사랑으로 대하지 못하고 마음으로 미워한 죄를 통회하였습니다. 그 외에 주님께서 깨닫게 해주시는 모든 죄를 찾아 통회자복 하였습니다.

사탄의 공격과 사망의 그림자에 가려져 주님의 빛을 받지 못하고 어둠 속을 헤매며 고통과 외로움의 나날을 눈물로 보내던 어느 날 새벽 기도 시간에 주님께서 찾아오셨습니다. "사랑하는 딸아 내가 없었던 것 같았지?", "네 주님이 없어서 너무 힘들었어요." 그 후에 주님께서 또 말씀하셨습니다. "나를 써주겠니?", "제가 어떻게 주님을 써요. 주님이 저를 써 주셔야죠." 주님께서 써달라는 뜻은 자아를 부인하고 온전히 맡겨 드릴 때 하나님께서 일하시겠다는 뜻으로 깨달아졌습니다.

말씀을 소리 내서 읽어가며 상한 심령으로 회개기도를 드렸을 때 주님을 새롭게 만났고, 그 후부터 주님의 만지시는 손길로 서서히 치유가 되기 시작하였습니다. 불같은 연단을 받으며 통회 자복하여 마음이 회복됨과 동시에 아픈 팔과 등판이 치유되기까지 8개월이 걸렸습니다.

손에 재능을 주셔서 뜨개질이나 수신, 집안 일 등 일중독에 걸릴 정도로 잠시도 손을 놀리지 못하는 성격이었습니다. 그런데 오른 팔을 전혀 쓰지 못함으로 말미암아 일하던 손을 내려놓고 치유되기까지 8개월 정도는 성경 읽고 기도하는 일에 시간을 보냈습니다. 이때 몸과 마음이 주님을 향하였고 자신을 돌아보며 깊은 회개를 할 수 있는 귀한 시간이었습니다.

박전도사님뿐만 아니라 이곳에서 함께 생활하는 믿음의 형제 중에서도 일일이 기록할 수 없지만 수많은 간증들이 있습니다. 갑자기 팔과 손을 쓰기 어려울 정도의 통증으로 큰 어려움을 겪다가도 회개하면 순식간에 치유 받고 정상으로 회복된 체험들이 아주 많습니다.

이와 같이 세상에서 치유할 수 없는 어떤 질병도 주님을 만나면 치유 받을 수 있습니다. 사도 베드로의 장모가 열병으로 앓아 누워있는 것을 보신 예수님께서 손을 만지시자 열병이 떠나고 예수님을 수종들었다고 증언합니다. (마 8:14-15, 12:13 참조) 예수님께 치유 받은 손은 그때부터 주님을 섬기는 일을 하게 됨을 볼 수 있습니다. 우리도 주님을 만나 치유 받았으면 그 후로는 주님을 위해서 몸과 마음을 드려야 합니다.

"썩을 양식을 위하여 일하지 말고 영생하도록 있는 양식을 위하여 하라. 이 양식은 인자가 너희에게 주리니 인자는 아버지 하나님께서 인치신 자니라."(요 6:27)

정욕을 추구하는 탐심

"그러므로 땅에 있는 지체를 죽이라. 곧 음란과 부정과 사욕과 악한 정욕과 탐심이니 탐심은 우상 숭배니라. 이것들로 말미암아 하나님의 진노가 임하느니라."(골 3:5-6)

선악과를 먹고 타락한 인간은 끊임없이 육신의 정욕, 안목의 정욕, 이생의 자랑으로 탐욕을 채우려고 노력하지만 거기에는 만족이 없습니다.(요일 2:16 참조) 이유는 하나님의 형상으로 창조 받은 인간은 하나님으로부터 받아먹는 것으로 만족하게 지음 받았기 때문입니다. 인간이 세상 정욕에 지배받아 끝없이 탐심에 사로잡혀 사는 것은 마귀의 노예로 사는 것입니다.

전도서 6장 7절에 "사람의 수고는 다 자기의 입을 위함이나 그 식욕은 채울 수 없느니라."고 증언합니다. 여기서 입과 식욕은 육신의 입과 먹는 음식만 국한해서 말씀하고 있지 않습니다. 육의 음식뿐만 아니라 눈으로 보고 귀로 듣고 마음으로 생각하는 육신의 것들이 영혼의 배로 들어가는 영적 음식이라고 할 수 있습니다. 다시 말해서 오감을 만족시켜 주는 정욕의 음식들을 먹기 위해 날마다 수고해도 만족함이 없다는 것입니다. 맛있는 음식은 먹을 때만 기쁘듯이 정욕의 맛도 그 순간에 지나지 않습니다. 결국 때가 되면 모든 인간은 하나님의 심판대 앞에 서게 됩니다. 히브리서 기자는 "한번 죽는 것은 사람에게 정해진 것이요, 그 후에는 심판이 있으리니."(히 9:27)라고 증언하고 있습니다. 그러므로 눈에 보이는 것만 탐하는 짐승 같은 인격으로 살면 안 됩니다.

사도 바울은 땅의 일만 생각하고 욕망을 좇아 사는 것이 바로 배를 신으로 섬기는 것이라고 증언합니다.(빌 3:19, 롬 16:18, 딛 1:12 참조) 그리고 위엣 것을 생각하고 땅엣 것을 생각지 말라고 말씀하였습니다.(골 3:2 참조) 성도들이 믿음 안에 거하지 않고 세상 적이고 정욕 적이고 마귀 적으로 사는 것은 곧 세상 임금인 사탄을 섬기는 것과 다름이 없다는 것을 알아야 합니다.

구약의 이스라엘 백성들은 하나님을 잘 섬기다가 등이 따뜻하고 배부르게 되자 이방 신에게 눈을 돌리고 우상숭배를 하였습니다.(신 31:20 참조) 마음으로는 하나님에 대한 사랑과 경외함이 없이 그저 표면적인 율법행위로 말미암아 하나님을 진노케 하였습니다. 마찬가지로 성도들이 부활의 새 생명으로 살지 않고 자아가 원하는 본성으로 살면 우상숭배를 하는 것과 같습니다.

이것은 예수님의 사랑과 은혜를 배신하는 행위이므로 철저히 회개하고 자기를 위해서 만든 모든 우상들을 버려야 합니다.(출 20:4-5) 하나님을 믿는 사람이 눈에 보이는 것들을 의지하고 사랑하며 위로와 기쁨을 얻는 것은 하나님을 순전하게 믿고 의뢰하는 것이 아닙니다.

하나님의 영광을 위해 사용하라고 주신 영혼 육이 악의 도구가 되어 자신의 만족과 쾌락의 도구로 사용하는 죄의 근원이 되었습니다. 욕망이 만족하면 행복하고 욕망이 불만족하면 불행하다고 여길 정도로 애정과 욕망이 우상처럼 되었습니다.

사람들의 성격이 다르듯이 좋아하는 우상들도 다양하고 그 수를 헤아릴 수 없이 많습니다. 예를 들면 물욕, 식욕, 성욕, 수면욕, 명예욕, 권세욕, 이성간의 애정, 게임, 대중가요, 스포츠, 사우나, 여행, 쇼핑, 독서, 영화감상, 인터넷, TV 등입니다. 이 외에도 자아가 좋아하고 마음을 빼앗기고 살아가는 것들이 많습니다.

나의 우상이 무엇인지 알 수 있는 방법은 간단합니다. 예수님 외에 어떤 것에 가장 가치를 두고 행복과 불행이 결정되는지를 보면 알 수 있습니다. 나를 벌떡 일어나게 하고 생각과 몸이 자동으로 움직이게 하는 육신의 것들이 무엇인지, 기도로 진지하게 찾아보십시오. 자신의 마음과 행실과 환경을 돌아보고 가장 사랑하고 집착하는 것들을 찾아보십시오. 위에 해당되는 것들 중에 한 가지씩 제목을 가지고 말씀을 읽는 방법으로 회개를 해보십시오. 그 외의 것들은 각자가 죄를 깨닫고 구체적인 회개를 하시면 됩니다.

하나님은 건강도 주님 손에 맡기기를 원하십니다. 병원에 다니고 약을 복용해도 하나님의 허락하심 속에서 해야 합니다. 마귀가 역사해서 아픈 증세들은 약을 먹지 않고 회개기도로 내려놓고 인내하면 주님의 은혜로 치유 받을 수 있습니다. 그런 것을 가지고 병원에 다니며 세상 것을 의뢰하는 것은 헛고생이며 주님이 기뻐하지 않습니다. 그러므로 모든 일에 있어서 말씀으로 분별하고 기도로 주님께 물어가며 결정하는 것이 중요합니다.

또한 식탐을 하는 것은 영혼의 배고픔을 깨닫지 못하는 증거입니다. 영적인 배고픔을 알지 못하고 육적인 것으로 배를 채우려고 하다보니 식욕에 지배받아 살게 되는 경우가 적지 않습니다. 말씀의 생수로 영혼의 배를 채워주면 세상 것에 대한 관심이 사라지고 주님만 갈망하게 됩니다.

예수님을 믿는 사람들은 영혼뿐만 아니라 몸도 하나님의 소유입니다. 건강은 자기가 열심히 챙기는 것만이 아니고 하나님이 보살펴 주실 때 건강해지는 것입니다. 주님의 은혜로 강건하기 위해서는 몸을 사랑하는 마음과 건강에 대한 집착을 내려놓고 주님 손에 맡기십시오. 예수님께서 "누가 염려함으로 그 키를 한 자나 더할 수 있느냐."(마 6:27)고 말씀하셨습니다. 그러므로 육신의 모든 것들을 마음에서 내려놓고 진리의 자유를 누릴 때 영육 간에 강건한 은혜가 주어질 줄 믿습니다.

그리고 사물에 대한 탐심으로 인하여 명품 가구, 고급 주택, 외제 자동차, 브랜드 의류와 신발과 명품 물건 등.. 눈으로 보기 좋아하는 것들을 소유하려는 마음과 행실들을 찾아 회개하고 십자가 앞에 내려놓아야 합니다. 모든 필요를 하나님께 구하고 맡기는 믿음생활이 중요합니다. 모든 것에 자족하는 법을 배워야 합니다. 진리 안에서 자족해야 영혼이 어느 것에도 묶이지 않고 평안을 누릴 수 있습니다.

사도 바울은 "향락을 좋아하는 자는 살았으나 죽었느니라."(딤전 5:6)고 증언합니다. 정욕의 만족을 얻기 위해 세운 우상들을 버리지 않으면 죽은 영혼을 소생할 수 없습니다. 우상은 영적인 배설물과 같습니다. 그곳에는 파리 떼와 같은 악령들이 기생하며 영혼의 피를 빨아먹고 결국 죽입니다. 파리채로 파리를 잡아 죽이듯이 열심히 마귀를 대적하여도 그때 뿐 또다시 들어옵니다. 마귀를 들어오지 않게 하는 방법은 배설물과 같은 악한 정욕을 십자가에 못 박아야 합니다. 다른 말로 그 소유욕을 마음에서 버리는 것입니다.

우상을 사랑하고 마음에 품고 살면 끝없이 저주의 영을 끌어들입니다.(출 20:4-5, 골 3:5-6 참조) 저주의 영을 차단하는 방법은 마음에서부터 집착하는 정욕적인 것들을 내려놓고 말씀을 취하는 것입니다. 그것을 어떻게 할 수 있느냐고요. 예수님께서 사람의 힘으로 할 수 없는 것을 하나님은 하실 수 있다고 하셨습니다. 우리가 믿음으로 부르짖어 기도하는 가운데 말씀에 순종하면 하나님께서 우상을 버리는 은혜를 베풀어 주십니다.

그리고 자기 것에 만족하지 않고 항상 남의 좋은 것을 탐내어 빼앗고 싶은 죄를 회개하십시오. 예수님께서도 모든 탐심을 물리치라고 하신 것처럼, 모든 욕심을 내려놓고 자족하는 법을 배워야 탐욕에서 벗어날 수 있습니다. 하나님은 우리 마음 안의 탐심을 전부 꺼내 버리고 그 자리에 말씀으로 채워 천국의 것을 누리며 살기 원하십니다. 세상의 썩어 없어질 것을 마음에 두지 않고 오직 영원한 천국의 것으로 채울 때 행복해지는 것입니다.

세상 것에 대한 욕심과 재리의 유혹과 가시와 엉겅퀴 같은 잡초를 제거하는 것은 우리 힘과 능으로 할 수 없고 오직 성령님만이 하실 수 있습니다. 그러므로 말씀을 소리 내서 읽는 가운데 집착하는 소유를 내려놓으십시오. 그리고 주님만을 갈망할 때 성령께서 예수님의 속죄 은혜로 영혼을 대수술 해주실 것입니다.

저는 머리단장에 대한 자아가 강한 편이었습니다. 그래서인지 주님께서 수년 간 머리에 대한 관심을 끊으라고 하셨습니다.(딤전 2:9, 벧전 3:3 참조) 그런데도 계속 흰머리를 가리기 위해 염색을 하였고, 취향에 맞는 머리스타일로 예쁘게 보이고자 하는 마음을 내려놓지 못했습니다. 그러자 날이 갈수록 머리털이 빠지기 시작했습니다. 너무 많이 빠져서 정수리 부분의 속이 훤하게 드러나서 보는 사람들이 한마디씩 말할 정도로 탈모가 심각했습니다.

거울 앞에서 머리를 만질 때마다 내려놓으라는 주님의 음성을 더 이상 거부할 수 없어 순종을 결단하였습니다. 그렇게 머리에 대한 자아를 내려놓은 뒤 한 달이 지나면서부터 빠진 곳에 머리털이 나기 시작하였습니다. 몇 달 후에는 머리가 빠진 곳이 다 채워졌고 지금은 머리 숱이 많아졌습니다. 처음에는 은발이 어색하고 사람들의 시선이 의식되어 불편했지만, 지금은 주님의 은혜로 자연의 머리가 편하고 자유롭게 되었습니다.

우리의 영혼은 모든 것에서 진리의 자유를 누려야 합니다. 자유는 곧 평안을 안겨줍니다. 우리가 하나님께 어떤 문제를 응답받기 전에는 반드시 먼저 죄를 회개해야 합니다. 그리고 마음에 품고 있는 우상 즉 하나님보다 더 사랑하고 관심 갖는 것을 포기하고 주님께 맡겨야 합니다. 그럴 때 주님께서 우상과 죄를 끊어 버릴 수 있는 은혜를 부어주실 것입니다.

"그리스도 예수의 사람들은 육체와 함께 그 정욕과 탐심을 십자가에 못 박았느니라."(갈 5:24)

허리에 자아중심으로 행한 죄

"그런즉 서서 진리로 너희 허리띠를 띠고 의의 호심경을 붙이고."(엡 6:14)

사도 바울은 진리로 허리띠를 띠라고 하고, 사도 베드로는 겸손으로 허리를 동이라고 전하고 있습니다.(벧전 5:5 참조) 진리와 겸손은 뗄 수 없는 관계입니다. 겸손한 영혼에게 진리의 성령께서 은혜를 베풀어 주십니다. 왜 하필 진리로 허리띠를 차듯이 띠라고 했을까요? 우리의 하체를 가리기 위해서는 바지나 스커트를 입어야 합니다. 그와 같이 세상과 영적인 음행을 하지 않고 예수님과의 순결을 지키기 위해서는 영혼의 허리를 진리의 띠로 단단히 묶어야 한다는 말씀입니다.

영혼이 그리스도의 옷을 입지 않고 본성대로 육신의 생각과 행실로 살면 하나님과 사람들에게 죄를 짓게 됩니다. 죄를 짓지 않기 위해서는 자기부인의 겸손과 진리로 무장하고 성령님의 인도를 받아야 합니다. 그런데 진리의 말씀으로 살지 않고 자기생각과 힘으로 인생을 살면 마귀에게 묶여 노예로 전락합니다.

우리 영혼에 문제가 생기면 몸으로 다양한 증세가 나타납니다. 허리가 아프거나 불편한 문제가 생기면 자아로 살았다는 것을 깨닫고 자기 힘을 빼고 하나님을 의뢰해야 합니다. 허리가 아프면 육신의 힘을 쓰지 못합니다. 이와 같이 자기가 인생의 주인이 되면 영혼의 힘을 잃고 죄와 정욕의 노예로 살게 됩니다.

과거에 허리 아픈 사람들을 위해 안찰을 해준 적이 있습니다. 그때 주님께서 교만한 죄를 회개하라는 말씀을 주셨습니다. 거동하기도 어려울 정도로 허리가 아픈 사람도 작정 회개 기도를 하고 나면 정상으로 회복되는 것을 보았습니다.

2020년 여름에 공동체 가족들과 고추를 다듬는 중에 마귀가 허리를 치는 느낌을 받았습니다. 그 순간부터 허리의 통증과 함께 침대에 눕고 일어나기도 불편하였습니다. 마귀의 공격을 받는 즉시 성령님이 책망하는 메시지를 깨달았습니다. 그 후 일주일 정도를 불편하게 생활하였고 앉은 자세도 취하지 못했습니다. 죄를 회개한지 일주일이 지난 후부터 많이 완화되었지만, 쪼그리고 앉지는 못했습니다. 그렇게 6개월 정도 불편한 상태로 지내면서 많이 반성하고 회개의 합당한 열매를 맺었을 때 주님의 손길로 치유를 받았습니다. 허리는 그때 난생 처음 심하게 아픈 경험을 했습니다.

저희 공동체 가족 중에서도 이유 없이 허리의 통증과 불편함으로 어려움을 겪다가 며칠 후에 회복되는 경험을 하였습니다. 순간 마귀가 허리를 잡았을 때 꼼짝 못하다가 기도하고 나면 정상으로 회복되는 체험들을 종종 합니다. 이런 은혜의 경험을 통해서 자아의 힘을 빼고 하나님만 의뢰하는 믿음으로 살아갑니다.

이 책을 읽는 분들 가운데 허리가 아프신 분이 있다면 회개하는 가운데 자아의 힘을 빼고 겸손하게 삶의 주도권을 하나님께 드리십시오. 자신의 힘으로 살지 말고 성령님께 일일이 물어가며 말씀에 순종하다보면 치유의 손길을 경험하실 것입니다.

영적, 육적 음란죄

"음욕을 품고 여자를 보는 자마다 마음에 이미 간음하였느니라."(마 5:28)(살전 4:3-5, 고전6:18 참조)

마지막 시대는 육적 음란과 영적 음란이 심각합니다. 영적으로 음행하는 사람들이 육적인 음란에 빠집니다. 예수님 외에 자아를 사랑하고 육신의 정욕, 안목의 정욕, 이생의 자랑에 빠져 사는 것이 영적인 음행입니다.

사탄은 세상의 것들로 인간의 마음을 사로잡습니다. 특히 좋지 않은 영상문화가 부패하고 타락한 본성을 자극하여 더 많은 음란에 빠져 살게 합니다. 믿는 가정에서도 통제가 안 될 정도로 미디어로 인한 영적 전쟁은 치열합니다. 악한 문화에 젖어 타락의 길로 가지 않기 위해서는 경건생활의 규칙을 세우고 자신을 쳐 말씀에 복종시키는 훈련이 필요합니다.

저희 공동체는 한 달에 두 번씩 작정 회개기도를 하고 있습니다. 그때는 부득이한 사정을 제외하고는 인터넷 사용을 금하고 있습니다. 작정기도를 드리지 않는 주간은 세 시간 정도만 자유롭게 볼 수 있습니다. 그 외에 성경만큼은 언제든지 자유롭게 들을 수 있습니다. 영혼의 안식을 목적으로 기도와 말씀 외에 전화는 저녁 기도 시간부터 새벽예배 마칠 때까지 꺼놓습니다.

이렇게 교회 공동체가 함께 규칙을 세워놓고 지켜도 연약한 영혼은 죄와 마귀의 미혹에 넘어지곤 합니다. 그런데 십자가의 멍에를 짊어지지 않고 그냥 무방비 상태로 믿음생활을 한다면 십중팔구 마귀의 밥이 되지 않겠습니까. 믿음생활은 타락한 자아를 비우고 생명의 말씀으로 영혼에 가득 채우는 삶입니다.

마귀가 음란한 생각과 행위에 습관화 된 사람들의 성기를 붙잡고 있어 매일 음란한 생각과 행위를 하지 않으면 견딜 수 없게 만듭니다. 여사들에게도 똑같이 해당됩니다. 실링 그리스도인이 양심의 가책을 받고 음란한 생각과 행위를 하지 않으려고 노력해도 인간의 힘으로는 음란 마귀를 떨쳐버릴 수 없다는 사실입니다. 이것은 조상으로부터 내려온 저주와 자신이 심은 죄의 결과이기 때문입니다.

남의 아내 또는 남의 남편과 간음하는 자들, 동성연애, 근친상간, 변태음욕 등. 마음과 몸으로 죄를 짓는 것을 철저히 회개해야 합니다. 사탄이 음란한 상상과 쾌락의 맛으로 사로잡으면 스스로의 힘으로 뿌리치고 벗어날 수 없습니다. 오직 예수 그리스도의 속죄 은혜로만 가능합니다. 만약 여러분이 매일 밤 원치 않는데 음란한 생각에 사로잡히고 음란의 충동을 느낀다면 음란의 영에게 결박되었다는 것을 알아야 합니다.

　음란죄는 예수님 안에서 하나님의 방법으로 철저히 회개하면 용서받고 사탄의 묶임을 끊어낼 수 있습니다. 일단 영적인 음식부터 바꾸어야 합니다. 그동안 보고 듣고 말하고 생각하고 행동했던 음욕의 자아를 버리는 회개를 해야 합니다. 그리고 말씀으로 다시금 영혼을 세워나가야 합니다. 그렇게 하지 않으면 하나님을 모신 성전이 창기의 소굴이 되어 결국 버림받게 됩니다.

　우리의 생각과 몸은 누구의 것을 받아들이느냐에 따라서 반응하게 되어 있습니다. 순결하신 예수님을 신랑으로 마음에 품고 살면 음란을 강하게 밀어낼 뿐만 아니라 육적 감각마저 사라져 버립니다. 이것은 주님 안에 온전히 거할 때 가능한 일입니다. 갑자기 음란한 생각에 사로잡히고 몸에 음란이 느껴진다면 백퍼센트 마귀가 역사하는 것임을 알고 대적해야 합니다.

　저는 속건제로 음란죄를 회개하고 나서 순결의 은혜를 받았습니다. 그 후부터 음란의 생각뿐만 아니라 몸으로 성적 감각도 느끼지 못하는 상태가 되어 영육 간에 천국고자(풀무불로 빚어진 예수님의 신부 219쪽 참조)로 살고 있습니다. 그런데 어느 날 회음부에 음란한 느낌이 들었습니다. 즉시 음란의 영이 전이 되었다는 것을 깨닫고 그곳에 손을 대고 예수님의 이름으로 물러가라고 세 번 대적을 하자 그런 느낌이 순식간에 사라졌습니다. 이런 일은 가끔 공동체 가족이나 손님들이 방문했을 경우 음란의 영이 전이되는 현상을 경험합니다. 그때 '누구를 통해 음란의 영이 전이되었구나.'라고 깨닫는 순간 그 현상이 사라졌습니다.

세상과 구별되게 살면 음란의 영이 역사할 때 영혼이 강하게 밀어냅니다. 우리 영혼이 순결하면 음란의 영은 몸에 자극을 줄 수는 있으나 마음으로는 침투하지 못합니다. 마음에서 음란이 해결되면 마귀가 몸으로 음란을 자극해도 강한 거부와 불쾌감이 듭니다. 순결의 영과 음란의 영은 함께 연합할 수 없기 때문입니다. 그러므로 음란의 영이 어떤 통로로 들어와 역사하는지를 깨닫고 주님의 이름으로 물리치면 스쳐가는 바람처럼 자연히 사라지는 법입니다.

사도 바울은 혼인한 자들에게 침상을 더럽히지 말라고 하였습니다. 하나님께서 24시간 눈동자처럼 보고 계시다는 것을 알아야 합니다.(시 139:1-4 참조) 날마다 음란한 생각과 행실로 살면서도 양심의 가책이 없고 주님을 전혀 의식하지 못하고 산다면 그 부분에 대해서는 영이 병들어 있는 것입니다.

하나님은 흠과 티가 없이 순결하고 거룩하신 분입니다. 그런 하나님을 마음에 모시고 사는 성도들의 몸과 생각도 순결하게 주님만 사랑하기를 원하십니다. 하나님께서 부부와의 성관계를 허락하신 이유도 성욕을 즐기며 살라고 주신 것이 아닙니다.(히 13:4 참조) 성생활을 통해 자녀를 낳고 주님의 몸 된 가정을 세워 그리스도와의 온전한 연합으로 이끄시고자 허락하신 것입니다.

그리스도인이 하나님을 마음과 뜻과 정성을 다하여 사랑하면 성생활에 가치를 두고 어리석게 살지 않습니다. 하나님께서 자녀를 낳아 천국백성을 만드시고자 본능으로 주신 성이 선악과를 먹고 타락함으로 말미암아 사탄이 지배하는 강력한 쾌락의 도구가 되었습니다.

예수님께서 이 시대를 악하고 음란한 세대라고 말씀하셨습니다. 소돔과 고모라와 같이 죄가 관영하고 영적 육적으로 음란한 마지막 시대에 살 길은 오직 요나의 표적밖에 없다는 것입니다.(마 16:4 참조) 이 말씀이 교훈해 주는 것이 무엇입니까. 바로 세상 정욕 즉 옛사람을 십자가의 죽음에 넘겨야 부활의 표적과 생명의 열매를 맺는 기적의 삶을 살 수 있다는 것을 깨닫게 해줍니다. 매순간 불순종하는 자아를 포기하고 생명의 말씀에 순종하는 것이 요나의 표적을 경험하는 삶입니다.

우리는 음란죄를 회개할 때 지난 날 음란한 생각과 행위뿐만 아니라 세상 향락이나 쾌락에 빠져 즐기고 사는 것들을 전부 찾아 회개해야 합니다. 세상의 유행을 쫓아가고 땅의 것들을 사랑하고 즐기며 거룩한 삶을 살지 못한 것들을 회개해야 합니다.

우리가 연약하여 죄와 정욕을 이길 수 없으나 내주하신 하나님은 능히 하실 수 있다는 믿음을 가지고 말씀 읽기로 작정 회개기도를 드려보십시오. 한번 해서 안 되면 두 번 세 번이라도 계속 믿음으로 회개한다면 반드시 주님께서 죄 문제를 해결해 주실 것입니다.

그리고 방광염이나 소변이 잦은 증세, 성기 주변의 안 좋은 질환 등은 전부 영육간의 음란죄를 찾아 회개해야 합니다. 왜냐하면 하나님을 모시고 사는 영혼들에게 이유 없는 질병은 하나도 없기 때문입니다.

저는 2년 전부터 대변을 보고 난 날은 팬티에 변이 묻어 꼭 씻고 팬티를 갈아입어야 하는 불편을 겪었습니다. 그러다 보니 대변을 본 날은 신경이 많이 쓰였습니다. 그전에는 전혀 그런 일이 없었기 때문에 단순히 나이를 먹으니 항문 근육도 약해졌나보다 생각했습니다. 2년 정도 지난 뒤에 이대로 살기에는 불편하여 주님께 문제의 원인을 물어가며 속건제로 회개기도를 했습니다. 그때 주님께서 대변과 같이 어둠의 쓰레기를 매일 비우는 회개를 게을리 한 죄의 징계임을 깨닫게 해주셨습니다.

그동안 누구한테 말도 못하고 인간적으로만 생각하며 불편을 참고 살다가 뒤늦게 영적인 문제임을 깨닫고 말씀을 읽는 방법으로 회개하였습니다. 하나님께서 속건제를 마치자마자 응답으로 더 이상 변이 팬티에 묻어나오지 않게 치유해 주셨습니다. 저와 같이 고생하는 분들이 있다면 믿음을 가지고 말씀 읽는 방법으로 회개를 드려보십시오.

예수님을 믿는 사람들의 영혼 몸은 전부 하나님의 소유입니다. 하나님의 성물에 문제가 생긴 것은 반드시 이유가 있는 것입니다. 성기에 문제가 있는 것을 머리 쪽에서 찾으려고 하면 정답을 찾을 수 없습니다. 육적인 음란이 아니면 영적 음행 즉 세상을 사랑하는 탐욕과 정욕의 우상을 찾아 회개하고 버려야 합니다. 영적으로 순결하지 않으면 육적 순결은 불가능합니다. 그러나 영적으로 순결하면 자동으로 육적인 음란죄는 안 짓게 됩니다.

"간음한 여인들아 세상과 벗된 것이 하나님과 원수됨을 알지 못하느뇨. 그런즉 누구든지 세상과 벗이 되고자 하는 자는 스스로 하나님과 원수 되는 것이니라."(약 4:4)

세상을 좇아 달려가는 다리

우리 영혼이 성령님의 임재 안에서 주님과 동행하려면 다리가 건강해야 합니다. 그런데 복음으로 순종하지 못하고 열심히 자아로 세상을 좇아 살면 결국 사탄이 다리를 결박하여 앉은뱅이와 같은 영적 불구자가 됩니다. 그러면 마음은 원이로되 주님의 말씀을 믿고 행함으로 살지 못합니다. 그러므로 반드시 영혼의 다리를 치유 받아야 주님의 인도를 받으며 살 수 있습니다.

영혼의 다리가 불구인 경우 육신의 다리에 문제가 생긴 것을 통해서도 깨닫게 해주십니다. 그리스도인이 주님을 멀리하고 세상 욕심을 좇아 마귀 적이고 정욕 적이고 세상 적으로 빠져 살면 영혼의 다리에 문제가 생깁니다. 하나님의 정한 때가 되면 징계의 채찍으로 감추어진 영혼의 질병을 육신의 다리로 드러내 줍니다. 하나님이 징계하시는 채찍의 강약과 기한은 각자 회개하기에 달렸습니다.

주님이 기뻐하시는 것에 자신을 투자하지 않고, 정욕과 자아의 즐거움을 목적으로 쇼핑, 스포츠, 여행, 골프 등... 육신의 것들에 중독되었다면 마귀가 다리를 잡고 끌고 다니는 것입니다. 그런 육신의 정욕으로 인하여 복음의 능력을 잃고 말씀대로 살지 못하고 있다면 다리에 묶인 사탄의 결박을 풀어야 합니다.

저희 공동체에 여전도사님의 다리 간증을 소개합니다.

[저는 다리에 안 좋은 증세가 나타난 지가 7년 정도 되었습니다. 낮보다 밤에 괴로운 증세가 더 심하였습니다. 다리가 아픈 것이 아니고 한마디로 괴로운 증세입니다. 잠도 못자고 무릎을 꿇거나 다리를 두드리거나 서서 있어야 했습니다. 병원에서는 원인을 알 수 없다고 하며 평생 약을 먹어야 한다고 수면제가 섞인 약을 주었습니다. 약을 먹으면 2시간 뒤에 잠을 잘 수 있었습니다. 그렇게 다리에 안 좋은 증세가 나타날 때면 무릎을 꿇고 앉거나 일어서 있어야만 증세가 약해지거나 없어졌습니다.

병원에서 평생 복용해야 한다고 준 약을 계속 복용했으나 부작용으로 인해 오래 잠을 잘 수가 없었습니다. 어떤 때는 너무 괴롭다보니 밤이 오는 것이 두렵고 밤이면 아침이 빨리 왔으면 하는 생각이 들었습니다.

어느 날 이제는 약을 더 이상 먹지 말아야겠다는 감동이 왔습니다. 저는 모든 것을 주님께 맡기고 약을 끊고 회개기도에 집중하였습니다. 그런데 2주일 정도는 견딜 수 없이 다리에 괴로운 증세가 심하게 나타났습니다. 그러나 얼마 후부터는 하나님의 은혜로 다리 증세가 호전되었고, 지금은 회개하는 가운데 많이 평안해졌습니다.]

저희 공동체 J집사님도 회개를 하는 가운데 죄에 넘어졌을 때 멀쩡한 다리를 쓰지 못하고 절룩거리며 얼마동안 불편한 생활을 했습니다. 다리에 대한 회개의 메시지를 깨닫고 통회하고 내려놓았을 즈음 주님의 손길로 회복이 되었습니다. 저희는 날마다 말씀 안에서 살아 역사하시는 하나님의 기적 같은 손길을 많이 경험하며 살아가고 있습니다.

저도 2년 전부터 정확한 날짜는 기억이 나지 않지만 잠을 자는 중에 가끔 다리에 마비증세와 함께 견딜 수 없는 통증으로 잠을 깨었습니다. 잠결에 마비증세가 나타나는 종아리를 몇 번 안찰하고 대적하면 정상으로 회복되어 또 잠을 잤습니다. 그런 증세가 가끔 또는 며칠씩 연속적으로 일어나기도 했습니다. 잠깐 일어나는 현상이지만 그 고통은 말할 수 없을 정도로 심했습니다. 감사한 것은 손으로 딱 치고 대적하는 순간 괜찮아졌습니다. 한쪽 다리 또는 두 종아리에 뻣뻣하게 마비증세와 통증이 나타날 때마다 성령의 불로 회복되는 것을 보면서 백퍼센트 사탄의 공격임을 깨달았습니다.

성령님께서 근육통과 마비의 원인을 깨닫게 해주셨습니다. 제가 몇 년 동안 어떤 사람의 죄를 비판하고 용서와 사랑으로 덮어주지 못한 죄의 징계로 그 사람의 저주가 저에게 임하였다는 것입니다.(눅 6:28, 롬 12:14 참조) 성령님께서 죄를 깨닫게 해주신 다음날 8일 작정 속건제를 들어갔습니다. 회개기도를 하기 전 한 주간은 매일 밤 다리 마비와 통증으로 인해 잠을 깨었습니다. 마귀는 꼭 깊은 잠을 자는 중에 공격을 하여 잠을 깨웠습니다. 그런데 작정 기도를 하는 중에는 한 번도 마비증세와 통증이 없었습니다.

회개를 하고 난 이후로 다리 마비와 통증을 주던 마귀는 떠났습니다. 그런데 시간이 조금 지난 후에 다시 그와 같은 증상이 다른 쪽으로 나타났습니다. 양다리 무릎 옆쪽 한 부분의 근육이 뻣뻣하게 굳어짐과 통증으로 인해 잠을 깨어 대적기도를 하였습니다. 몇 분 후에 괜찮아져서 다시 잠에 들자 바로 꿈을 꾸었습니다. 꿈속에서 근육통이 일어났던 양쪽 다리 한 부위에 붉게 부어오른 것을 보았습니다. 저는 영혼의 다리에 죄의 문제가 있음을 깨닫고 7일 속건제로 회개하였습니다. 복음으로 살지 못한 죄를 회개하였을 때 천사가 엉덩이에 백신을 놔주고 흰옷을 입혀 주었습니다. 그리고 근육통이 치유 받았을 뿐만 아니라 무엇보다 마음이 더 주님께로 향하였고 죄의 영향을 받지 않았습니다.

우리가 심은 죄를 그대로 거둔다는 진리를 깨닫는다면 함부로 죄를 짓고 살 수 없을 것입니다. 하나님께서는 반드시 행한 그대로 갚아주시는 분이십니다. 그러므로 선으로 악을 이겨야 합니다. 심판 주 되시는 주님 손에 맡기고 죄에 참여하지 말아야 합니다.

> "내가 달려갈 길과 주 예수께 받은 사명 곧 하나님의 은혜의 복음을 증언하는 일을 마치려 함에는 나의 생명조차 조금도 귀한 것으로 여기지 아니하노라."(행 20:24)

복음의 신을 벗은 발

> "오직 성령이 너희에게 임하시면 너희가 권능을 받고 예루살렘과 온 유대와 사마리아와 땅 끝까지 이르러 내 증인이 되리라 하시니라."(행 1:8)

하나님께서 우리 영혼에 복음의 신을 신겨주시기 전에 먼저 죄로 더러운 옛사람의 신발을 벗게 하십니다. 그런데 자아가 옛 신을 벗는 회개를 하지 않고 죄의 종노릇을 하면 사탄이 그의 발을 묶어 버립니다. 옛 신발을 벗고 복음의 신으로 새롭게 되지 않는 사람은 진리의 자유와 평안을 누리지 못할 것입니다.

하나님의 백성은 복음으로 살아야 하고 복음을 전파해야 할 사명을 받았습니다. 그런데 영적 게으름에 빠져 어리석고 미련한 자가 되어 육신의 일만 생각하고 발 빠르게 세상 것을 좇아 산 죄를 회개해야 합니다. 또한 자신의 유익과 만족을 위하여 발 빠르게 움직인 죄를 찾아보십시오. 좁은 문 좁은 길로 십자가 지고 가는 삶이 힘들다고 주님을 떠나 넓은 문 넓은 길로 걸어간 죄를 회개해야 합니다.

또한 예수님을 믿으면서 복음으로 살지 않고 율법적 행위를 좇아 종교생활을 한 죄를 회개하십시오. 자기 힘으로 하나님을 섬기는 행위나 자기중심의 생각과 방식으로 살아가는 모든 삶은 교만입니다. 복음의 본질을 바로 깨닫고 진리로 산다면 날마다 자아를 죽음에 넘기고 그리스도의 새 마음으로 살아야 합니다.

"보내심을 받지 아니하였으면 어찌 전파하리요 기록된바 아름답도다. 좋은 소식을 전하는 자들의 발이여 함과 같으니라."(롬 10:15)

사도 바울은 복음을 전하는 발이 아름답다고 하였습니다. 복음을 전하는 것도 주님이 허락하셔야 합니다. 복음 전도자로 보내심을 받기 전에 먼저 죄로 묶인 결박을 풀고 믿음 안에서 말씀과 기도로 무장해야 합니다.

영의 세계에서는 하나님의 천사와 사탄이 전쟁을 합니다. 우리 안에서도 주님의 영과 사탄이 전쟁을 합니다. 영혼들은 둘 중 한 곳에 소속되어 있습니다. 믿음의 말씀 안에 거하면 하나님의 편에 서는 것이고, 말씀을 불신하면 악한 영에게 소속되어 사는 것입니다.

깨어 주님을 의뢰하고 복음을 전하지 않으면 마귀공격을 받고 넘어질 수 있습니다. 사탄은 능력이 없는 지식을 전달해 주는 사람들은 건드리지 않습니다. 어차피 죽은 지식은 영혼을 살려주지 못하고 자신을 교만하게 만들기 때문에 오히려 마귀는 지식 욕망에 사로잡혀 살도록 도와준다는 사실입니다.

그러므로 하나님의 말씀이라고 다 똑같은 말씀이 아닙니다. 살아있는 능력의 말씀은 성령이 주장하는 사람들의 입에서 흘러나오는 생수와 같습니다. 죄와 정욕에 빠져 영이 죽어있거나 잠자고 있는 사람들의 입에서는 생명의 능력이 흘러나오지 않습니다. 특히 말씀을 전하는 주의 종의 입에서 생명의 능력이 나오지 않는다면 철저히 회개하고 모든 소유욕을 마음에서 내려놓아야 합니다. 소유권을 하나님께 반납하고 선한 청지기가 되어야 합니다.

주의 종뿐만 아니라 주님의 백성들 누구나 예외 없이 주위에 있는 사람들에게 입술과 삶으로 복음을 전파해야 합니다. 우리 모두는 주님의 마음으로 언어와 행실을 통해 복음을 전파해야 할 사명을 받았습니다. 그러므로 복음을 전하지 않는 죄와 죽은 지식과 입술로만 전도한 죄를 회개해야 합니다. 복음으로 살지 못한 죄를 회개하는 가운데 지속적으로 진리의 성령을 구하고 찾고 두드리십시오. 하나님께서 복음을 전하는 사명을 주신 목적도 예수 그리스도 안에서 하나님과 이웃을 온전히 사랑하기 위함입니다.

사도 요한은 보이는 형제를 사랑하지 않으면 보이지 않는 하나님을 사랑할 수 없다고 증언합니다.(요일 4:20 참조) 어떤 종교행위보다 중심으로 하나님을 사랑하고 말씀 안에서 이웃을 사랑하는 것이 중요합니다. 하나님과 이웃을 중심으로 사랑하지 않으면서 천사의 말을 하고, 예언과 많은 능력을 행하는 것은 유익이 없다는 것입니다. 모든 말씀의 비밀을 알고 산을 옮길만한 큰 믿음과 자신이 가진 모든 것으로 구제하고 몸을 불사르게 내어줄지라도 사랑이 없으면 아무 유익이 없다고 증언합니다.(고전 13:1-3 참조) 여기서 유익이 없다는 것은 천국에서 상급을 받지 못하는 타버릴 공력이라는 말씀입니다.

하나님께서 원하시는 사랑을 하려면 먼저 옛사람의 더러운 죄의 신을 벗어버려야 합니다. 그리고 복음의 신을 신어야 거룩한 마음과 행실로 하나님과 이웃을 사랑할 수 있습니다. 그러므로 아직도 옛사람의 마음과 행실로 살아가고 있다면 속히 회개하여 더러운 옛 신발을 벗어버리십시오. 그리고 은혜로 성령께서 신겨주시는 복음의 신을 신고 사십시오. 그것이 진리 안에서의 자유와 평안을 얻는 길입니다.

영적 육적 태만 죄

"부지런하여 게으르지 말고 열심을 품고 주를 섬기라."(롬 12:11)

예수님을 믿는 사람들은 자기 마음대로 살아갈 권리가 없습니다. 주권이 하나님께 있기 때문입니다. 게으르고 태만하게 살아가는 것은 하나님의 통치를 벗어난 행위입니다. 많은 성도들이 태만 죄에 대한 의식이 부족한 것 같습니다. 잠을 많이 자고 아무 때나 침대에서 뒹굴고 편한 것만 좋아합니다. 힘든 일은 하기 싫어합니다. 그날 주안에서 해야 할 영적, 육적인 일들을 귀찮다고 내일로 미룹니다. 이러한 육신의 편안함을 추구하는 행위는 타락한 인간의 본성입니다. 그러나 사도 바울은 육신대로 살면 반드시 죽을 것이라고 증언합니다. (롬 8:13 참조)

영이 죽지 않기 위해서는 그리스도 예수의 사람들은 육체와 함께 정과 욕심을 십자가에 못 박아야 합니다. 태만은 영적인 태만과 육적인 태만이 있습니다. 육체도 말씀 안에서 복음을 전하고 그리스도의 선한 행실을 나타내는 도구가 된다면 영적인 일이 되는 것입니다.

다른 많은 죄처럼 태만 죄도 아주 무서운 죄입니다. 태만하면 회개 생활을 잘 할 수 없기 때문입니다. 그러므로 반드시 영적, 육적으로 태만한 죄를 말씀의 빛을 받아 회개해야 합니다. (잠 6:6-11, 15:19, 19:15, 21:25, 24:30-34, 26:13-15, 전 10:18, 살후 3:10 참조) 성령의 도우심으로 게으른 습관을 끊고 하나님이 기뻐하시는 일에 온 마음을 다해 힘쓰고 살아야 합니다. 자기가 좋아하는 것과 유익만을 위해 열심히 뛰어다니는 것도 자아중심의 죄입니다.

자립심이 없어 늘 사람을 의지하고 남의 도움만 받으려고 기대며 하나님을 의뢰하지 못한 죄를 찾아 회개하십시오. 낮잠 자기 좋아하고 육신의 편안과 안일함에 빠져 경건생활을 못하는 태만을 벗어버려야 합니다. 이는 사람의 힘과 능으로 할 수 없고 오직 성령으로만 가능합니다. 왜냐하면 태만의 근원 뿌리는 사탄이기 때문입니다. 영성생활을 못하게 하고 예배시간에 졸거나 성경 읽을 때 졸린 것 등.. 전부 마귀가 역사하는 것입니다.

저는 어린 시절부터 잠이 많은 편이었고, 성장해서도 잠자는 것을 좋아했습니다. 늦잠 자는 것을 좋아하다보니 새벽예배 드리는 것도 싫었습니다. 아무 때나 잠자기 좋아하는 것이 귀신이 역사하는 것인 줄 몰랐습니다. 그런데 말씀의 빛을 받고 수면욕과 태만이 죄라는 것을 깨닫고 난 후부터 잠을 적게 자려고 무진 애를 썼지만 몸이 말을 듣지 않았습니다. 매일 입술로만 잘못을 고백할 뿐 거기서 벗어날 수 없다보니 하나님 앞에서 늘 죄책감에 시달렸습니다.

그렇게 살던 중 2006년 어느 날의 일입니다. 성령의 기름부음을 사모하고 작정 회개기도를 드릴 때였습니다. 잠 귀신이 저를 사로잡고 있다는 것을 깨닫고 대적기도를 했습니다. 그때 심한 구토증세가 나타났고 갑자기 통곡을 하였습니다. 30분 정도 통곡을 하였을 때 성령께서 잠귀신이 억울해서 통곡을 하고 떠나는 것이라고 알려주셨습니다. 그날부터 늦게 책을 읽고 잤어도 이른 아침에 거뜬하게 일어났습니다. 그 전날까지만 해도 침대에서 몸이 붙어 일어나지 못하고 간신히 엎드린 채 성경을 조금 듣는 가운데 힘을 얻고 일어나 움직였습니다.

그날 이후로 마귀의 눌림에서 벗어나 많이 자유로워졌습니다. 그런데 시간이 점점 지남에 따라 옛 습관이 다시 고개를 쳐들고 올라와 짓누르기 시작했습니다. 예전처럼 심하지는 않았으나 여전히 새벽에는 마귀의 눌림으로 일어나는 것이 힘들었습니다. 그러다가 합천으로 내려와 속건제를 꾸준히 드리고 나서부터 완전히 잠 귀신에서 해방되었습니다. 이러한 악습은 꾸준히 회개하는 가운데 의지를 드려야 합니다. 단번에 변화되는 것도 있지만, 서서히 어두움이 처리되면서 변화되는 것들도 많습니다.

또한 주님의 말씀 안에서 부지런하게 땀 흘려 일해서 정당한 대가를 받고 사는 것이 아니라 거저 쉽게 많은 돈을 벌기 위한 목적으로 투자하는 일들이 있습니다. 그것은 태만 죄에 해당되므로 회개해야 합니다. 하나님의 일 중에서 말씀을 먹는 것보다 더 중요한 일은 없습니다. 영적인 태만은 저주이며 영의 죽음이라는 것을 알아야 합니다.(렘 48:10 참조)

영이 죽지 않는 방법은 말씀을 소리 내서 먹어야 합니다. 성령의 가르침을 받아가며 그 말씀 안에서 기도해야 합니다. 말씀 안에서 찬양하며 주님과 교제해야 합니다. 그러면 하나님께서 정욕을 감퇴시켜 주시고 절제할 수 있는 능력을 주십니다. 정욕을 즐기고 세상일에 바쁘게 사는 사람들은 영적인 게으름에 빠져 말씀을 잘 먹지 못합니다. 그러면 속사람인 영은 깊은 잠에 빠지거나 죽어 성령이 소멸됩니다. 그런 영혼들은 들을 귀가 없어 성령의 음성과 인도를 받지 못합니다.

사도 바울은 영적으로 잠을 자지 말고 오직 깨어서 근신하라고 말씀합니다.(살전 5:6-7 참조) 그리고 잠을 자는 자들은 밤에 자고 취하는 자들은 밤에 취한다는 말씀을 하고 있습니다. 여기서 밤은 은혜와 진리의 빛이 없는 사탄이 역사하는 영혼의 밤을 의미합니다. 또한 정욕의 기운으로 양심이 어두워져 말씀의 빛이 가려진 흑암 상태를 의미하기도 합니다. 그들은 밤에 생활하는 것과 같아서 마귀의 미혹을 받고 세상 정욕의 술에 취하여 산다는 것을 깨닫게 해줍니다. 마귀는 정욕적인 것들을 도구로 하여 영혼들을 믿음에서 타락시킵니다.

영적인 게으름에 빠져 영혼의 양식인 말씀과 생수를 먹지 못하면 영은 힘을 잃어버립니다. 영이 기갈을 느끼지 못하면 깊은 잠에 빠집니다. 그렇게 성령의 기름을 채워 불을 밝히지 못하는 영혼은 흑암 상태이므로 평안이 없습니다. 영혼의 참 평안이 없다면 말씀의 빛이 꺼졌다는 것을 깨닫고 당장 소리 내서 말씀을 읽어가며 기름을 채우고 불을 밝혀야 합니다. 그리고 성령으로 충만하여 진드기처럼 달라붙어 있는 죄와 악한 정욕의 가죽을 베어내는 회개생활을 꾸준히 해야 합니다. 그 일을 이루시는 하나님을 의뢰하고 주님이 공급하시는 은혜와 힘으로 살아가야 합니다.

태만 죄는 자기의 이익만을 추구하는 이기주의와 밀접한 관계가 있으므로 탐욕을 회개해야 합니다. 또한 태만은 졸음과도 깊은 관계를 갖고 있어 잠자는 시간을 규칙적으로 정해놓고 실천하며 절제하는 훈련을 해야 합니다. 태만한 죄는 언제나 육체의 평안함을 바라고 있기 때문에 항상 자기를 채찍질하여 그리스도께 복종시켜야 합니다. 날마다 성령을 의지하고 말씀을 충분히 먹고 자아부인의 삶을 살 때 태만의 영은 쫓겨나고 자유와 평안을 얻게 될 것입니다.

"누구든지 일하기 싫어하거든 먹지도 말게 하라."(살후 3:10b)
"게으른 자는 마음으로 원하여도 얻지 못하나 부지런한 자의 마음은 풍족함을 얻느니라."(잠 13:4)

전염병과 각종 피부병

"여호와께서 애굽의 종기와 치질과 괴혈병과 피부병으로 너를 치시리

니..."(신 28:27)

　다른 죄와 마찬가지로 피부병 역시 영혼의 죄를 드러내줍니다. 전염병이 온 몸에 퍼지듯이 죄도 회개하지 않으면 영혼 전체에 퍼져 무감각하게 되고 결국 영이 죽는다는 사실입니다. 한센병이 육의 감각을 느끼지 못하듯이, 죄로 영혼이 무감각해지면 양심의 가책도 죄의식도 느끼지 못합니다. 믿는 사람이 회개하지 않아 죄가 온 영육에 퍼지면 그 때는 진노의 잔이 넘쳐 온갖 재앙을 당하게 됩니다.

　야고보가 "욕심이 잉태한즉 죄를 낳고 죄가 장성한즉 사망을 낳느니라."(약 1:15)고 증언한 것처럼, 작은 죄를 소홀히 여기고 마음에 품으면 점점 커져서 결국 죽을 수밖에 없다는 것을 교훈해주고 있습니다.

　피부는 영혼을 가려주는 옷과 같습니다. 피부병이 어느 부위에 있는지에 따라 영혼의 병을 깨달을 수 있습니다. 피부병이 난 곳의 죄를 깨닫기 위해서는 신체의 특징을 알아야 합니다. 예를 들면 머리에 피부병이 났으면 생각으로 짓는 죄를 찾아야 하고, 다리에 피부병이 생겼으면 다리로 말씀에 순종하지 못한 죄를 찾아 회개해야 합니다. 그런 식으로 말씀을 읽는 가운데 성령님께 기도로 묻는다면 즉시 떠올려 주시거나 아니면 꿈, 환상, 음성, 문제, 환경 등 다양한 방법으로 깨닫게 해주실 것입니다.

　말씀 읽기로 회개하는 중에 꾼 꿈입니다. 천사가 제 얼굴을 십자가로 자르고 수술하려고 마취제를 뿌렸을 때 "주님! 제 영혼을 받으소서!"하고 쓰러지면서 깨어났습니다. 그런 꿈을 꾸고 난 다음 날부터 얼굴 이마 주변으로 허물이 벗겨지기 시작했습니다. 여러 달 동안 세

수할 때마다 피부 껍질이 벗겨져 상처가 생기고 따가웠습니다. 성경을 읽을 때면 각질이 안경으로 떨어져 수시로 닦는 불편을 겪었습니다. 처음에는 영적인 문제인 것을 알면서도 너무 심하여 연고를 바르다가 전혀 효과가 없어 포기하고 불편한대로 주님 손에 맡기고 지냈습니다.

그러던 어느 날이었습니다. 며칠 동안 피부 전체에 당김 증세가 심하여 견디기가 힘들 정도로 어렵게 느껴졌습니다. 참다못해 주님께 치유 기도를 드렸습니다. 그날 밤 꿈에 거울로 제 얼굴이 깨끗해 진 것을 보고 놀랐습니다. 아침에 일어나서 거울을 보니 신기하게도 상처와 당김 증세가 사라졌습니다. 주님께서 마음을 상징하는 얼굴의 피부병을 통해 죄를 깨닫게 해주시고 그 죄에 대한 회개를 받으셨다는 것을 확증시켜 주셨습니다.

과거에 찬양 사역을 하던 자매님에게 말씀 분량을 정해주고 한 달 작정 회개기도를 권유한 적이 있었습니다. 기도하기 전만해도 전혀 이상이 없었던 깨끗한 피부에 갑자기 피부병이 얼굴만 빼고 머리부터 온 몸에 번졌습니다. 온몸이 가려워서 심한 고통을 인내하며 작정 회개기도를 마치고 난 후 피부병도 깨끗이 치유를 받았습니다.

이와 같이 말씀 읽기로 회개기도를 할 때는 눈에 보이지 않게 역사하던 어둠이 눈에 보여 지게 드러나는 경우가 적지 않습니다. 그때는 두려워하지 말고 감추어진 죄와 어둠의 영을 드러내 주심에 감사해야 합니다. 그리고 죄를 꾸준히 회개하는 가운데 인내의 말씀에 순종하다보면 주님의 시간에 자연스럽게 치유해 주심을 경험하게 될 것입니다.

또 다른 자매님은 고등학교 다닐 때부터 생긴 피부병이 점점 심해져 의학으로도 해결할 수 없는 심각한 상태에서 기도를 받으러 온 적이 있습니다. 교회에서 피아노 반주를 하며 병원에서 근무하던 청년이었습니다. 결혼할 나이가 지났는데도 온몸에 상처와 각질이 뚝뚝 떨어지고 밤마다 가려움증이 심하여 결혼을 하지 못하였습니다. 치유사역자로 유명하다는 목사님을 찾아다녔고 기도원도 방문하여 기도를 받아 보았으나 효과가 없었다고 하였습니다. 피부병을 치유받기 위해 인간의 방법을 다 써보았지만 치유 받지 못하고 절망상태에서 저를 찾아왔습니다.

밤마다 가려움증으로 견딜 수가 없어 부엌칼로 배를 찔러 자살하고 싶은 충동을 느낄 때가 많았었다는 말을 하였습니다. 저는 주님께 그 자매의 피부병을 고쳐달라고 눈물의 안수기도를 해주었습니다. 그리고 사탄의 결박을 끊는 기도 제목과 성경읽기, 기도, 찬양의 분량을 전해주며 한 달 작정 회개기도를 드리라고 권했습니다. 한 달 후에 작정기도를 마치고 어머니 권사님과 함께 찾아와서 가려움 증세도 없어지고 피부병이 많이 치유가 되었다고 보여주었습니다.

저희 공동체에 함께 사는 전도사님은 수년전에 갑자기 피부병이 머리와 얼굴 몸 여러 군데와 손과 발에 허물이 벗겨지고 상처와 가려움의 증세로 고생을 많이 했습니다. 고통을 견뎌가며 눈물의 기도를 드리는 가운데 조금씩 치유를 받다가 하나님의 시간에 완전히 치유를 받았습니다.

그런데 최근에 손바닥에 습진 증상이 약간씩 나타남으로 인하여 죄를 찾아 회개하는 가운데 치유를 경험하고 있습니다. 이런 것을 보면서 한번 치유 받았어도 다시 죄를 지으면 재발을 할 수 있다는 것을 깨닫게 됩니다.(요 5:14 참조) 그러므로 치유 받은 곳에 다시 재발하지 않으려면 근본적인 죄 또는 우상과 같은 탐심을 버려야 합니다. 죄의 뿌리를 뽑아내지 않으면 어둠의 영은 언제든지 틈타고 들어와 공격할 수 있기 때문입니다.

몇 달 전에는 저희 교회 권사님이 아침에 찾아와 팔과 배와 허벅지 다리를 보여주시면서 두드러기 증세로 가려워 견딜 수가 없다는 말을 하였습니다. 안수기도를 해드리자 어둠의 역사가 강하게 느껴졌습니다. 죄 속에 숨어 역사하던 귀신이 피부병으로 드러난 것이니 걱정하지 말고 속건제 회개기도를 드리라고 권했습니다. 권사님은 적어드린 기도제목을 가지고 말씀 읽기로 회개를 하자 5일 만에 깨끗이 치유를 받고 "정말 신기해요."라고 말하며 기뻐하였습니다.

예수님을 믿는 사람들 가운데 피부병으로 어려움을 당하는 분들이 아주 많습니다. 이 모든 병은 세상 의약에만 의존할 것이 아니라 주님의 말씀 안에서 죄를 찾아 회개해야만 빠른 완치를 경험할 수 있습니다.

피부병은 영적인 나병과 같습니다. 피부병이 있는 곳은 부정하여 하나님의 손길이 닿지 않는 사탄이 지배하는 곳입니다. 어느 곳에 피부병이 생겼는지를 찾아 그 내면의 죄를 찾아 말씀 읽기로 회개해서 치유를 받아야 합니다. 회개기도를 해서 질병을 치유 받고 평안을 얻은 것은 주님으로부터 죄 사함을 받은 증거입니다.

참고로 피부병이 치유 받고 죄 사함을 받았다고 하여 영혼 전체의 모든 죄가 용서받은 것은 아닙니다. 주님께서 회개하는 영혼들에게는 또 다른 죄를 드러내 주시고 회개의 자리로 인도하십니다. 영혼의 수준과 상태에 맞는 방법에 따라 적절하게 조금씩 죄와 같은 암 덩어리를 수술해서 새롭게 해주십니다.

피부병뿐만 아니라 얼굴에 근육 떨림 증세로 어려움을 겪는 사람들도 많습니다. 과거에 얼굴을 조각해 놓은 것처럼 예쁘게 생긴 자매가 얼굴 근육 떨림 증세로 저를 찾아온 적이 있습니다. 그 자매의 얼굴에 마귀가 붙어 있는 것을 보고 기도로 쫓아주자 금방 얼굴 떨림 증세가 사라졌습니다. 문제는 집에 돌아가서 또 다시 떨림 증세가 나타났다는 것입니다. 이유는 그 자매가 죄를 회개하고 하나님께 방향전환을 하지 않았기 때문입니다. 그 후 회개기도를 할 때는 증세가 호전되다가 아름다운 얼굴을 자랑하며 세상으로 눈을 돌리면 다시 심해진다는 이야기를 들었습니다.

저도 과거에 눈 밑으로 근육 떨림 증세가 약간 있었습니다. 어느 순간 나타났다가 몇 시간 또는 며칠정도 지나면 사라지곤 했습니다. 그것이 마귀가 역사하여 나타나는 증세이다 보니 무척 불편하고 신경이 쓰였습니다. 이런 현상들이 마귀가 하는 짓이라는 것을 아는 사람들은 별로 없는 것 같습니다. 말씀의 실제와 영의 세계를 경험하지 못하는 사람들은 거의 마귀에게 속고 산다고 해도 과언이 아닙니다.

피부병이나 얼굴과 눈 주위 근육 떨림 증세는 말씀 읽기로 작정 회개를 드리고 죄를 짓게 하는 문제를 하나님 손에 맡기면 치유 받을 수 있습니다. 문둥병 환자가 정결케 되는 규례가 레위기 14장 1-9절에 잘 나와 있습니다. '죄인이 용서받고 난 이후의 삶'에 기록한 말씀을 깨닫고 믿음으로 적용해 보십시오. 회개기도를 드려서 죄 사함과 치유를 경험한 후의 삶이 아주 중요합니다.

정신병을 일으키는 원인

"이러므로 네 눈에 보이는 일로 말미암아 네가 미치리라."(신 28:34)

물질문명이 발달할수록 육신은 편안하게 사는 반면 정신병을 앓고 신음하는 사람들은 날로 늘어가고 있는 실정입니다. 코로나의 영향 탓인지 우울증에 시달리는 사람들도 많고 자살하고 싶어 하는 사람들도 많습니다. 심지어는 목사 사모들마저 우울증으로 고통을 당하는 것을 보면서 소유를 내려놓는 회개만 하면 우울증은 날려버릴 수 있는데 하는 안타까운 마음이 듭니다.

모든 질병과 마찬가지로 정신병도 하나님의 허락하심 속에서 사탄의 역사로 일어나는 것입니다. 잠언 26장 2절에 "까닭 없는 저주는 참새의 떠도는 것과 제비의 날아가는 것 같이 이르지 아니하느니라."고 증언합니다. 불행이 우연의 사건이 아님을 말씀하고 있습니다.

하나님의 말씀에 순종하지 않고 믿음 밖에서 사는 영혼들은 눈에 보이는 저주로 말미암아 미친다는 말씀을 하고 있습니다.(신 28:67 참조) 정신병은 생각으로부터 그 원인을 찾을 수 있습니다. 말씀의 빛으로 사탄의 정체를 발견해야 합니다. 사탄은 죄 속에 숨어 기생합니다. 레마의 말씀으로 죄를 깨닫고 회개할 때 어둠의 영은 정체를 드러냅니다. 마귀를 들어오지 않게 하는 방법은 죄를 버리는 것입니다. 탐욕으로 붙잡고 있는 우상들을 내려놓아야 합니다.

우상으로 넘어지게 하는 죄를 버리기 위해서는 성경말씀부터 소리 내서 읽는 것이 중요합니다. 정신병에 걸려 사탄의 노예로 살지 않으려면 꾸준히 말씀을 먹는 가운데 모든 생각을 사로잡아 그리스도께 복종시켜야 합니다.(고후 10:5 참조) 자아가 죽어야 사탄이 역사하지 못한다는 것을 명심하십시오. 그러므로 매순간 자아를 포기하고 주님만 의뢰해야 합니다.

수를 헤아릴 수 없이 많은 종류의 정신병을 여기서 전부 다룰 수는 없고, 흔히 경험하는 몇 가지만 말씀드리겠습니다. 이곳에 기록되지 않은 정신적인 병이나 기타 어떤 병이든지 그 병명을 제목삼아 말씀 읽는 방법으로 작정 회개기도를 드린다면 치유를 받으실 줄 믿습니다.

첫째, 많은 사람들이 강박증세를 가지고 있습니다. 강박증은 무엇에 눌리거나 쫓김으로 심한 압박을 느끼거나 어떤 생각이나 감정에 끊임없이 사로잡히는 증세로서 사탄의 묶임입니다. 강박증은 어떤 특정한 행동을 계속 반복하여 되풀이하지 않으면 불안증세를 나타냅니다. 아무 문제가 없을 때는 괜찮은 것 같다가도 예민하게 여기는 어떤 문제를 맞닥뜨리게 되면 마음의 평안을 잃어버립니다. 예수 그리스도 안에 온전히 거하지 못하는 연약한 믿음은 이러한 크고 작은 경험들을 하며 삽니다.

강박증이 있는 사람들은 사사로운 것들을 지나치게 신경 쓰고 그런 육신의 것들을 중요하게 여깁니다. 또한 자신에게만 집착하고 어떤 내용을 지루하게 설명을 합니다. 자애심이 강하고 자신에게 초점을 맞추고 살다 보니 하나님과 이웃에 대한 관심과 사랑이 부족합니다. 집착하는 마음이나 두려움과 불안으로 인하여 어떤 것을 잡으려고 애쓰는 것을 강박증 완벽주의라고도 합니다. 강박증의 근본적인 원인은 마음의 불안입니다. 마음을 불안하게 하는 존재는 바로 사탄입니다.

강박증을 일으키는 어둠의 영에 지배당하면 끝없이 무언가에 집착합니다. 애정과 욕망, 자아만족, 내가 원하는 것을 소유하려는 것들로 인하여 어둠의 영을 끌어들이고 그런 세상의 무가치한 것들에 묶여 살아갑니다. 그럼에도 불구하고 자신의 행동이 비정상이라는 사실을 인정하지 않습니다. 영분별과 판단 능력이 없고 자신의 생각이 옳다는 확신 속에 착각하며 마귀에게 속아 살아갑니다. 이것은 예수님을 믿음으로 사는 것이 아니라 자신을 믿고 사는 것입니다. 강박증에서 벗어나려면 집착하는 욕심을 내려놓고 주님을 바라봐야 합니다.

주님은 믿는 영혼들에게 평안을 주십니다. 그러므로 주님 안에 거하는 사람들은 환경을 초월한 평안을 가지고 삽니다. 그와 반대로 마귀는 불안을 줍니다. 내 마음이 불안하면 믿음 밖으로 벗어났음을 깨닫고 속히 아버지의 품안으로 들어가야 합니다. 마음이 불안하기 때문에 무슨 일을 하든지 조급해지고 여유가 사라지는 것입니다. 애초에 강박증이 왜 생겼는지 그 원인을 찾아 회개해야만 평안을 얻을 수 있습니다.(신 28:28, 58-59 참조)

무슨 일을 할 때 마음이 쫓기고 조급하여 차분한 마음으로 침착하게 일을 하지 못하는 사람들이 있습니다. 하나님께서 불순종하는 사람들을 향하여 "…너희는 쫓는 자가 없어도 도망하리라."(레 26:17)는 저주의 말씀을 하셨습니다. 불같은 성질로 급하게 서두르고 쫓기는 것은 저주의 영이 역사하고 있다는 증거입니다.

또한 육신의 생각과 상처로 인하여 마귀에게 속아 사실과 전혀 다른 망상을 하는 사람들도 적지 않습니다. 예를 들어 자신이 미행당하고 있고 누가 도청하거나 죽이려고 한다는 등의 마귀가 주는 생각을 그대로 믿고 말을 하는 것입니다. 때로는 헛것을 보기도 하고 마귀의 속살거리는 소리 곧 환청을 듣고 현실을 벗어난 말과 행동을 합니다. 그런 경우 마귀가 주는 생각을 확신함으로 말미암아 다른 사람들의 옳은 말은 전혀 듣지 않습니다.

망상은 가까운 사람들이 그것이 사실이 아니고 틀린 것이라고 아무리 설득해도 받아들이지 않습니다. 왜냐하면 마귀가 사실처럼 거짓으로 속이고 있기 때문입니다. 마귀가 주는 거짓 메시지에 속아 어떤 문제가 사실이 아닌데도 사실인 것처럼 확신하고 모든 잘못을 상대의 탓으로 돌립니다. 그와 반대로 주님 안에서 믿음으로 사는 사람들은 모든 잘못을 자신에게서 찾고 말씀을 붙잡고 회개합니다.

망상을 일으킬 수밖에 없는 이유가 분명 있습니다. 그 사람의 내면에서 좌절된 욕구나 소망하는 욕구가 거절당하였거나 열등감, 자격지심, 콤플렉스, 수치심, 마음의 상처가 깊이 뿌리를 내린 것입니다. 그런 것이 마귀의 먹잇감이 되어 어둠의 영을 끌어들인 것입니다. 십자가의 복음을 마음 깊이 뿌리를 내리고 자신에게 적용하며 살지 못한 탓입니다. 믿음으로 육체와 함께 정과 욕심을 십자가에 못 박지 못한 결과인 것입니다.

어둠의 영에 결박당하여 망상을 하는 사람들은 말씀을 소리 내서 읽는 방법과 마음을 토하는 진솔한 회개기도를 해야 합니다. 그리고 자신이 무엇에 집착하고 있는지를 발견하고 그것을 십자가에 내려놓아야 합니다. 그 문제를 포기하고 주님 손에 맡겨야 해결 받을 수 있습니다. 집착하는 것을 품에서 꺼내 주님께 드리지 않는 이상 마귀는 떠나지 않습니다. 아무리 자신이 원하는 대로 해달라고 기도를 해도 주님은 그 기도를 들어주지 않습니다. 기도응답을 받으려면 반드시 그 문제를 주님 손에 맡겨야 합니다.

둘째, 조울증과 우울증이 있습니다. 먼저 조울증은 정신이 상쾌하고 흥분된 상태와 우울하고 억제된 상태가 교대로 나타나거나 둘 가운데 한쪽이 주기적으로 나타납니다. 이런 사람들은 감정기복이 아주 심하고 비정상적으로 사고의 속도가 빠르게 일어나서 말을 할 때 논리나 사고방식을 무시하고 쉬지 않고 말을 합니다.

우울증은 조울증과 다르게 생각이 부정적이고 몸이 눌리고 기운이 빠져서 활동하기가 어렵습니다. 삶의 의욕과 희망이 사라지고 죽고 싶은 생각까지 들기도 합니다. 저는 우울증을 앓고 있는 성도들과 상담과 치유기도를 해드린 적이 있습니다. 그때는 무지한 탓에 귀신만 쫓아주면 우울증에서 해방되는 것으로 알았습니다. 왜냐하면 축사를 하여 귀신이 떠나고 나면 금방 새롭게 변화된 모습을 목격하였기 때문입니다.

그런데 문제는 그 영혼이 근본적인 죄를 회개하지 않고 옛 습관대로 살면 머잖아 또 귀신을 끌어들인다는 사실입니다. 그러므로 우울증에 걸리게 된 원인을 찾아 회개하고 그곳에 생명의 말씀으로 뿌리를 내려야 합니다. 어둠을 처리해 주는 것과 함께 꾸준히 생명의 말씀으로 먹이고 바로 세우는 기간이 필요합니다.

갱년기 우울증의 경우 초조하고 안절부절 하고 공항상태가 극에 달해 죽을 것 같은 상태가 나타나기도 합니다. 공황장애는 뚜렷한 근거나 이유 없이 갑자기 심한 불안과 공포를 느끼며 심장이 빨리 뛰고 호흡이 가빠지는 등의 증상을 나타냅니다. 그것 역시 마귀가 역사해서 생기는 경우가 적지 않습니다.

저는 몇 년 전에 몸에 갱년기 증상이 와서 몇 개월 정도 몸에서 열이 오르락내리락하고 가슴이 두근거리는 증세로 잠을 설쳤습니다. 그렇게 3개월 정도 지나자 살이 3킬로나 빠졌습니다. 겨울에 책상 앞에서 성경을 읽는 중에도 문을 열고 닫기를 수없이 하고 부채를 옆에 놓고 열이 오르면 부채질을 했습니다. 그때 지인이 칡즙이 갱년기에 좋다고 하여 바로 주문해서 보름 정도를 복용했으나 효과를 보지 못했습니다.

저는 믿음 안에서는 못 고칠 병이 없다는 생각에 칡즙을 끊고 추운 겨울에 교회 강단 앞에서 이틀 동안 잠을 자며 치유를 간구하였습니다. 그리고 3일째 갱년기 증세가 사라지고 그 후로 약간 미세하게 열이 오르는 증세가 나타났다가 얼마 후에 그런 증상도 사라지고 지금은 평안해졌습니다. 저는 말씀만이 진리라고 믿습니다. 그래서 질병이나 모든 문제들은 기도로 아뢰고 주님 손에 맡깁니다. 그러다보니 주님께서 연단하신 후에 선하신 손길로 인도해 주심을 경험하며 살아가고 있습니다. 오직 믿음으로 필요를 주님께 구하고 맡기는 자세로 살다보니 하나님께서 모든 것을 책임져 주심을 삶속에서 풍성하게 경험하며 살고 있습니다.

저희 공동체에 J전도사님도 결혼 전부터 우울 증세가 있었는데, 결혼 후에는 더 심하게 나타났다고 합니다. 오랜 세월 앓았던 우울증을 이곳에 내려와서 꾸준히 소리 내서 말씀 읽기로 작정회개 기도를 드리는 가운데 치유를 받았습니다. 무엇보다 자기 연민 즉 자애심이 우울증의 영을 끌어 들립니다. 우울증세에서 벗어나기 위해서는 믿음 안에서 소유욕을 내려놓아야 합니다. 나를 포기하고 주님을 사랑할 때 우울증에서 벗어날 수 있습니다.

그런데 어둠의 영은 쉽게 놔주지 않습니다. 그럴 때 가장 좋은 방법은 성경을 소리 내서 읽고 듣는 가운데 욕심을 내려놓는 기도를 드리는 것입니다. 마귀가 가장 싫어하는 것이 말씀을 소리 내서 읽는 것입니다. 말씀되시는 예수그리스도의 빛이 영혼에 비추이면 오래 버티지 못하고 결국 보따리를 싸고 떠나게 되어 있습니다. 그러므로 집착하는 모든 문제들을 내려놓고 주님만 바라보고 그분을 사랑하십시오. 예수님을 사랑하고 주님만을 기뻐할 때 하나님께서 우리의 기쁨이 되고 힘이 되어 주실 것입니다. (느 8:10, 시 37:4 참조)

셋째, 선악과를 먹고 타락한 인간은 누구에게나 크고 작은 인격과 지적장애를 가지고 살아갑니다. 그 중에서 항상 남을 고소하고 사사건건 따지는 편집적인 인격 장애가 있습니다. 객관성이 없이 한쪽으로 치우친 생각을 고집하는 사람들은 절대 남의 말을 잘 듣지 않습니다. 이런 것은 육안으로 보지 못할 뿐 어둠의 역사로 나타나는 현상들입니다.

정신병은 하나님의 말씀대로 살지 않음으로 생긴 저주라고 성경은 증언합니다.(신 28:28 참조) 진리를 깨닫고 믿음으로 회개하면 치유를 받을 수 있습니다. 마귀는 영적으로나 육적인 것들을 있는 사실 그대로 보지 못하게 왜곡시켜 착각을 일으키게 합니다. 그래서 거짓의 영에게 속아 자신은 옳고 남들이 잘못되었다고 생각하는 피해의식을 가지고 있어 회개를 하지 못합니다. 우리 안에 성령이 충만하면 다른 사람이 무시하거나 짓밟고 어떤 욕을 해도 상처를 받지 않습니다. 모든 문제는 나에게서 찾아야 해결 받을 수 있습니다.

또한 고정관념을 십자가 앞에 내려놓아야 합니다. 어떤 일에 대한 견해나 변하지 않는 확고한 생각을 내려놓고 그때 그 시마다 성령이 주시는 말씀에 순종해야 합니다. 고정관념이 강한 사람들은 성령의 일을 제한함으로써 하나님을 대적합니다. 고정관념 역시 어둠의 역사입니다. 나를 묶고 있는 고정관념이 무엇인지를 성령의 조명을 받아 회개해야 합니다.

어떤 사람들은 사람에게 배운 성경지식에 대한 고정관념이 있습니다. 그것을 일단 내려놓아야만 성경을 읽을 때 성령께서 레마로 주시는 말씀을 깨닫고 살아 역사하는 하나님의 말씀을 삶에서 경험할 수 있습니다. 그 외에도 안 좋은 소리나 싫어하는 냄새에 대한 거부반응이 있습니다. 그리고 취향에 맞는 옷과 머리 스타일을 고집하는 것들도 있습니다. 어린 시절부터 습관이 된 것들은 쉽게 바꾸려고 하지 않습니다.

그래서 매순간 자아부인이 필요한 것입니다. 그리스도의 성품으로 빚어지려면 나의 옛사람을 매순간 십자가에 못 박아야 합니다. 완벽

주의도 자아중심적인 마음과 행실이므로 회개해야 합니다. 옛 습관들을 내려놓고 말씀으로 나를 복종시켜 나가야만 하나님의 다스림을 받고 안식을 누릴 수 있습니다.

마귀가 정신 즉 혼을 붙잡고 조종하면 지각을 사용하여 하나님의 뜻을 따라 살 수 없습니다. 예수님을 믿는 사람들의 마음은 하나님의 성전입니다. 성전을 쓰레기장으로 만들어 하나님을 떠나게 만들기 위한 계략으로 정신병을 일으키는 마귀를 쫓아내야 합니다. 마귀에게 의지를 빼앗긴 사람들의 경우는 성령의 사람이 도와주지 않으면 스스로의 힘으로는 해결할 수 없습니다.

가나안 여인이 귀신들린 딸을 치유받기 위하여 자기를 부인하고 예수님께 간구하여 치유를 받은 것과 같이 겸손하게 자기의 죄를 인정하고 긍휼을 구하며 부르짖어야 합니다. (마 15:22-28 참조) 우리가 하나님 앞에 나아갈 때 어떤 질병도 치유 받지 못할 것은 아무것도 없습니다. 그러므로 말씀을 붙잡고 믿음으로 주님 앞으로 나아가십시오. 믿음의 말씀이 정신을 새롭게 하여 그리스도의 인격으로 아름답게 빚어주실 것입니다.

두려움의 저주

하나님께서는 죄로 말미암아 두려움에 잘 사로잡히는 백성들을 향하여 두려워하지 말라는 말씀을 수도 없이 하셨습니다. 두려워하지 말라는 말씀을 들어도 여전히 두려움에 싸이는 것은 하나님의 통치

밖으로 벗어났기 때문입니다. 우리 마음이 진정으로 하나님을 주인으로 모시고 순종한다면 그 어떤 것도 두렵게 할 수 없습니다. 죄를 짓게 하고 두려움을 주는 존재는 바로 사탄입니다. 두려움을 느낀다는 자체는 이미 주님 품에서 벗어났다는 증거입니다. 어떤 일로 두려워하는지 그 문제를 회개할 때 두려움의 영은 떠나고 평안이 찾아올 것입니다. 성령의 임재는 평안입니다.

하나님께서는 선택한 백성들이 말씀을 믿고 순종하지 않으면 두려워하는 세상의 모든 질병을 그 몸에 들어붓게 하실 것이라고 말씀하십니다.(신 28:60 참조) 성경은 순종의 복과 불순종의 저주를 구체적으로 명확하게 말씀하고 있습니다. 사람마다 두려워하는 것이 다릅니다. 에스겔 11장 8절에서는 칼을 두려워하는 하나님의 백성들에게 칼을 보내겠다고 증언합니다. 이 말씀이 주는 교훈은 우리가 두려워하는 것으로 하나님께서 징계하시겠다는 것입니다.

가장 두려워하는 것을 경험할 때 사람들의 심령 상태가 어떤지 신명기 28장 67절에서 잘 표현해 주고 있습니다. "네 마음의 두려움과 눈이 보는 것으로 말미암아 아침에는 이르기를 아하 저녁이 되었으면 좋겠다 할 것이요. 저녁에는 이르기를 아하 아침이 되었으면 좋겠다 하리라."

욥기 3장 25절에서는 "내가 두려워하는 그것이 내게 임하고 내가 무서워하는 그것이 내 몸에 미쳤구나."라고 고백합니다. 욥이 철저하게 하나님을 섬긴 행위의 동기가 바로 소유물과 건강 및 명예 등. 자기 사랑으로 비롯되었음을 알 수 있습니다. 모든 소유를 거둠으로써 숨겨진 내면의 동기를 드러내시고 영혼 육을 정화시키기 위해 연단하심을 깨달을 수 있습니다.

잠언 10장 24절에서는 "악인에게는 그의 두려워하는 것이 임하거니와 의인은 그 원하는 것이 이루어지느니라."고 말씀합니다. 우리가 두려워하는 것이 있다면 그 부분에서는 믿음이 없는 악인과 같다는 것을 깨닫게 해주는 말씀입니다. 그러나 믿음 안에 사는 의인은 원하는 것이 이루어진다고 증언합니다. 의인이 원하는 것이 무엇이겠습니까. 영혼의 소원이 이루어지는 것이 곧 생명나무라고 말씀합니다. 이는 영혼들의 소원은 생명나무이신 예수 그리스도와의 연합이라는 것입니다.

"사랑 안에 두려움이 없고 온전한 사랑이 두려움을 내어 쫓나니 두려움에는 형벌이 있음이라. 두려워하는 자는 사랑 안에서 온전히 이루지 못하였느니라."(요일 4:18)

'사랑 안에 두려움이 없다'는 것은 예수 그리스도를 믿음으로 하나님의 사랑 안에 거하면 마귀가 틈타고 두려움을 주지 못한다는 말씀입니다. 사랑으로 하지 않는 것은 곧 속죄 은혜를 믿지 못하는 것과 같습니다. 믿음으로 옛사람을 부인하고 주님의 긍휼과 사랑으로 상대의 허물을 덮어주었다면 두려움의 영이 감히 틈타고 사로잡지 못했을 것입니다.

하나님께서는 임재 안에 그분만을 의뢰하는 영혼들을 마귀로부터 보호해 주십니다. 예수 그리스도 안에서 옛사람은 이미 죽은 자로 여기고 말씀에 순종하며 살아야 영혼의 평안을 얻을 수 있습니다.(갈 6:14 참조) 매순간 순간 말씀 안에서 영혼이 평강하면 성령께서 임재하고 계신 것입니다. 반대로 마음이 무엇인가로 불안하고 불편하면 어둠이 역사하고 있다는 것을 깨달아야 합니다. 때로는 죄를 짓고 회개하지 않을 때 성령님이 불편한 마음을 주시기도 합니다.

사탄의 역사와 성령의 역사를 잘 분별해야 합니다. 성령이 역사하면 죄를 깨닫고 회개합니다. 그러나 사탄이 역사하면 죄를 깨닫지 못하게 할뿐더러 회개도 하지 못합니다. 어떠한 문제로 두려움이 찾아올 때는 하나님께 솔직하게 자백하고 그 문제를 주님 손에 내려놓으십시오. 집착하는 문제를 내려놓을 때 두려움은 사라지고 평안이 임할 것입니다.

회개할 때 나타나는 각종 현상 및 간증

예수님의 말씀은 빛이십니다. 내면의 어두운 곳에 말씀의 빛이 비추이면 기생하던 어둠의 영이 드러나 역사합니다. 편안했던 마음의 불편함과 이상이 없었던 몸의 다양한 증상이 고통으로 나타남을 통해 사탄의 역사를 깨닫게 됩니다. 그리고 가까운 사람들이나 환경과 물질의 어려움을 통해서도 마귀의 역사를 경험합니다. 그때 눈에 보이는 것으로 속지 말고 믿음의 말씀을 붙잡고 하나님을 의뢰해야 합니다.

그리고 성령님께 문제의 원인과 동기를 물어가며 찾아 회개하고 내려놓아야 합니다. 꾸준히 부르짖는 회개기도와 찬양 및 소리 내어 성경을 읽으면 속사람이 깨어나고 영의 감각이 살아납니다. 살아있는 영이 성령으로 기도하거나 성경을 소리 내서 읽을 때 죄의 독이 몸 밖으로 빠져나오는 현상을 경험합니다.

심지어는 사람들과 만나 대화하는 중에 어둠의 전이현상으로 침 같은 것이 올라와 뱉기도 합니다. 그런 경우 빛이 밝은 성령의 사람 앞에 있으면 내 어둠이 빠져나가고, 내 빛이 강할 때는 연약한 사람들의 짐(어둠)을 받아주기도 합니다. 성령의 기름부으심으로 거룩하게 사는 사람들은 대부분 영혼들의 짐을 받아 살려주지만, 다른 사람들에게 어둠을 전이시켜 주지는 않습니다.

사람의 몸에 숨어 기생하던 마귀가 쫓겨나갈 때는 본인이 알 수 있도록 흔적을 남깁니다. 귀신은 들어올 때는 도적같이 몰래 숨어 들어오지만, 나갈 때는 반드시 소리를 지르거나 다양한 현상으로 정체를 드러내고 떠납니다. 제가 경험한 것들만 말씀드리겠습니다. 어둠이 떠나갈 때 대부분의 사람들은 침과 조금 다른 색깔의 하얀 거품 비슷한 것이나 가래가 나옵니다. 그 외에 재채기와 하품, 기침, 트림, 딸꾹질, 방귀, 대소변, 설사, 호흡, 콧물, 전율과 눈물로 빠져나오기도 합니다. 그런 현상이 없는 경우는 성령님이 불로 어둠을 처리하여 평안으로 응답해 주시기도 합니다. 마귀는 악하고 더러운 영입니다. 어둠이 쫓겨나갈 때는 지저분하게 증거물을 남깁니다. 육은 불편하지만 그렇게 해서라도 몸 밖으로 빼내고 나면 영혼의 평안과 시원함을 얻습니다.

지인 집사님이 말씀 읽는 방법을 적용하여 작정회개 기도를 하는 중에 경험하였던 간증을 간단히 소개합니다.

[저는 신앙생활을 30년 이상 하는 가운데 큰 교회에서 구역장을 25년째 하면서 크고 작은 봉사를 맡아 섬겼습니다. 그러나 아쉽게도 말씀 읽

는 방법으로 회개하기 전까지만 해도 영적인 체험이 없었습니다. 그런데 신기하게도 말씀 읽기로 회개하고 나서부터 영적인 체험과 함께 말씀의 실제를 경험하기 시작했습니다.

말씀 읽기로 8일 작정 회개기도를 시작하면 7일째 되는 날은 여러 가지의 증상들이 나타났습니다. 예를 들면 토할 것 같은 증세, 어지럼증, 땀을 뻘뻘 흘리며 기어 다닐 정도의 희한한 현상들이 몇 달 동안 지속되기도 하였습니다. 한번은 119를 불러달라는 말을 하려고 하는데 생각뿐 입을 벌려 말할 힘조차 없었던 적도 있습니다. 또한 화장실에 들어간 기억은 나는데 눈을 떠보니 바닥에 그대로 누워 있었던 적도 있습니다.

작정 회개기도를 드리던 어느 날입니다. 새벽예배를 드리던 중 갑자기 눈이 너무 쓰리고 아팠습니다. 눈이 화끈거리고 모래알이 굴러다니는 것 같은 느낌을 받았습니다. 예배를 드린 후에 거울을 보니 두 눈이 빨갛게 충혈이 되어 깜짝 놀랐습니다. 눈이 정상으로 회복되기 2주 정도는 사람들을 제대로 쳐다볼 수조차 없을 정도로 힘든 시간을 보냈습니다. 눈의 충혈을 통해서 탐욕으로 인하여 마귀에게 속고 살아왔던 영적 소경의 눈을 주님께서 치유해 주심을 깨닫게 되었습니다.

또한 마귀의 공격으로 감기와 비슷한 증상들이 나타났습니다. 한 달 정도는 지속적인 기침과 함께 어디서 그렇게 많은 양의 누런 가래가 나오는지 이해할 수 없을 정도로 쏟아내었습니다. 그것이 제 속에서 기생하던 어둠이 빠져 나가는 현상임을 뒤늦게 깨달았습니다. 숨어 역시히던 마귀는 말씀의 빛 앞에서 정체를 드러내고 육의 눈으로 보고 느낄 수 있도록 고통을 주고 떠났습니다.

어느 날은 친정어머니에게 받은 상처치유와 남동생들과의 어려운 문제를 내려놓기 위해 21일 속건제를 들어갔습니다. 시작하는 첫날 귀신을 쫓아내 준다는 말씀을 받았습니다. 그리고 20일째 되는 날 낮기도 시간이었습니다. 눈을 감고 기도하는 중에 환상이 보이고 양쪽에서 음성이 들렸습니다. 오른 쪽에 있는 남자 아이 두 명이 급하게 나가는 것이 보였고, 왼쪽에서는 큰 여자 두 명이 앞에 있는 여자 등을 밀면서 "빨리 가!"라고 하며 떠나는 것을 보았습니다.

혈육의 정 속에 귀신이 역사하여 그동안 관계가 힘들었다는 사실을 깨닫고 놀랐습니다. 하나님께서 속건제 기도를 기쁘게 받으셨다는 것을 환상으로 확증해 주셨습니다. 주님은 속건제 회개기도를 시작하는 순간 이미 응답해 주실 것을 말씀하시고, 끝나기 전 날 영의 눈으로 보여주셨습니다. 그 다음 21일 속건제 마치는 날 예전에 한 번도 느껴보지 못한 평안이 주어졌습니다. 그때 뭔가 속에서 매여 있고 구속된 매듭이 풀어진 자유로움을 느꼈습니다.

성경 전체 중에서 적당한 분량을 정하여 작정 회개기도를 드리는 가운데 양심이 점점 밝아지고 말씀의 분별력과 깨달음이 생기면서 주님을 더 갈망하게 되었습니다. 또한 하나님께서 회개할수록 말씀을 지켜 행할 수 있는 능력을 주셨습니다. 삶의 현장에서 믿음의 말씀을 골고루 맛보게 하시는 살아계신 하나님을 경험하였습니다.

저는 말씀을 읽는 방법으로 회개하면서 예수님이 곧 말씀임을 확신하고 사랑하게 되었습니다. 그래서 누가 뭐라고 해도 꾸준하게 몇 년이 지난 현재도 변함없이 속건제로 회개의 단을 쌓아가며 경험적인 믿음으로 자라가고 있습니다. 오직 저의 소원은 열심히 회개하여 죄의 결박을 끊고 예수님의 형상을 본받아 그리스도의 신부가 되는 것입니다. 나의 전부가

되시는 주님 사랑합니다. 감사합니다.]

저희 공동체에 함께 사시는 K선교사님의 간증을 소개합니다.

[저는 해외에서 살다가 2018년 7월 20일 한국으로 이주한 선교사입니다. 한국에서 많은 동영상 설교나 휴거를 준비해야 한다는 목사님들의 말씀을 듣고 정신이 번쩍 들었습니다. 주님이 곧 오시는데 나는 준비되었나? 구원을 받을 수 있는가? 고린도후서 13장 5절 말씀이 생각났습니다. "너희는 믿음 안에 있는가. 너희 자신을 시험하고 너희 자신을 확증하라. 예수 그리스도께서 너희 안에 계신 줄을 너희가 스스로 알지 못하느냐. 그렇지 않으면 너희는 버림받은 자니라."

저는 1949년 5월에 믿음의 3대째 가정에서 태어났습니다. 어머니의 기도로 1974년에 성령을 체험한 뒤 완전히 다른 인생을 살게 되었습니다. 그 당시 총신대 학생회장이었던 오빠와 함께 총신대 강당에서 밤마다 철야기도를 할 때도 있었습니다. 어머니의 기도로 4남매가 다 주의 종이 되었습니다.

저희 할아버지는 평북선천이 고향이신데 당시 외국 선교사와 함께 조사(목사)로 사역을 하셨다고 합니다. 나귀타고 외국 선교사님과 함께 백두산을 넘어 다니며 복음을 전하실 때 호랑이도 만났다고 합니다. 쪽 복음을 들고 만주까지 선교 다니셨던 할아버지 목사님과 아버지 김신권 목사님 그리고 큰 아버지 김신욱 목사님은 성경읽기를 만독을 넘게 하셨다고 합니다. 김신욱 목사님이신 저희 큰 아버지에게 박윤선 박사님과 많은 목사님들이 오셔서 성경공부를 하였습니다. 박형룡 박사님은 형부인 박아론

박사님의 부친이십니다. 저희 집안은 거의 목사, 박사, 의사들이 많습니다.

이러한 집안 배경아래 그동안 예수님을 잘 믿는다고 생각하며 열심히 신앙생활을 해왔지만 죄라는 문제가 해결되지 않아 많은 고민과 근심가운데 지냈습니다. 수많은 이적과 기적과 표적을 체험했고, 심지어는 하나님께서 치아 12개를 금으로 바꾸어 주신 은혜도 받았습니다. 그런데 가장 마음의 큰 부담은 회개였습니다. 말씀을 읽을 때마다 어떻게 회개기도를 해야 하는지가 큰 문제였습니다.

2015년 11월 12일 40일 금식을 하고, 2020년 1월에 20일 금식기도를 두 번이나 해보았지만 죄에 대한 문제는 해결 받지 못했습니다. 회개에 대한 책을 많이 읽었지만 그것도 별 효과를 보지 못하고 고민하던 중 어느 집사님께서 박예영 목사님이 쓴 책을 보내주었습니다. 그 책을 그날 밤을 새워가며 읽고 주님이 보내주신 책이라는 확신이 들었습니다. 보석 같은 속건제 회개기도가 진짜 복음이고 엄청난 축복임을 깨닫고 주님께 진심으로 감사했습니다.

매일 밤 기도할 때마다 "주님! 어떻게 회개기도를 해야 합니까? 방법을 알려주세요?"하고 몸부림을 치며 부르짖고 기도했습니다. 계시록에서 두루마리를 갖다 먹으라는 말씀을 읽고는 실제 계시록을 뜯어 불려 찌개를 끓여 먹으려고까지 했습니다. 그러던 차에 회개 기도하는 법을 박 목사님을 통해 말씀을 실제로 먹는 것을 구체적으로 알게 되었습니다. 마지막 시대에 길 잃고 방황하는 영혼들에게 보내주시는 보석 같은 속건제 회개기도가 복음이고 축복인 것을 깨달았습니다.

2021년 9월 27일 속건제 회개기도를 하러 경남 합천에 있는 샤론 영성원을 방문하였습니다. 소리를 내서 말씀 읽기로 회개하는 방법도 놀라웠지만, 새벽 설교 시간에 박 목사님 입에서 황금알 같은 것이 쏟아져 나오는 이상을 보고 크게 놀라서 '아멘!'을 외치며 말씀을 받아먹었습니다. 과거에 전혀 들어보지 못한 영적인 깊은 말씀들이 쏟아져 나왔습니다.

지금까지 로마서 말씀을 많이 들었지만 이렇게 영적으로 풀어내는 로마서 강해는 처음 들으면서 로마서를 다시 보게 되었습니다. 매일 새벽마다 이런 황금알을 낳는 보석 같은 말씀을 먹는다면 내 영이 그리스도의 장성한 분량에까지 성장할 수 있을 것이라는 확신이 생겼습니다. 그래서 바로 짐을 싸들고 교회 숙소로 이사를 하였습니다.

보좌에서 흐르는 생명수를 마시며 에덴동산에서 광천수가 흐르는 곳이 바로 여기로구나. 보좌로부터 물이 흘러가는 곳마다 새로워지네. 이곳이야말로 감추인 만나를 먹을 수 있는 곳이로구나. 내 영이 살아나면서 기쁨과 평강이 넘쳐 나왔습니다. 소망이 생겼습니다. 좁은 문 좁은 길이 바로 여기에 있다는 것을 알게 되었습니다.

저는 오랫동안 철야 기도하는 습관이 있어서 새벽에 일어날 수 있을까 걱정을 했습니다. 그런데 찾아오는 날로 하나님께서 기적 같은 은혜를 베풀어 주셨습니다. 저의 체질이 완전히 새벽기도 체질로 바꾸어지고, 핸드폰이 손에서 떨어져 나가고, 나쁜 습관들이 저절로 끊어져 갔습니다. 정말 하나님의 은혜였습니다. "시작됐네. 주님의 은혜가~"라는 찬송이 계속 흘러나오면서 속사람이 다시 태어난 새로운 기쁨이 솟이났습니다.

지난날 성경을 읽을 때면 여호수아 1장 8절 말씀이 부담으로 느껴졌었습니다. 어떻게 내 입에서 말씀이 떠나지 않게 할 수 있을까? 그런데 이곳에 와서 계속 소리 내서 말씀을 읽고 회개하며 생활하다보니 주님의 은혜로 말씀이 입과 손에서 떠나지 않게 되었습니다. 놀라운 방법임을 깨닫게 되었습니다.

말씀을 계속 읽다보면 졸음이 오곤 했었는데 이제는 다른 생각이 나지 않고 말씀이 깨달아지며 꿀송이 같은 말씀을 맛보고 경험하는 삶이 시작되었습니다. 성령이 내 안에서 살아있는 능력의 모든 말씀으로 성전을 건축한다는 것이 무엇인지 확실하게 깨닫게 되었습니다.

회개가 시작되니 마귀공격도 있고, 점점 이기는 삶으로 나아가고 있는 제 모습을 바라봅니다. 모든 것이 주님의 은혜가 아니면 안 된다는 것을 확실하게 체험하며 주님께서 이곳으로 인도해 주심에 진심으로 감사드리고 있습니다.

두 번째 8일 속건제 회개기도를 시작할 때입니다. 성전에서 기도할 때 회개가 터져 나오는데 책상 의자를 밀어내고 몸부림치듯 울며 부르짖을 때 뱃속 깊은 곳에서 검은 쇠 덩어리로 된 큰 공 같은 물체가 내 입에서 빠져나가는 경험을 하였습니다. 그리고 기도 소리가 완전히 바뀌게 되었습니다. 이제는 회개기도만 하면 눈물이 하염없이 나오며 부르짖는 힘도 제 힘이 아닌 성령의 강력한 불이 임하는 것을 느꼈습니다.

2021년 12월 14일 새벽에 요한복음 5장에 베데스다 못에서 치유를 기다리던 38년 된 병자가 예수님을 만나 치유 받는 내용의 설교가 레마로 들렸습니다. 내가 바로 38년 된 병자임을 깨달았습니다. 그 순간 베데스다의 동하는 물이 실제 내 영혼 안으로 강력하게 흘러들어오는 것이 느껴졌습니다. 생수에 잠겨 애통하며 부르짖어 회개할 때 죄 덩어리가 많이 떨어져 나가는 것을 경험하였습니다. 이때가 세 번째 8일 속건제가 끝나는 날이었습니다. 주님께서 요한복음 5장 말씀의 현상 속으로 이끌고 가시면서 병을 고쳐주시는 놀라운 체험을 하며 속건제의 은혜가 참으로 놀라웠습니다.

지금은 나부터 회개하여 새롭게 변화된 후 미국에 사는 나의 자녀와 손녀들 그리고 형제들에게 말씀 읽기로 회개하는 복음을 전하려고 합니다. 마침 사위가 한국에 출장을 왔기에 책을 전달했습니다. 저 먼저 회개로 준비하라는 주님의 말씀에 순종하여 회개복음을 전하고자 하는 불같은 마음을 잠시 내려놨습니다. 그러나 주님이 본격적으로 나팔을 불라고 하실 때는 박 목사님의 책과 동영상 설교를 미국과 온 세계에 퍼 나르려고 합니다. 복음의 열정을 가지고 책을 통한 문서선교와 미디어 사업에 재정과 시간과 몸을 바쳐 헌신하기로 결단했습니다. 이것이 주님이 지금 나에게 주신 사명임을 깨닫습니다.

제 마음 안에 회개복음을 전해야겠다는 책임과 거룩한 부담을 끌어안고 열심히 말씀을 읽음으로 속건제를 드리고 있습니다. 첫 단추를 잘 끼우듯이 제일 먼저 회개를 하지 않으면 거룩한 옷을 입을 수 없다는 것을 깨닫게 되었습니다. 길과 진리와 생명이신 주님께서 정확하게 인도해 주심에 진심으로 감사드리며 모든 영광 주님께 올려드립니다. 할렐루야!]

위의 집사님과 선교사님뿐만 아니라 말씀을 읽음으로 속건제 회개기도를 하면 죽은 영혼이 살아나고, 잠자는 영이 깨어납니다. 그리고 죄를 회개할 때 쇠 사람의 은혜가 주어지고 변화된 열매가 맺어집니다. 아직까지 믿음으로 속건제 회개기도를 하여 변화를 경험하지 못한 사람은 본 적이 없습니다. 중요한 것은 꾸준히 소유욕을 내려놓는 회개기도를 해야 합니다 회개하는 중에 여러 가지의 현상이 나타나는 것을 두려워하지 마십시오. 오히려 드러내 주시는 은혜에 감사하고 기뻐하십시오. 거짓의 영 마귀는 말씀의 빛 앞에서 정체를 드러냅니다. 그러면 쫓겨나는 것은 시간문제인 것입니다. 말씀의 빛 앞에서 숨겨진 죄와 어둠이 드러나는 것은 좋은 현상입니다. 믿음을 가지고 하나님의 방법으로 꾸준히 회개를 하고 주님께 맡기면 죄 사함의 은혜와 성령의 풍성한 열매를 맺게 해 주실 것입니다.

"믿음은 바라는 것들의 실상이요. 보이지 않는 것들의 증거니 선진들이 이로써 증거를 얻었느니라. 믿음으로 모든 세계가 하나님의 말씀으로 지어진 줄을 우리가 아나니 보이는 것은 나타난 것으로 말미암아 된 것이 아니니라."(히 11:1-3)

죄와 결박된 종류들 찾아내기

주님께서 에베소교회 사자에게 '어디서 떨어진 것을 생각하고 회개하여 처음 사랑을 회복하라'고 말씀하셨습니다. 우리가 죄를 지었을 때는 겉으로 드러난 열매보다 내면에서부터 죄를 짓게 만든 동기를 찾아야 합니다. 그리고 죄를 깨닫고 애통히며 끊이달라는 간절한 회개 기도가 있어야 합니다.

분노가 올라올 때도 근원을 발견하여 자백하고 탐욕을 내려놓아야 합니다. 예를 들어 자식으로 인하여 분노가 올라오면 자식이 우상인 것을 깨닫고 주님 손에 맡겨야 합니다. 돈 때문에 늘 걱정하고 손해 볼 때마다 분노와 불만을 쏟아내면 그 돈이 우상이므로 내려놓아야 합니다. 평소에 아끼는 귀중한 물건을 잃어버림으로써 분노를 폭발하였으면 그것이 우상이므로 내려놓아야 합니다. 그런 식으로 자아중심의 가치 있는 모든 것들을 마음에서 내려놓고 주님 손에 맡겨야 합니다. 그러면 지배하던 분노의 영이 떠나고 온유와 평안이 임할 것입니다.

죄로 인하여 영혼의 병든 부분을 어떻게 찾아 회개하고 치유 받을 수 있을까요? 그것을 알아보는 방법은 어렵지 않습니다. 언행과 몸의 질병 및 다양한 환경 속에 나타나는 문제와 사건들을 통해서 찾으면 됩니다. 육은 영혼을 반영해 주는 것이므로 육의 질병과 문제를 통해 영혼의 병을 찾아 회개할 수 있습니다.

잠언 23장 7절에 보면, "대저 그 마음의 생각이 어떠하면 그 위인도 그러한즉…"이라고 말씀합니다. 그 사람의 생각과 말을 들어보면 그 사람에 대해서 알 수 있다는 것입니다. 생각이 육신을 지배하므로 무슨 생각에 빠져 사는지 성찰하는 것이 아주 중요합니다. 하나님께서 마음 중심에 앉아 왕으로서 나를 다스리고 있는지 아니면 내가 하나님의 자리에 앉아 왕 노릇을 하고 사는지에 따라 언어 행실이 달라지는 것입니다. 내가 매일 반복해서 죄를 짓는 것이 무엇인지, 나의 의지가 마비되어 마음은 원이로되 도무지 말씀대로 살지 못하게 만드는 육신의 소욕들이 무엇인지를 찾으십시오.

또한 내 안에 죄로 결박된 부분이 무엇인지를 알기 위한 좋은 방법 중 하나는 다른 사람들의 말과 행동을 통해서 내 속에서 올라오는 육체의 소욕 즉 판단, 비판, 분노, 질투, 음란, 탐심 등… 불편한 마음을 발견하는 것입니다. 예를 들어 상대에게 어떤 말을 들을 때마다 마음이 불편하고 시험에 걸려 넘어진다면 그 문제에 묶임이 있다는 것을 발견해야 합니다. 또한 욕심이 많은 사람을 볼 때마다 거북하고 비판과 정죄하는 마음이 든다면 자신 속에도 탐욕의 영이 묶고 있다는 것을 깨달아야 합니다.

내가 어떤 죄에 예민한 반응을 보이고 자주 넘어지는지 찾아보십시오. 우리 속에 상대와 똑같은 죄가 없다면 다른 사람의 죄로 영향을 받고 넘어지지 않습니다. 상대가 범하는 죄들이 바로 내 속에도 있다는 것을 깨닫고 인정해야 합니다. 그리고 상대를 통해 깨달은 나의 죄를 가지고 은혜의 보좌 앞으로 나아가야 합니다. 또한 속죄은총을 자신에게 실제 적용하는 믿음이 있는지 없는지를 날마다 점검해 보십시오.

자기를 보지 못하고 남의 죄만 판단하는 사람들의 눈에 들보가 가려져 있듯이 양심이 어두우면 자기를 보지 못하고 상대의 모습만 예리하게 보고 판단을 합니다. 그때 들보를 발견하여 회개하려면 상대의 모습을 거울삼아 자신의 마음속의 죄를 발견해야 합니다. 주어진 모든 것에 자족하며 감사하지 못하고 남과 비교하며 부족한 것에 불평, 원망하는 것들을 찾아 회개하십시오. 삶에서 비정상적인 행동이나 하나님께 맡기지 못하고 집착하는 것들을 전부 찾아 회개하고 하나님 앞에 내려놓아야 합니다.

하나님께서는 영혼의 문제가 있을 때는 육의 질병과 각종 문제를 보내서 깨닫게 해주십니다. 당면한 문제와 질병을 통해 영혼의 병을 깨닫고 회개하지 않는다면 하나님 앞에 믿음 없고 어리석은 자가 됩니다. 정신적, 육체적인 질병이나 각종 문제를 통해 영혼의 죄를 찾아 회개로 치유 받고 강건하게 성장하는 영혼이 지혜로운 자입니다.

죄의 종류는 그 수가 헤아릴 수 없이 많습니다. 이에 따라 마귀의 수도 헤아릴 수 없이 많고 나타나는 현상들도 아주 다양합니다. 마귀는 광명의 천사로도 가장하여 나타난다는 사실입니다.(고후 11:14 참조) 그러므로 분별할 수 있는 것은 오직 십자가입니다. 자아를 십자가 죽음에 넘기고 오직 성령을 좇아 말씀에 순종하는 반응을 보일 때 마귀는 정체를 드러내고 쫓겨납니다.

악한 정욕과 수많은 죄들은 사람 속에서 깊이 뿌리를 내리고 사는 가나안 일곱 족속을 상징하는 일곱 귀신입니다. 여기서 일곱은 귀신들이 일곱 명이란 의미는 아닙니다. 죄를 지을 때마다 그에 따른 마귀가 합법적으로 완전하게 지배한다는 의미입니다.

이스라엘 백성이 가나안 땅의 일곱 족속을 멸하고 약속의 땅을 차지했듯이, 우리 안의 모든 악 즉 더러운 영들을 쫓아내고 주님을 왕으로 모시고 통치를 받아야 합니다. 그렇게 될 때 영육의 안식이 주어짐으로 평안과 기쁨을 누리게 될 것입니다.

신명기 28장에 불순종하여 받는 저주가 자세하게 기록되어 있습니다. 여기에 해당되는 것을 회개제목으로 삼고 말씀 읽는 방법으로 속건제를 권합니다.

[저주, 혼란(고통), 책망, 염병, 폐병, 열병, 염증, 심한 화상, 한재, 풍재, 썩는 재앙, 기근재앙, 영적전쟁에서 패배, 종기, 치질, 괴혈병, 피부병, 미치는 정신병, 소경, 압제와 노략과 학대를 당함, 부부가 함께 하

지 못함, 집을 짓고 거주하지 못함, 포도원을 심고 열매를 따지 못함, 토지소산과 수고로 얻은 것을 알지 못하는 사람에게 빼앗김, 소를 잡아도 먹지 못함, 나귀와 양을 원수에게 빼앗김, 자녀를 이방인에게 빼앗김(불신앙), 눈에 보이는 안 좋은 일들로 미침, 무릎과 다리에 고치지 못할 심한 종기, 종자를 뿌려도 메뚜기가 먹어 거둘 것이 적음, 포도원을 심고 가꾸어도 벌레가 먹어 따지 못하고 포도주를 마시지 못함, 감람나무가 있어도 열매가 떨어져 기름을 몸에 바르지 못함(성령을 모시고 있어도 기름부음을 받지 못하여 실제 성령의 열매를 거두지 못함을 상징), 자녀를 낳아도 포로가 됨(영 육간에 사람의 종 즉 사탄의 종노릇), 남의 돈을 꾸어 쓰고 빚쟁이가 되어 사람의 종노릇을 함, 영육 간에 주리고 목마르고 헐벗고 모든 것이 부족함, 하나님이 치게 할 적군을 섬김, 늘 쫓기고 쉼이 없음, 두려움 등.]

　　사도 바울은 사람이 무엇으로 심든지 그대로 거둔다고 증언하고 있습니다. 자기의 육체를 위하여 심는 자는 육체로부터 썩어진 것을 거두고 성령을 위하여 심는 자는 성령으로부터 영생을 거둔다고 하였습니다. 그러므로 스스로 속이지 말라는 것입니다. 하나님은 인간들에게 조롱을 받지 않는다고 말씀하고 있습니다.(갈 6:7-8 참조)
　　성령의 음성에 순종하지 않고 내 중심으로 사는 것은 주님을 업신여기고 조롱하는 것과 같다고 말씀합니다. 내주하신 성령께서 눈동자같이 지켜보시고 정확히 행한 대로 계산하여 상과 벌을 주시며 공의롭게 연단과 심판을 행하심으로 인간에게 조롱을 당하지 않으신다는 것입니다.

우리의 생각과 말과 행동 하나하나가 하나님 앞에서 씨앗을 뿌려 땅에 심는 것과 같습니다. 그러므로 생각하고 행한 모든 것이 하나도 사라지지 않습니다. 주님께서 "육으로 난 것은 육이요 성령으로 난 것은 영이니."(요 3:6)라고 말씀하셨습니다. 자기중심으로 사는 것은 육체의 썩어질 것으로 심고 거두는 것입니다. 성령으로 거듭난 영은 성령으로 심고 결국 하나님의 생명을 완전하게 소유함으로써 영생을 거두게 됩니다. 한마디로 나는 죽고 그리스도로 사는 것이 성령으로 심고 영생을 거두는 삶입니다.

예수님을 믿고 난 이후에 우리가 지은 모든 죄가 사라지지 않고 전부 영육에 새겨진다는 것은 예레미야에게 주신 하나님의 말씀을 통해서도 알 수 있습니다. 하나님을 믿는 사람들이 지은 죄가 마음과 행실에 금강석과 같이 강하게 기록이 되어 사람의 힘으로는 도저히 지울 수 없다는 것입니다.(렘 17:1 참조) 우리가 같은 죄를 반복하여 짓는 악습 같은 경우 입술의 고백으로 가볍게 회개하여 변화되기는 어렵다는 것을 경험합니다.

죄를 회개하여 마귀를 쫓아낼 수 있는 길은 오직 성령을 의지하여 보혈로 씻고 내려놓는 것뿐입니다. 가벼운 죄뿐만 아니라 습관적인 죄도 믿음으로 반복적인 회개를 하는 가운데 주님 손에 맡기면 변화의 열매를 경험할 수 있습니다. 지속적인 회개를 통하여 몸의 장신구와 같은 우상들을 버리면 하나님께서 임재하십니다. 회개는 타락한 아담의 성품인 자아의 옛 신을 벗어버리고 복음의 신을 신는 것입니다. 그렇게 생각과 행실이 바뀌어야 아버지의 품안에서 안식을 누릴 수 있습니다.

하나님은 사랑이면서도 공의의 하나님이시라는 것을 잊지 마십시오. 죄는 반드시 심판받는 것이 하나님의 공의입니다. 예수님이 우리 죄를 다 짊어지셨기 때문에 회개하지 않아도 된다고 생각하는 것은 마귀에게 속고 사는 것입니다. 죄를 지었으면 마땅히 그 죄에 대한 회개를 해야 죄 사함을 받을 수 있습니다. 그런데 완악한 인간은 좋은 말로 해서는 잘 듣지 않습니다. 그러므로 하나님께서 개개인에게 맞는 방법으로 징계하시고 그렇게 해서도 불순종할 경우는 일정 기간 풀무 불속에 넣고 연단하십니다.

회개는 해도 되고 안 해도 되는 것이 아니라 반드시 해야만 천국에 들어갈 수 있습니다. 하나님은 말씀을 멸시하고 언약을 배반한 모든 행위와 은밀한 일을 선악 간에 행한 대로 심판하시겠다고 말씀하십니다.(전 12:14, 시 62:12, 겔 16:59 참조) 그들을 은이나 놋이나 철이나 납이나 상납을 모아 풀무 불속에 넣고 불로 녹이는 것 같이 하나님께서 노와 분으로 범죄한 자들을 모아 거기 두고 녹이겠다고 말씀하셨습니다.(겔 22:20 참조)

결국 누가복음 12장 2절에 보면 "감 추인 것이 드러나지 않을 것이 없고 숨은 것이 알려지지 않을 것이 없나니"라고 말씀합니다.(마 10:26 참조) 사람의 모든 행위는 숨겨질 수 없고 하나님의 정한 때에 징계와 심판을 받게 된다는 것을 깨닫게 해줍니다. 그러므로 하나님의 목전 앞에서 모든 거짓과 외식의 언행을 벗어버리고 정직한 마음과 행실로 살아야 합니다.

그런데 하나님께서는 인간처럼 그 즉시 분노를 발하지 않고 진노의 잔이 찰 때까지 인내로 기다리십니다. 죄를 범한 즉시 심판을 하신다면 살아남을 자는 단 한명도 없을 것입니다. 그런데 전도서 8장 11절에 "악한 일에 관한 징벌이 속히 실행되지 아니하므로 인생들이 악을 행하는 데에 마음이 담대하도다."라고 증언합니다.

하나님은 우리 안에서 24시간 함께하시며 눈동자처럼 일거수일투족을 감찰하고 계시다는 사실입니다. 하나님의 목전 앞에서 살고 있다는 것을 믿고 의식하는 영혼은 죄와 정욕에 빠져 함부로 살 수 없습니다. 하나님을 모시고 살면서 믿음으로 행하지 않는 모든 죄는 반드시 심판을 받게 된다는 사실을 기억하십시오. 그리고 날마다 성령을 좇아 믿음 안에서 자아를 부인하고 그리스도의 마음을 품고 아가페의 사랑으로 행하십시오.

<부록>

말씀을 소리 내서 읽고 회개하는 방법

예수님을 믿고 난 이후에 육신의 정욕과 죄악으로 심은 죄를 회개하여 마음의 땅을 옥토로 기경하고 생명의 말씀을 심어야 합니다. 죄 사함을 받은 곳에 심어진 그리스도의 '의'가 마음과 언행에 나타날 때 하나님께 찬송과 영광을 올려드릴 수 있습니다.

회개의 기간은 성경에 기록된 대로 3일, 7일, 21일, 40일을 정해서 드리면 좋습니다.

(회개기도 중 지켜야 할 사항, 이사야 58: 6-11 참조)

1) 가급적이면 미디어, 인터넷, 쓸데없는 전화통화, 쇼핑 등… 육신의 생각과 말을 절제하십시오. 어떤 형식보다 말씀 안에서 회개하는 마음을 드리십시오.
2) 죄 사함을 얻기 위한 목적으로 드리는 금식이나 절식은 성령의 감동을 따라 자유롭게 하십시오. 금식과 절식을 못하는 분들은 마음을 토설하는 기도와 소리 내서 성경을 많이 읽으십시오.

3) 옛사람이 그리스도 안에서 이미 죽었음을 믿고 십자가의 복음을 적용하십시오. 내재하신 주님을 바라보고 의식하는 가운데 소유욕을 내려놓으십시오. 모든 상황에서 자아부인의 십자가를 지고 말씀으로 인도하시는 성령을 따라가십시오.

회개기도 순서

1) 믿음으로 보혈의 보호막과 성령의 임재를 구하십시오.

"주님! 보혈로 덮어주세요."하고 자신과 가족, 집, 물건, 음식, 자동차 등. 모든 것에 적용하십시오.

"성령님! 임재해 주세요. 성령의 불로 영혼 육의 어둠을 소멸시켜 주세요."하고 믿음으로 간절하게 3분 이상 성령을 구하십시오.

2) 찬양 및 기도

마음을 열고 회개하는데 도움이 되는 찬양을 부르고 진솔하게 발성 기도를 하십시오. 우리말과 방언기도를 섞어 마음을 토하는 기도를 자유롭게 하십시오. 떠오르는 죄마다 인정하고 자백한 뒤 그것을 주님께 올려드리십시오. 기도를 마치기 전에 잠시 '주님! 말씀해 주십시오.'하고 침묵기도를 드려보십시오. 실제 음성이나 환상을 보여주시기도 하지만, 대부분 말씀으로 떠올려 주시는 경우가 많습니다. 그때 주시는 말씀을 마음으로 받고 감사를 올려드리십시오.

3) 말씀을 소리내서 읽기	성경을 소리 내서 읽는 것이 중요합니다. 시편내용을 나의 기도로 삼아 읽으시면 됩니다. 시편 150편중 1~30편, 1~50편, 1~75편, 1~150편을 읽되, 각자 믿음의 분량에 따라 양을 조절하십시오. (예: 50편만 읽을 경우는 다음 날 51~100편, 그 다음은 100~150편을 돌아가며 반복해서 읽으시면 됩니다.) 시편을 나의 기도로 삼아 읽는 가운데 구약과 신약을 믿음의 분량에 따라 정한 뒤 전체를 꾸준히 읽으십시오.
† 도표에 기록한 내용은 참고하시고 각자 믿음으로 성령님의 감동을 따라 하십시오.	

말씀, 소리 내서 읽고 회개하는 법

펴 낸 날 1판 1쇄 2021년 12월 31일
         1판 2쇄 2025년 03월 31일

지 은 이 박예영
펴 낸 이 이환호
편 집 자 민상기
표지디자인 민다슬
펴 낸 곳 도서출판 예찬사
등   록 1979. 1. 16 제 2018-000103
주   소 경기도 고양시 덕양구 중앙로 557번길 8-9.
엠앤지프라자 407-2호
전   화 02-798-0147-8
팩시밀리 02-798-0145,031-979-0145
블 로 그 blog.naver.com/yechansa
전자우편 octo0691@naver.com
 ISBN 978-89-7439-495-0 03230

Copyright ⓒ 도서출판 예찬사2020<Printed in Korea>

좋은 책은 좋은 사람을 만듭니다.
예찬사는 기독교 출판 실천윤리강령을 준수합니다.